岩波文庫
33-947-1

行動の機構
——脳メカニズムから心理学へ——
（上）

D.O. ヘッブ 著
鹿取廣人
金城辰夫
鈴木光太郎 訳
鳥居修晃
渡邊正孝

岩波書店

THE ORGANIZATION OF BEHAVIOR:
A Neuropsychological Theory
by D. O. Hebb
Copyright © 1949 by John Wiley & Sons Inc.
Copyright Renewed © 2002 by Mary Ellen Hebb

First published 1949 by John Wiley & Sons Inc., Hoboken, NJ.

This Japanese edition published 2011
by Iwanami Shoten, Publishers, Tokyo
as the authorized translation from the English language edition
published by Routledge Inc., part of Taylor & Francis Group LLC.,
New York.

All rights reserved.

目　次

- R.E. ブラウンと P.M. ミルナーによるまえがき …………5
- まえがき …………43
- 序　章 …………47
- 1章　問題とその取り組み方 …………64
- 2章　知覚における加算性と学習 …………92
- 3章　場理論と等能性 …………126
- 4章　知覚の初期段階——集成体の成長 …………164
- 5章　複合対象の知覚——位相連鎖 …………196
- 6章　学習能力の発達 …………244
- 7章　学習に関係した高次と低次の過程 …………296
- 訳　註 …………345
- 事項索引／人名索引 …………353

　　下巻目次
　8章　動機づけの問題——痛みと飢え
　9章　動機づけの時間的変動
　10章　情動障害
　11章　知能の成長と衰退
　　訳　註
　　引用文献
　　監訳者あとがき
　　事項索引／人名索引

本書を
G.C.H. と C.O.H., そして A.M.H.
に捧げる.

R. E. ブラウンと P. M. ミルナーによるまえがき

『行動の機構 *The organization of behavior*』は，1949 年の発刊以来，心理学や神経科学においてもっとも影響力のある 1 冊になっている（科学文献被引用データベース SCI によると，1989 年から現在までの被引用件数は 4,100 件）．アダムズ（Adams, 1998, p. 419）は，「生物学の歴史の中でもっとも影響のある著書を 2 冊あげるとすれば，ダーウィン（Darwin）の『種の起源 *On the origin of species*』(1859) とヘッブの『行動の機構』をおいてほかはない．この 2 冊が有名なのは，そこに含まれている構想が素朴でかつ迫力があるからだ」と記している．ただしダーウィンの本は，どこの本屋でも入手できるが，ヘッブの本は，1966 年以来絶版になっている．古典は通常「引用されはするが読まれない」(Fentress, 1987, p. 105) というヘッブのコメントは，まさに彼自身にもあてはまる．われわれのひとり（R. E. ブラウン）は，こうした状況を耐え難いものと思い，この本の再刊を決意した．それゆえこの『行動の機構』の新版の刊行によって，行動の神経科学にとっての長期にわたる問題——すなわちこの分野においてもっとも多く引用されている文献のひとつが手に入らなかったという現状——が，解消されることになる．さらにこの新版では，ヘッブの 1925 年から 1987 年までの完全な文献リスト

も収録してある.

『行動の機構』は,生理学的心理学——行動の神経的基礎の研究——の発展に大きな役割を演じてきた(Fentress, 1999; Milner, 1999). この本は,"ヘッブ・シナプス Hebb synapse"と"ヘッブの細胞集成体 Hebbian cell assembly"という概念を導入した. これら2つの概念のうち,ヘッブ・シナプスは頻繁に引用されている. とは言え,スン(Seung, 2000, p. 1166)が指摘するように,「ヘッブ・シナプスは,彼の唯一の遺産ではない. 出版以来半世紀を経たいまでも,彼の理論は依然として刺激的だ. というのは,それは,神経ネットワークのダイナミックスによって行動とシナプスの機構化とを関連づける一般的枠組みだからである」. ヘッブは,その神経生理学的仮定の結果として,学習性のシナプスに自分の名前がついたことを面白がっていた——「というのは,この仮定は,ヘッブが自分の理論の中でオリジナルとはまったく考えていなかったいくつかの側面の中のひとつにすぎなかったからである. これに似た構想は,神経生物学者としての初期のフロイト(Freud)を含むヘッブ以前の多くの心理学者によって,すでに提案されていたのである」(Milner, 1993, p. 127).

1. ヘッブの略歴

ドナルド・オルディング・ヘッブ(Donald Olding Hebb)は,1904年7月22日,カナダのノヴァスコシア州のチェスター

という村に生まれた．彼の両親とも医師であり，母親は，ノヴァスコシアのハリファックスにあるダルハウジー大学の医学部から医学博士号を取得した3番目の女性であった．最初彼は，小説を書いて成功を収めようという野心をもち，ダルハウジー大学で英語学と哲学を専攻して，1925年に卒業した．彼の学位は，人文学士であったが，化学，物理学，数学のクラスも選択し，数学で優，物理学は秀の成績をとった．卒業後は，彼がかつて通ったチェスターの高校で教えて過した．この時期に彼は，フロイトとジェイムズ(James)の著作に会い，心理学の勉強を始めた．ついでモントリオールに移り，1929年にマギル大学のパートタイムの大学院生となり，体系的な心理学の大学院セミナーを受講した(当時，ダルハウジー大学には心理学科がなかった)．彼は，自活していくために教師の仕事に就いたが，1年後，モントリオールの小学校の校長に昇進した．次の数年間に，教授法についての熱心な改革者となったが[1](以下[ ]内数字はヘッブの著作リストの番号)，彼の改革は必ずしも評価されなかった．1931年には，マギル大学で心理学のフルタイムの大学院生となった．1932年4月，彼は「条件反射と無条件反射および抑制 Conditioned and unconditioned reflexes and inhibition」という題目の修士論文を完成した．彼は，その後の研究に照らしてみて，この修士論文を無意味だとして片づけてしまっているが[112, p.283]，それにはオリジナルな考えが含まれており，2人の審査者によって"優等"で合格している．この

論文は理論的なものであったので，彼は，実験的研究をするように励まされ，審査者のひとりで，パヴロフ(Pavlov)の弟子であったボリス・バブキン(Boris Babkin)博士の指導のもとで研究を始めた．

修士論文の作成中に，ヘッブは，結核性の腰部の炎症で寝たきりになってしまった．そして彼の実験的研究も，交通事故で妻を亡くしたため，終止符を打つことになった．彼は抑うつ状態になって，自分の研究の方向やマギル大学の心理学科に幻滅を感じるようになった．しかし，バブキン教授に励まされて，シカゴ大学のカール・ラシュリー(Karl Lashley)に手紙を書き，結局 1934 年 7 月，博士課程の学生としてそこに受け入れられることになった．ラシュリーは，優れた著名な生理学的心理学者であった．事実，1920 年代，彼の研究室は，行動の神経的基礎について，純粋な研究をおこなっているアメリカでほとんど唯一の研究室であった．ヘッブがそこの学生となった時には，ラシュリーはその生涯の絶頂期にいた．シカゴで過ごしたその年に，ヘッブは，サーストン(Thurstone)，ケーラー(Köhler)，ヘリック(Herrick)，そしてラシュリーのような傑出した研究者の講義によって多くのことを学んだのである．

その翌年ラシュリーは，ハーヴァード大学に教授として迎えられた．ヘッブは，ラシュリーと一緒に転学する許可を得た．その結果ヘッブの博士の学位は，ハーヴァード大学から与えられることになった．彼の博士論文(Hebb, 1936)は，ラ

ットにおける視知覚の生得的体制化の検討であった．その研究成果は，一連の3つの論文[2, 3, 4]として公刊された．これらの論文の中でヘッブは，ラットの視覚のいくつかの側面が生得的であると結論している．ただし，『行動の機構』を執筆する時までに，ヘッブは，より経験主義的な立場をとるようになった．ヘッブは，さらにもう1年間，授業助手としてハーヴァード大学に留まり，彼がシカゴ大学で始めたラットにおける位置学習の研究を完成させた．

1937年，彼がハーヴァード大学を去った後に最初に得た職は，神経外科医，ワイルダー・ペンフィールド（Wilder Penfield）のもとでの2年間の特別研究員だった．ペンフィールドが，新たに設立されたモントリオール神経学研究所の所長となっていたのである．ヘッブの仕事は，皮質損傷患者における知的欠損を研究することであった．患者の多くは，てんかん軽減の目的でおこなわれた手術を受けた患者であった．彼はとくに，前頭葉に広範囲の損傷のある患者が知能テストで正常な得点を示すこと，さらに，中には手術後に知能が向上する患者もいるということに興味を抱いた．また彼は，以前は視覚と関連がないとされていた皮質領野である右側頭葉の切除後の患者に，視覚障害があるのを見つけた．モントリオール神経学研究所でのペンフィールドとの研究は，ヒトの脳機能および行動における神経学的損傷の影響[9]，とくに知能に関しての影響[7, 8, 13]に対して，ヘッブの興味をそそることになり，この2人の人物の長期間にわたる共同研究

が始められるきっかけとなった．実際，ヘッブの学生，ブレンダ・ミルナー(Brenda Milner)は，ペンフィールドとともに研究を開始し，まさに神経心理学の歴史上もっとも有名な患者のひとりである H. M. の研究(訳註 0-1)へと進むことになったのである．

その特別研究員の終わりに，ヘッブは，オンタリオ州キングストンにあるクイーンズ大学に職を得て，ラットの学習に対する皮質損傷の影響の研究をおこなうことになった．彼はそこで執筆した論文の中で，初期経験が永続的に知能に影響しうるとする画期的な提案をおこなった[18]．この提案は，『行動の機構』を含めて，ヘッブのその後の多くの著作を通じて一貫したテーマになった．彼はまたこの時期に，ヘッブ-ウィリアムズ迷路を考案したが，これに関する論文は，ずっと後になるまで公刊されなかった[34]．この研究は，ヘッブの知能測定法についての興味から生じたが，さらに彼は，ラットのための知能テスト(スタンフォード-ビネーテスト)を開発しようと試みていた．

その間にラシュリーは，フロリダ州のオレンジパークにあるヤーキズ霊長類生物学研究所の所長となっていた．1942年ラシュリーは，チンパンジーにおける知能と情動に対する脳損傷の影響に関する研究に参加するようヘッブを説得した．フロリダで過ごした5年間に，ヘッブは，チンパンジーの情動のテストを考案するとともに，イルカの行動についていくつかの先駆的な観察をおこなっている[38]．チンパンジーに

関するその研究[28]は,情動性へのヘッブの関心を深めさせることになり,彼をチンパンジーとヒトとの情動障害の比較研究へと進ませることとなった[35].チンパンジーに関する研究をおこなっていたこの時期をふり返って,ヘッブは,「最初の1年目を除き,生涯のほかのどの5年間よりもこの時期に,人間についてより多くのことを学ぶことができた」と述懐している[112, p.293].ヘッブが『行動の機構』の大部分を執筆したのは,彼がラシュリーや同僚とともに過ごしたこの時期であった.

1947年にヘッブは,マギル大学に心理学科再興のために新たに補充された4人の新任教授のひとりとして戻ってきた(年俸は5,500ドル,転任費は500ドルであった).戦時中,心理学科は閉鎖に近い状態にあった.学科主任はロバート・マクロード(Robert MacLeod)だったが,翌年コーネル大学に移り,ヘッブが次の10年間主任を引き継いだ.1949年に出版された『行動の機構』は,ヘッブ自身驚いたことに,たちまちのうちに成功を収めることとなったが,のんびりくつろいでこの賞賛を楽しんでいる立場にはなかった.オレンジパークではかなり落ち着いたペースで生活できたが,いまや彼は,大人数の入門の授業を含む学部の3つの授業,大学院の夜間セミナー,動物実験室の整備,さらにラットやイヌの知覚や知能に対する養育効果に関する研究資金の調達,といった仕事に追われる身となった.さらにまた彼は,自分の入門の授業用のテキストブックを準備しつつあった[61].こうし

たことは，当時進行しつつあった神経解剖学，神経生理学，情報理論の革命的発展に照らして，自分の神経理論に手を入れたり，修正したりする時間と気力をほとんど奪ってしまった．

　ヘッブの指導のもとで，マギル大学は，心理学における生理学的アプローチの最前線となった．その時代のマギルの卒業生は，心理学のあらゆる分野で需要があった．ヘッブのテキストブックは，1958年に刊行されたが，とくに生理学的視点に立って執筆され，心的過程に関する彼の神経理論の普及にいっそうの貢献をした．次の25年間彼は，厳格なことで悪名高い大学院セミナー（大学院学生全員の必須科目）をおこない，また毎年千人を越える学生に心理学の入門科目を教えた．1970年彼は，マギル大学の総長に4年の任期で任命された．引き続きカナダ心理学会とアメリカ心理学会の会長に選出された．また，ロンドン王立協会（英国学士院）とアメリカ芸術科学アカデミーの会員にも選出された．彼はまた，数え切れないほどの名誉学位を含む多くの栄誉を受けた．1976年に郷里のノヴァスコシアに引退したが，1977年には，ダルハウジー大学の名誉教授の称号を授与された．そして1985年，人口股関節置換手術の後，生涯の幕を閉じたのであった．

2.『行動の機構』

　ヘッブはいつ，『行動の機構』の基礎となる構想を発展さ

せたのだろうか？　ヘッブ・シナプスの考えの萌芽は，1932年の修士論文の中に現われているが，そこでは，条件反射におけるシナプスの機能について論じている．この論文で彼は，次のように述べてその序論を始めている．「この論文の目的は，シェリントン(Sherrington)やパヴロフの実験的研究をもとにして，反射と抑制に関するシナプス機能の理論を提出することにある．ある点で，これらの事実が心理学理論にどのような意味をもつかは，これまでほとんど明らかにされてこなかった．生理学の中に心理学の確実な根拠を求めようとする場合，厳密な考察を求めている研究者も，また自分の研究結果にほかの解釈を示唆している研究者も，ともにそれらの結果について，いささか奇異な感じをもっているのは否めない」(Hebb, 1932, p. 2)．

　この論文の図-1で，ヘッブは初めて，条件づけと関連したシナプス変化を説明しようとした．この図は，2つの無条件反射弓に達する刺激入力の分枝を示している．すなわちパヴロフの実験の示すところによると，刺激入力があった時に，もし反射弓のひとつが活性化しているならば，その反射弓に達する分枝ではその影響力は増大し，一方不活性な効果器に達する分枝では増大しない，とされる．ヘッブはさらに進んで，ほかの分枝への影響力も衰えると仮定している．彼は，論文の最初の節でこのことを次のように要約している．「**2つのニューロン間に，介在するニューロンが存在するかどうかにかかわらず，興奮したニューロンは，不活性なニューロ**

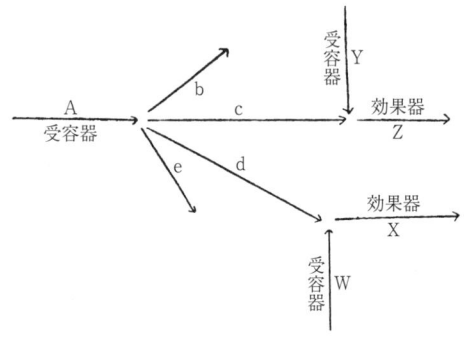

図-1 W-X, Y-Z は反射弓, A はもうひとつの受容器, b, c, d, e は結合ニューロン. (矢印はインパルスが伝達される方向を示す.)

ンに対してその放電を減少させ, 一方活性化したどのニューロンに対してもその放電を増大させる傾向がある. それゆえ興奮したニューロンは, 活性化したニューロンへのルートを形成する傾向をもつ. 反復によって, こうした傾向は, 神経ルートの形成に有力なはたらきをすることになる」(Hebb, 1932, p. 13).

 以上の文は, ヘッブ・シナプスの考えの誕生と考えてよいだろう. ヘッブは, この文にアンダーライン(タイプライターを用いたのでイタリックにかわる符号として)を引いていた. その後彼の本の中では, 以上と同様な仮定についてはイタリックで表わしている.

 1934年11月24日, ヘッブは, 修士論文の改訂版を"解剖

学 316(基礎神経学)"という科目の学期末レポートとして提出した．その科目を彼は，シカゴ大学の博士課程の学生として選択していたのであった．この論文は，「神経活動にもとづく実験データの解釈 The interpretation of experimental data on neural action」というタイトルで，C. J. ヘリックによって「よく考え抜かれた周到な論文」として注目された．この論文の中でヘッブは，条件づけの間に生じうるシナプス活動について 2 つの図式を示して，次のように述べている．「条件づけの過程について，理論的なことはまだなにもわかっていない．これがわかれば，脊髄の反射活動の解明に役立つだろうし，またおそらく，いくつかの一見固定的な遺伝的パターンの存在も説明できるだろう．シナプスにおける遮断と促通 facilitation の概念は，一度形成されたルートを強化したり永続させたりする過程を前提としている．ただし，そもそもこのルートの形成については，なにも説明されていない．このことはまさに，理論全体におけるもっとも重要な弱点である」(Hebb, 1934, p. 15)．

ヘッブが最初に"行動の機構 organization of behavior"という用語を用いたのは，1938 年に公刊されたラットの場所定位 field orientation についての 2 つの論文[5, 6]のタイトルにおいてであった．これらの論文の中で，彼は視覚の弁別学習における皮質損傷の影響を検討している．これらの論文にはラシュリーの影響が見られるが，ヘッブの関心は，大脳破壊の影響を研究するための，よりよい行動テストを開発するこ

とだった.彼は次のように述べている.「生理学的分析が成功するかどうかは,用いられる行動テストが適切かどうかにかかっている.大脳の破壊の影響について評価をする際につきまとう難点の多くは,臨床的に言っても,また動物の実験的研究から言っても,行動の分析がもつ基本的な難点とその説明の不十分さとに起因している」[5, p. 333].文脈条件づけ context conditioning についての最近の研究に照らして興味深いのは,これらの研究が,オープン・フィールド open field (訳註 0-2) における物体弁別にとって,室内の手がかりの重要性を論じている点である.

1934年から1946年の間,ヘッブは,行動の機構に関する構想を練り続けた.1934年に,彼はまだシカゴに在住していたが,ある本の最初の草稿として5つの章(90ページ)を書き上げた.これは,「心理学における科学的方法——心理学における客観的方法に基づく認識理論 Scientific methods in psychology: A theory of epistemology based on objective methods in psychology」と題したものであった.そしてこの本の一部は,『行動の機構』の最後の章として組み入れる予定であったが,編集の過程で削除された.

1944年2月,ヘッブは,ロレンテ・デ・ノー(Lorente de Nó)が最近,脳の至るところで閉回路が見出されること,そして「1個のニューロンだけでは,シナプスのところで第二のニューロンを興奮させることができないこと,ただしもしほかのニューロンから同時に与えられる活動の支えがあれば,

それが可能となること」を明らかにしていることに気がついた[112, p. 295]. ロレンテ・デ・ノーのこうした考え(神経回路の考え)は,ヘッブに,「心についての実在論的理論を発展させるために,まさに自分が必要としているもの」(Milner, 1993, p. 127)であることを認識させることになった. 1944年4月28日,ヘッブは,ロレンテ・デ・ノーに手紙を書き,「あなたの研究をよく理解したいので」,ロックフェラー研究所で1か月過ごすことができるかどうかを尋ねた. ロレンテ・デ・ノーは,1944年5月1日に,次のような返事をよこした.「現在私は,神経インパルスの発生と神経の代謝との間の関連を調べています. これは心理学者の直接の興味をほとんど引かないような問題です」. ヘッブは,この返事を受け取った時,ロックフェラー研究所への研究旅行を延期することに決めて,ロレンテ・デ・ノーに次のような手紙を書いた(1944年5月4日).「心理学の発展はあなたがおこなっているような研究にかかっていますので,……心理学の理論は,神経生理学的事実におけるより綿密な基礎なしには先に進むことはできないと,私は心から確信しております」.

　ヘッブは最初,1944年6月に『行動の機構』の構想の概略を,タイプした5ページのメモとしてまとめた. このノートには,"機構(体制)organization"という用語についての彼の初期の考えが含まれている. その定義の中で,彼は,行動の機構(体制)および生理学的機構の両方について,そして"構え set の概念"について考察している. 彼は構えを,流入

する刺激が出会う神経系の先行状態といった意味に使っている.『行動の機構』の2番目の草稿は,1945年3月から7月にかけて進められ,『概要——神経心理学的諸考察の構造 *Precis: The structure of a set of neuropsychological speculations*』といったタイトルのもとに書かれた.『行動の機構』の完全草稿は,1946年に完成し,ラシュリーに送られた.ラシュリーは,1947年2月にこの原稿に対して2ページのコメントを送ってきた.1947年6月,この本は,チャールズ・トーマス出版社に送られた.ヘンリー・ニッセン(Henry Nissen)は,1947年6月21日,トーマスからこの原稿を受け取った.それは長さにして150ページで,300ドルの保証金がつけられていた.

ニッセンは,1947年6月から1948年9月までこの原稿の編集をして,ヘッブに多数のコメントと変更の示唆を送った.1948年9月22日,ヘッブは,出版社に原稿の最終草稿を送った.しかし1949年1月,トーマスは,この本を出版しないことに決定して,"不可抗力"といったことばを加えて,ヘッブに送り返した.ヘッブは,ビーチ(Beach)に相談したところ,出版社としてヘーバー(1948年のビーチの本,『ホルモンと行動 *Hormones and behavior*』の出版社)とアップルトン・センチュリーを提案してきたが,結局ジョン・ワイリー・アンド・サンズにこの原稿を送った.この出版社は,1949年3月18日に,大きな賞賛とともに原稿を受け入れ,1949年の秋に出版されることになった.

1949年4月26日,ヘッブは,ロレンテ・デ・ノーに次のような手紙を書き送っている.「私は,この本によって,神経生理学における現代的な考え方,そしてとくにあなたが発展させてきたそれらのいくつかの構想が心理学理論に革命的な意義をもつことを示すことができる,と確信しています」.

3. 細胞集成体——その考え方

ヘッブは,モントリオール神経学研究所での患者の観察からずっと,思考の特性や観念が脳の中に再現される方法について頭を悩ましてきた.前にも述べたように,1944年ヘッブは,ロレンテ・デ・ノーによる再帰的回路の研究とヘッブ自身が取り組んでいる問題との間に深い関連があることに大きな衝撃を受けたが,これが彼の理論にとって解決の鍵を提供することとなったのである.ヘッブがオレンジパークに来る以前に,ラシュリー(1942)は,その論文の中で,ロレンテ・デ・ノーの閉回路による反響 reverberation が,視覚において役割を演じている可能性を示唆していた.ただしラシュリーは,そうしたループを彼の波動-干渉説 wave-interference theory の発振器 oscillator として用いていたため,それによっていくつもの概念を代表させるにはあまりにも限定的で,ヘッブの壮大な構想とは著しく異なっていた.そのためヘッブは,彼の本の中ではまったくそれに言及していない.ラシュリーの理論には,熱狂的に受け入れるほどのものはなかったということが,そのひとつの理由かもしれない.

ヘッブは，反対の証拠が存在しなかったので，細胞集成体 cell assembly が形成される以前には，ロレンテ・デ・ノーの回路群が感覚入力とランダムに結合する，と仮定した．すなわち，刺激がそのシステムに与えられると，回路群のあるものは，結合のパターンに応じてほかの回路群よりも多くの入力を受け取ることになるだろう．したがってそれらの回路群は，より強く，より持続的に反響することになるはずである．こうした出来事がいくつも重なると，もっとも激しく反響している細胞群内の結合が強化されて，部分的な入力や，さらに遠隔の連合が，その後もその細胞群の集合全体（集成体全体）を活性化させるまでになる，と考えたのである．

　ヘッブは，ひとつの集成体が感覚入力の結果として発火する時，その集成体の活動がその刺激についての知覚である，と仮定した．さらにまた，対応する感覚入力なしに発火する場合には，その活動はその刺激についての概念である，と仮定したのである．複数の刺激が連続して頻繁に生じる時には，相互に交差している結合を強化して，複数の興奮した集成体が相互に連合するようになり，彼が**位相連鎖 phase sequence** と呼ぶものを成立させることになる．

　観念の物理的実在性やその連合様式を立証した後で，ヘッブは，期待，注意，態度，知能，さらに精神疾患というものを，この本の残りの部分で自由に論じることができたが，それらの概念は，アメリカの厳格な心理学者たちが，ほぼ半世紀にわたって用いることを許さなかったものであった．おそ

らく以上のような事情が，あまりにも長い間こうしたいわば素晴らしいご馳走を奪われてきた心理学者の間で，この本の評価を高めることに役立ったのだろう．他方，前のほうのかなり思弁的な数章は，コンピュータ・サイエンスの研究者，エンジニア，それにあらゆる種類の哲学者や生物学者の注目を浴びることになった．公刊前にヘッブは，この本の原稿をマギル大学の大学院セミナーで用いていた．そしてそれが，われわれのひとり(P. M. ミルナー，戦時中レーダーと原子力の研究に従事)の手に入った．数章を読んで彼は，ヘッブのもとで大学院生として研究をしようと応募し，受け入れられたのである．

ヘッブの神経生理学的仮定(4章 p. 168)には，生理学者たちが格別の興味をもつことになった．心理学者たちはつねに，連合には2つ以上の事象が接近していることが必要だとしてきた．しかし多くの生理学者は，結合が反復して用いられる時に学習が生じると考えていた．ヘッブが修士論文で指摘したように，こうしたシナプスが初めに有効にはたらかなければ，それが何度発火しようとも強度を増大することはありえない．このヘッブの仮定には，後シナプスニューロンが，前シナプスのインパルスが生じるのとほぼ同時に，ほかのなんらかの入力によって発火する場合にのみシナプス強度が増大する，といった意味が含まれている．このようにはたらくシナプスが見出された場合に，神経生理学者はそれらを"ヘッブ・シナプス Hebb synapse"と呼び，以来この名称が定着し

ている.

　脳のコンピュータ・モデルにおける学習性シナプスもまた,しばしばヘッブ・シナプスと呼ばれているが,通常それらは,ヘッブの定義とは厳密には結びつかない.すなわち,すべてのシナプスが無制限に強度を増大させることがないようにするため,前シナプス成分と後シナプス成分が別々の時に発火した場合にはシナプスの有効性が減少する,といった仮定がつけ加えられている.興味深いことに,1932年の修士論文では,ヘッブによって記述されたシナプスの学習過程には,後シナプス膜が流入するインパルスと同時に発火しない場合には,シナプス強度が低下するという過程が含まれていた.

4. 細胞集成体——半世紀後

　ヘッブのノートから,細胞集成体と位相連鎖の考え方を展開したいくつかの章では,きわめて多くの時間と労力が費やされていることがわかる.そして彼自身,その理論を構築する上で不可欠な神経学的情報や解剖学的情報が十分得られていなかったため,たえず推論で代用せざるをえないということに気づいていた.序章の61ページで彼は,そうした章はとばしても差し支えないと読者にすすめている.彼は,神経系についての自分の推論を強力に弁護しているが,5章の198ページでは,将来,神経系についての詳細な情報が利用できるようになった際には,このモデルが修正されるべきだ

としている．その将来とは，まさにいまこの時なのである．そして神経生理学的知識の現状を彼の時代と比べてみると，ヘッブには運がなかったことがおそらく理解されるだろう．

　この本が出版されようとしていた当時，覚醒における脳幹網様体の重要性に関しての情報が集まりつつあった．次の数年に，行動における扁桃体，中隔野，および海馬といったような皮質下構造の役割が明らかになり始めていた．さらにまた，この本を執筆していた時にヘッブは，ほとんどの生理学者の間で広くいきわたっていた信念を受け入れて，シナプス抑制 synaptic inhibition といった考えを採用するのを避けたのだった（ただしシナプス抑制を説明する理論が，すでに彼の修士論文の中で提出されているのだが）．J.C.エックルズら（Eccles *et al.*, 1954）は，以前この考えに対してもっとも有力な反対者となっていたが，結局この 1, 2 年後に，その存在を明らかにしている．

　さらに最近になると，この本が書かれている時には一般的であった反局在論が退潮し，新しい遺伝学的，組織学的技術や脳のイメージング技術が，現代的な骨相学（脳の機能局在論）の隆盛に油を注ぐことになった．現在の生得論への傾向が往々にして誇張されることはあるにしても，皮質結合が最初ランダムであるとしたヘッブの仮定が慎重すぎたことは，ほとんど疑いないように思われる．乳児期に視覚がごくゆっくりと発達するという彼の主張は，2 つのきわめて漠然とした観察にもとづいていた．その後，暗闇で育てられたチンパ

ンジーの視覚障害は，網膜に対する非可逆的な障害によるものであることが明らかになった．またゼンデン(Senden)による，生まれた時から眼が見えず，成人になっても視覚の回復が困難な患者たちについての報告は，発達期間中，正常な刺激作用の欠如によって生得的な結合が損傷したということで，うまく説明することができるように思われる(訳註0-3)．

ヘップの神経生理学的学習仮説の素朴な純粋性さえも，錯覚にすぎないということがわかってきた．現在では，シナプス活動が複雑な連続した分子の変化を生じさせるということが知られている．シナプス活動のあるものは短時間で，ほかのものは数時間，数日，そして時には永続的に持続して，シナプス結合の両側の特性を変化させる(たとえばGreengard, 2001)．細胞集成体の反響回路という野暮ったい考えは，心的活動はそれらが置き換わったものとする研究にはほとんど通用しないし，また思考の持続性の説明にももはや必要とされていない．ニューロン群の興奮は，再帰的な再刺激作用によるよりも，むしろ持続的な内在性の変化のために発火し続けるのかもしれない．

しかしヘップの思弁的な考察なしには，これらの発見の多くはなされなかったかもしれないし，またなされたとしてもはるかに遅れてしまっただろう．この本の4章と5章の中の生物学的な推論は，歴史的な視点から見ても興味深い．とは言え，それらはいまや大部分を神経科学に譲っている．あとの多くの章は，主としてより確実な行動的観察にもとづいて

いるので，これからもずっと信頼できるし，新しい読者に対して光り輝く，そして時に機知に富んだ，問題への洞察に出会える興奮をしばしば味わわせてくれるだろう．

　ヘッブがこの本にとりかかった時，その当初の目的は，初期経験によってその後の知的行動に必要な概念が形成される過程について，神経の用語を使って説明することであった．彼は，その目的に向かって数歩あゆみを進めてから，多数の神経科学者がその時従事していた仕事に方向転換して，その道を開拓していったのだ．彼がなしとげた功績は，行動科学者たちの哲学的な見解の変革を企図した点にある．伝統的に心理学者は二元論者であった．彼らは，心的過程が非物質的な心の中で生じると信じていた．そのはたらきは，内観によって，ないしは心が生み出す行動の観察によって，なんとか推論することができる"ブラック・ボックス"として考えられていたのである．ヘッブは，心へのより直接的な窓としての，心の神経装置についての研究を提案した．この本で彼は，純粋に一元論的な心理学に対して，その将来を保証したのである．

5. ヘッブはなぜ，今日でも重要なのか？

　今日，ヘッブの恩恵について言及していない学習や記憶に関する神経生物学の論文を読むのは難しい．ひとつの例として，デブレッシーとダネット（Döbrössy & Dunnett, 2001, p. 871）のことばを次に引用してみよう．「ヘッブは，学習とい

うものが，反復された同時発生的な活性化に反応して生じるシナプス変化によって脳内に再現されている，とする観察と理論的な提案とをおこなった．これ以降，環境や経験が脳の構造や機能に影響するメカニズムに関して，実験的検討を直接おこなおうとする研究が注目されるようになった」．フェントレス(Fentress, 1999)とミルナー(Milner, 1999)によるヘッブの考えに関する論評は，ヘッブが，いかに心理学や神経科学の多くの分野の研究に影響を与えているか，またわれわれの知見がいまやヘッブのきわめて大胆な推論を乗り越えていかに進んでいるか，ということを明らかにしている．ヘッブの細胞集成体理論は，研究の指針としてますます重要になりつつある(Sakurai, 1999)．一方ヘッブ・シナプスは，依然として学習の分子生物学的モデル(Tsien, 2000)や学習の計算モデル(Klemm et al., 2000)の中心的な要素となっている．レイ・クレイン(Ray Klein)(1999, p. 3)が述べているように，「科学文献の中で，ヘッブ，ヘッブの細胞集成体，ヘッブ・シナプス，ヘッブ規則といった用語への言及が年ごとに増加している．1949年に提示されたこれらの強力な考えは，いまや神経生理学，神経科学，心理学と並んで，工学，ロボット工学，およびコンピュータ・サイエンスでも用いられている．こうした事実は，行動の機構に関する基本的な神経心理学理論を推し進めたヘッブの科学的慧眼，先見の明，そして勇気への賛辞にほかならない」．

謝辞：マギル大学資料館，および記録文書の資料のコピーの入手にご尽力いただいた文書係主任，ゴードン・バー(Gordon Burr)氏に感謝の意を表したい．

引用文献

Adams, P. (1998). Hebb and Darwin. *Journal of Theoretical Biology* 195: 419-438.

Döbrössy, M.D., & Dunnett, S.B. (2001). The influence of environment and experience on neural grafts. *Nature Reviews Neuroscience* 2: 871-879.

Eccles, J.C., Fatt, P., & Landgren, S. (1954). The 'direct' inhibitory pathway in the spinal cord. *Australian Journal of Science* 16: 130-134.

Fentress, J.C. (1987). D.O. Hebb and the developmental organization of behavior. *Developmental Psychobiology* 20: 103-109.

Fentress, J.C. (1999). The organization of behaviour revisited. *Canadian Journal of Experimental Psychology* 53: 8-19.

Greengard, P. (2001). The neurobiology of slow synaptic transmission. *Science* 294: 1024-1030.

Hebb, D.O. (1932). Conditioned and unconditioned reflexes and inhibition. Unpublished MA Thesis, McGill University, Montreal, Quebec, April, 1932.

Hebb, D.O. (1934). The interpretation of experimental data on neural action. Unpublished manuscript, University of Chicago, Nov. 24, 1934.

Hebb, D.O. (1936). The innate organization of visual perception in the rat. Unpublished PhD Thesis, Harvard University, March, 1936.

Klein, R.M. (1999). The Hebb legacy. *Canadian Journal of Experimental Psychology* 53: 1-3.

Klemm, K., Bornholdt, S., & Schuster, H.G. (2000). Beyond Hebb: Exclusive-OR and biological learning. *Physical Review Letters* 84: 3013-3016.

Milner, P.M. (1993). The mind and Donald O. Hebb. *Scientific American* 268(1): 124-129.(ミルナー「現代神経科学の先駆者ドナル

ド・ヘッブ」日経サイエンス，1993，3月号，124-132)

Milner, P.M.（1999）. *The Autonomous Brain*. Lawrence Erlbaum Associates, Mahwah, NJ.

Sakurai, Y.（1999）. How do cell assemblies encode information in the brain? *Neuroscience and Biobehavioral Reviews* 23: 785-796.

Seung, H.S.（2000）. Half a century of Hebb. *Nature Neuroscience, supplement* 3: 1166.

Tsien, J.Z.（2000）. Linking Hebb's coincidence-detection to memory formation. *Current Opinion in Neurobiology* 10: 266-273.

ヘッブ著作リスト(1925-1987)

著作に付した番号は, Milner, P.M., & Milner, B. (1996). Donald Olding Hebb: 22 July 1904-20 August 1985. *Biographical Memoirs of Fellows of the Royal Society of London* 42: 193-204 によった.

_. Hebb, D.O. (1925). 25 class history. *Dalhousie Gazette* 25-29.
1. Hebb, D.O. (1930). Elementary school methods. *Teacher's Magazine* 12(51): 23-26.
2. Hebb, D.O. (1937). The innate organization of visual activity. I. Perception of figures by rats reared in total darkness. *Journal of Genetic Psychology* 51: 101-126.
3. Hebb, D.O. (1937). The innate organization of visual activity. II. Transfer of response in the discrimination of brightness and size by rats reared in total darkness. *Journal of Comparative Psychology* 24: 277-299.
4. Hebb, D.O. (1938). The innate organization of visual activity. III. Discrimination of brightness after removal of the striate cortex in the rat. *Journal of Comparative Psychology* 25: 427-437.
5. Hebb, D.O. (1938). Studies of the organization of behavior. I. Behavior of the rat in a field orientation. *Journal of Comparative Psychology* 25: 333-353.
6. Hebb, D.O. (1938). Studies of the organization of behavior. II. Changes in the field orientation of the rat after cortical destruction. *Journal of Comparative Psychology* 26: 427-441.
7. Hebb, D.O. (1939). Intelligence in man after large removals of cerebral tissue: Defects following right temporal lobectomy. *Journal of General Psychology* 21: 437-446.
8. Hebb, D.O. (1939). Intelligence in man after large removals of cerebral tissue: Report of four left frontal lobe cases. *Journal of General Psychology* 21: 73-87.

9. Hebb, D.O., & Penfield, W. (1940). Human behavior after extensive bilateral removal from the frontal lobes. *Archives of Neurology & Psychiatry* (*Chicago*) 43: 421-438.
10. Hebb, D.O. (1940). Clinical tests of adult intelligence. *Psychological Bulletin* 37: 513-514.
11. Hebb, D.O. (1941). Clinical evidence concerning the nature of normal adult rest performance. *Psychological Bulletin* 38: 593 (Abstract).
12. Hebb, D.O. (1941, April). Higher level difficulty in verbal test material. *Bulletin of the Canadian Psychological Association* 1: 29 (Abstract).
13. Hebb, D.O. (1941). Human intelligence after removal of cerebral tissue from the right frontal lobe. *Journal of General Psychology* 25: 257-265.
14. Hebb, D.O. (1941). *The McGill Picture Anomaly Series*. Kingston, Ontario, Author.
15. Hebb, D.O. (1941). The McGill Picture Anomaly Series: Data on 100 unsophisticated adults. *Bulletin of the Canadian Psychological Association* 1: 47-49.
16. Hebb, D.O., & Williams, K. (1941, February). Experimental control of cues determining the rat's orientation. *Bulletin of the Canadian Psychological Association* 1: 22-23 (Abstract).
17. Hebb, D.O. (1942). Observations on cerebral dysfunction. *Psychological Bulletin* 39: 491-492 (Abstract).
18. Hebb, D.O. (1942). The effect of early and late brain injury upon test scores, and the nature of normal adult intelligence. *Proceedings of the American Philosophical Society* 85: 275-292.
19. Hebb, D.O. (1942). *The McGill Picture Anomaly Series, M and N*. Orange Park, Fla: Yerkes Laboratories. 34 pp.
20. Hebb, D.O., & Morton, N.W. (1942). The McGill Verbal Situation Series. *Bulletin of the Canadian Psychological Association* 2: 26 (Ab-

stract).

21. Hebb, D.O. (1942). Verbal test material independent of special vocabulary difficulty. *Journal of Educational Psychology* 33: 691-696.

22. Hebb, D.O., & Morton, N.W. (1942). *The McGill Verbal Situation: Series, A and B*. Montreal: McGill University. 19 pp. [Book]

23. Hebb, D.O. (1942). *Directions for the use of the McGill Picture Anomaly Series, M and N*. Montreal: McGill University.

24. Hebb, D.O., & Morton, N.W. (1943). The McGill Adult Comprehension Examination: "Verbal Situation" and "Picture Anomaly" Series. *Journal of Educational Psychology* 34: 16-25.

25. Hebb, D.O., & Riesen, A.H. (1943). The genesis of irrational fears. *Bulletin of the Canadian Psychological Association* 3: 49-50.

26. Hebb, D.O., & Morton, N.W. (1944). Note on the measurement of adult intelligence. *Journal of General Psychology* 30: 217-223.

27. Hebb, D.O. (1945). Man's frontal lobes: A critical review. *Archives of Neurology & Psychiatry* (*Chicago*) 54: 10-24.

28. Hebb, D.O. (1945). The forms and conditions of chimpanzee anger. *Bulletin of the Canadian Psychological Association* 5: 32-35.

29. Hebb, D.O., & Foord, E.N. (1945). Errors of visual recognition and the nature of the trace. *Journal of Experimental Psychology* 35: 335-348.

30. Hebb, D.O. (1946). Behavioral differences between male and female chimpanzees. *Bulletin of the Canadian Psychological Association* 6: 56-58.

31. Hebb, D.O. (1946). Emotion in man and animal: An analysis of the intuitive processes of recognition. *Psychological Review* 53: 88-106.

32. Hebb, D.O. (1946). On the nature of fear. *Psychological Review* 53: 259-276.

33. Hebb, D.O. (1946). The objective description of temperament. *American Psychologist* 1: 275-276 (Abstract).

34. Hebb, D.O., & Williams, K. (1946). A method of rating animal in-

telligence. *Journal of General Psychology* 34: 59-65.
35. Hebb, D.O. (1947). Spontaneous neurosis in chimpanzees: Theoretical relations with clinical and experimental phenomena. *Psychosomatic Medicine* 9: 3-19.
36. Hebb, D.O. (1947). The effects of early experience on problem solving at maturity. *American Psychologist* 2: 306-307 (Abstract).
37. Hebb, D.O. (1948). Research planning in the Canadian Psychological Association. I. Report on experimental, physiological, and comparative psychology. *Canadian Journal of Psychology* 2: 13-14.
38. McBride, A.F., & Hebb, D.O. (1948). Behavior of the captive bottle-nose dolphin, *Tursiops truncatus. Journal of Comparative & Physiological Psychology* 41: 111-123.
39. Hebb, D.O. (1949). Temperament in chimpanzees. I. Method of analysis. *Journal of Comparative & Physiological Psychology* 42: 192-206.
40. Hebb, D.O. (1949). *The organization of behavior: A neuropsychological theory*. New York: John Wiley & Sons. xix, 335 pp. (『行動の機構』白井常訳, 岩波書店, 1957；本訳書)
41. Hebb, D.O. (1950). Animal and physiological psychology. *Annual Review of Psychology* 1: 173-188.
42. Clarke, R.S., Heron, W., Fetherstonhaugh, M.L., Forgays, D.G., & Hebb, D.O. (1951). Individual differences in dogs: Preliminary report on the effects of early experience. *Canadian Journal of Psychology* 5: 150-156.
43. Hebb, D.O. (1951). The role of neurological ideas in psychology. *Journal of Personality* 20: 39-55.
44. Hoyt, R., Elliott, H., & Hebb, D.O. (1951). The intelligence of schizophrenic patients following lobotomy. *Treatment Service Bulletin: Department of Veteran's Affairs, Canada* 6: 553-557.
45. Hebb, D.O., & Bindra, D. (1952). Scientific writing and the general problem of communication. *American Psychologist* 7: 569-573.

46. Hebb, D.O., Heron, W., & Bexton, W.H. (1952). The effect of isolation upon attitude, motivation, and thought. In *Fourth Symposium, Military medicine 1, in cooperation with McGill University*. Ottawa: Defense Research Board.
47. Hebb, D.O. (1953). Heredity and environment in mammalian behaviour. *British Journal of Animal Behaviour* 1: 43-47.
48. Hebb, D.O. (1953). On human thought. *Canadian Journal of Psychology* 7: 99-110.
49. Hebb, D.O. (1953). On motivation and thought. *Contributions à Étude des Sciences de l'Homme* 2: 41-47.
50. Hebb, D.O., Heron, W., & Bexton, W. H. (1953). Cognitive effects of a decreased variation to the sensory environment. *American Psychologist* 8: 366.
51. Hebb, D.O. (1954). The problem of consciousness and introspection. In: J.F. Delafresnaye (Ed.). *Brain mechanisms of consciousness.* pp. 402-421. Oxford: Blackwell.
52. Hebb, D.O., Heath, E.S., & Stuart, E.A. (1954). Experimental deafness. *Canadian Journal of Psychology* 8: 152-156.
53. Hebb, D.O., & Thompson, W.R. (1954). The social significance of animal studies. In: G. Lindzey (Ed.). *Handbook of social psychology. Vol.1.* pp. 532-561. Cambridge Mass: Addison-Wesley.
54. Hebb, D.O. (1955). Drives and the C.N.S. (conceptual nervous system). *Psychological Review* 62: 243-254.
55. Hebb, D.O. (1955). The mammal and his environment. *American Journal of Psychiatry* 111: 826-831.
56. Hebb, D.O., & Heron, W. (1955). Effects of radical isolation upon intellectual function and the manipulation of attitudes. In *Terminal report on conditions of attitude change in individuals*. Ottawa: Defense Research Board.
57. Hebb, D.O., & Mahut, H. (1955). Motivation et recherche du changement perceptif chez le rat et chez l'homme. [Motivation and

search for perceptual change in rat and man.] *Journal de Psychologie Normale et Pathologique* 52: 209-211.
58. Hebb, D.O., Murphy, C.W., Kurlents, E., & Cleghorn, R.A. (1955). Absence of increased corticoid excretion with the stress of perceptual deprivation. *Canadian Journal of Biochemistry and Physiology* 33: 1062-1063.
59. Hebb, D.O. (1956). The distinction between "classical" and "instrumental." *Canadian Journal of Psychology* 10: 165-166.
60. Bloch, V., & Hebb, D.O. (1956). Étude des phénomènes d'enrayement et d'activation du comportement par stimulation thalamique et réticulaire chez le rat non anesthésie. [Phenomena of cessation and initiation of behavior by thalamic and reticular stimulation in the non-anesthetized rat.] *Psychologie Française* 1: 8-9.
61. Hebb, D.O. (1958). *A textbook of psychology*. Philadelphia: Saunders. x, 276 pp. (『行動学入門——生物科学としての心理学』白井常・鹿取廣人・平野俊二・金城辰夫・今村護郎訳, 紀伊國屋書店, 1964)
62. Hebb, D.O. (1958). Alice in Wonderland or Psychology among the biological sciences. In: H.F. Harlow & C.N. Woolsey (Eds.). *Biological and biochemical bases of behavior*. pp. 451-467. Madison: University of Wisconsin Press. [Symposium on interdisciplinary research, University of Wisconsin, 1955.]
63. Hebb, D.O. (1958). The motivating effects of exteroceptive stimulation. *American Psychologist* 13: 109-113.
64. Hebb, D.O. (1959). A neuropsychological theory. In: S. Koch (Ed.). *Psychology: A study of a science*. Vol.1. pp. 622-643. New York: McGraw-Hill.
65. Hebb, D.O. (1959). Intelligence, brain function and the theory of mind. *Brain* 82: 260-275. [23rd Hughlings Jackson Memorial Lecture, Montreal Neurological Institute, 1958.]
66. Hebb, D.O. (1959). Karl Spencer Lashley: 1890-1958. *American*

Journal of Psychology 72: 142-150.

67. Hebb, D.O. (1959, April). Motivation and thought. *Bulletin of the Maritime Psychological Association* 8: 4-9.
68. Beach, F.A., Hebb, D.O., Morgan, C.T., & Nissen, H.W. (Eds.) (1960). *The Neuropsychology of Lashley*. New York: McGraw-Hill. xx, 564 pp.
69. Hebb, D.O. (1960). The American revolution. *American Psychologist* 15: 735-745. [APA Presidential Address.]
70. Pritchard, R.M., Heron, W., & Hebb, D.O. (1960). Visual perception approached by the method of stabilized images. *Canadian Journal of Psychology* 14: 67-77.
71. Hebb, D.O. (1961). Call for Dr. Finagle. *Contemporary Psychology* 5: 209-211. [Review of *Plans and the structure of behavior.*]
72. Hebb, D.O. (1961). Distinctive features of learning in the higher animal. In: J.F. Delafresnaye (Ed.). *Brain mechanisms and learning*. pp. 42-53. Oxford: Blackwell.
73. Hebb, D.O. (1961). On the meaning of objective psychology. *Transactions of the Royal Society of Canada* 55: 81-86.
74. Hebb, D.O. (1961). Sensory deprivation: Facts in search of a theory. *Journal of Nervous & Mental Disease* 132: 40-43. [Discussion of symposium presentation.]
75. Hebb, D.O. (1961). The role of experience. In: S.M. Farber and R.H.L. Wison (Eds.). *Man and civilization: Control of the mind.* pp. 37-51. New York: McGraw-Hill.
76. Hebb, D.O. (1962). Auditory-oculomotor reflexes at birth. *Science* 135: 998-999.
77. Hebb, D.O. (1962) John Davidson Ketchum. *Transactions of the Royal Society of Canada* 56: 197-198.
78. Hebb, D.O. (1962). The mind of man. *McGill News* 44: 34-35. [Text of symposium presentation.]
79. Hebb, D.O. (1963). Introduction to Dover reprint. K.S. Lashley,

Brain mechanisms and intelligence. pp. v-xiii. New York: Dover.
80. Hebb, D.O. (1963). The semiautonomous process: Its nature and nurture. *American Psychologist* 18: 16-27.
81. Hebb, D.O., & Milner, P. (1963). Aktivitätsformen der Gehirns und Verhaltensorganisation. *Naturwissenschaftliche Rundschau* 16: 258-262.
82. Hebb, D.O. (1965). The evolution of mind. *Proceedings of the Royal Society, B* 161: 376-383.
83. Hebb, D.O. (1966). *A textbook of psychology.* (2nd ed.). Philadelphia: W.B. Saunders. xvi, 353 pp. (『行動学入門——生物科学としての心理学(改訂版)』白井常・鹿取廣人・平野俊二・金城辰夫・今村護郎訳, 紀伊國屋書店, 1970)
84. Hebb, D.O. (1966, January). Education for research. *Canadian Federation News* 8: 53-57.
85. Hebb, D.O. (1967). Cerebral organization and consciousness. *Research Publication of the Association for Research in Nervous and Mental Diseases* 45: 1-7.
86. Hebb, D.O. (1968). Concerning imagery. *Psychological Review* 75: 466-477.
87. Hebb, D.O., & Thompson, W.R. (1968). The social significance of animal studies. In: G. Lindzey & E. Aronson (Eds.). *Handbook of social psychology. Vol.2* (2nd edition). pp. 729-774. New York: Addison-Wesley.
88. Pribram, K.H., Hebb, D.O., & Macdonald, G. (1968, September). The ghost in the machine. *Psychological Scene* 2: 28-43.
89. Hebb, D.O. (1969, May). The mind's eye. *Psychology Today* 2 (12): 54-57, 67-68.
_. Hall, E. (1969, November). Hebb on hocus-pocus: A conversation with Elizabeth Hall. *Psychology Today* 3(6): 21-28.
90. Hebb, D.O., & Favreau O. (1969). The mechanism of perception. *Radiology Clinics of North America* 7: 393-401.

91. Hebb, D.O. (1970). A return to Jensen and his social science critics. *American Psychologist* 25: 568.

92. Hebb, D.O., & Krebs, D. (1971). Comment on altruism: The comparative evidence: Infrahuman altruism. *Psychological Bulletin* 76: 409-414.

93. Hebb, D.O. (1971). Concerning Hebb's criticism of Jensen and the heredity-environment argument: Response to Gordon by Hebb. *American Psychologist* 26: 665.

94. Hebb, D.O. (1971). The nature of a university education. *McGill Journal of Education* 6: 5-14.

95. Hebb, D.O. (1971). Whose confusion? *American Psychologist* 26: 736.

96. Hebb, D.O., Lambert, W.E., & Tucker, G.R. (1971). Language, thought, and experience. *Modern Language Journal* 55: 212-222.

97. Hebb, D.O. (1972). *A textbook of psychology*. (3rd ed.). Philadelphia: W.B. Saunders. (『行動学入門──生物科学としての心理学(第3版)』白井常・鹿取廣人・平野俊二・金城辰夫・今村護郎訳, 紀伊國屋書店, 1975)

98. Hebb, D.O. (1972). Possible test for Hebb's hypothesis concerning imagery—Reply. *Psychology Review* 79: 368.

99. Hebb, D.O., Lambert, W.E., & Tucker, R. (1973, April). A DMZ in the language war. *Psychology Today* 5: 55-58, 60, 62.

100. Hebb, D.O. (1974). What psychology is about. *American Psychologist* 29: 71-79.

101. Hebb, D.O. (1975). Psychological aspects of imagery. In *The brain mechanisms. A collection of papers dedicated to the 90th birthday of Ivan Beritashvili.* pp. 64-68. Georgian Academy of Sciences, Tiflis.

102. Hebb, D.O. (1975). Science and the world of imagination. *Canadian Psychological Review* 16: 4-11.

103. Hebb, D.O. (1976). Physiological learning theory. *Journal of Ab-*

normal Child Psychology 4: 309-314.

104. Hebb, D.O. (1977). The frontal lobe. In W. Feindel (Ed.). Wilder Penfield: His legacy to neurology. *Canadian Medical Association Journal* 116: 1373-1374.
105. Hebb, D.O. (1977). To know your own mind. In: John M. Nicholas (Ed.). *Images, perception and knowledge*. pp. 213-219. D. Reidel Publishing Co., Dordrecht-Holland.
106. Hebb, D.O. (1977). What he gives with one hand. *Contemporary Psychology* 22: 849. [Comment on Jerison's overview of Bindra, *Contemporary Psychology* 22: 417-419.]
107. Hebb, D.O. (1978). A problem of localization. *Behavioral and Brain Sciences* 1: 357.
108. Hebb, D.O. (1978). Behavioral evidence of thought and consciousness. *Behavioral and Brain Sciences* 1: 577.
109. Hebb, D.O. (1978, November). On watching myself get old. *Psychology Today* 12(6): 15-23.
110. Hebb, D.O. (1978). Open letter: To a friend who thinks IQ is a social evil. *American Psychologist* 33: 1143-1144.
111. Hebb, D.O. (1978). Review of *Divided consciousness: Multiple controls in human thought and action. Amerian Journal of Psychology* 91: 545-547.
112. Hebb, D.O. (1980). D.O. Hebb. In: G. Lindzey (Ed.). *A history of psychology in autobiography*. Vol.VII. pp. 273-309. San Francisco: W.H. Freeman.
113. Hebb, D.O. (1980). *Essay on mind*. Hillsdale NJ: Lawrence Erlbaum. (『心について』白井常・鹿取廣人・平野俊二・鳥居修晃・金城辰夫訳, 紀伊國屋書店, 1987)
114. Hebb, D.O. (1980). The structure of thought. In P.W. Jusczyk & R.M. Klein (Eds.). *The nature of thought: Essays in honour of D.O. Hebb*. pp. 19-35. Hillsdale NJ: Lawrence Erlbaum Associates.
115. Hebb, D.O. (1980). The view from without. *Philosophy of Social*

Science 10: 309-315. [Review of *The self and its brain*.]
116. Hebb, D.O. (1980, November). An inside look at ageing. *American Psychological Association Monitor* 4-5.
117. Hebb, D.O. (1981). Consider mind as a biological problem. *Neuroscience* 6: 2419-2422.
118. Hebb, D.O. (1981). Open letter in response to D.O. Hebb: Reply irrelevant? *American Psychologist* 36: 423-424.
119. Hebb, D.O. (1982). Comment on a commentary—*Introspicere ergo esse?*—Reply. *Neuroscience* 7: 2300.
120. Hebb, D.O. (1982, May). Hilgard's discovery brings hypnosis closer to everyday experience. *Psychology Today* 16(5): 52-54.
121. Hebb, D.O. (1983). Neuropsychology: Retrospect and prospect. *Canadian Journal of Psychology* 37: 4-7.
122. Hebb, D.O. (1984). Clinical psychology training in Canada: Its development, current status, and the prospects for accreditation: Response to Conway. *Canadian Psychology* 25: 192.
_. Hebb, D.O., & Donderi, D.C. (1987). *Textbook of psychology*. (4th ed.). Hillsdale NJ: Lawrence Erlbaum Associates. xii, 384 pp.

ヘッブに関する伝記, 追悼記事と追悼論文

Fentress, J.C. (1987). D.O. Hebb and the developmental organization of behavior. *Developmental Psychobiology* 20: 103-109.
Fentress, J.C., & Klein, R.M. (Eds.) (1999). Special issue: The Hebb legacy. *Canadian Journal of Experimental Psychology* 53: 1-131. [contains 10 papers]
Harnad, S. (1985). D.O. Hebb: father of cognitive psychobiology: 1904-1985. *Behavioral and Brain Sciences* 8: opp. p. 529.
Klein, R.M. (1980). D.O. Hebb: An appreciation. In: P.W. Jusczyk & R.M. Klein (Eds.). *The nature of thought: Essays in honour of D.O.*

Hebb. pp. 1-18. Hillsdale NJ: Lawrence Erlbaum Associates.

Milner, P. (1985). Donald Olding Hebb: 1904-1985. *Proceedings of the Royal Society of Canada, Series IV* 23: 93-96.

Milner, P. (1986). Donald Olding Hebb (1904-1985). Obituary. *Trends in Neuroscience* 9: 347-351.

Milner, P.M. (1993). The mind and Donald O. Hebb. *Scientific American* 268(1): 124-129. (ミルナー「現代神経科学の先駆者ドナルド・ヘッブ」日経サイエンス, 1993, 3月号, 124-132)

Milner, P.M., & Milner, B. (1996). Donald Olding Hebb: 22 July 1904-20 August 1985. *Biographical Memoirs of the Royal Society of London* 42: 193-204.

Mogenson, G.J. (1988). Obituaries. Donald Olding Hebb: 1904-1985. *Canadian Psychology* 29: 315-316.

まえがき

　私はこの本で,多くの異なった研究領域をまとめてひとつの一般的な行動理論を提出し,実験心理学と臨床における諸問題との間のギャップを埋めるとともに,神経生理学と心理学との間を橋渡しすることを試みた.

　したがってこの本は,心理学者と同じく,臨床医や生理学者にも理解されるようにと願って執筆されている.心理学理論は,彼らとの共同作業によって発展させることができるし,また過去においてもそうであることが多かった.ヘルムホルツ(Helmholtz),ジャクソン(Jackson),パヴロフ(Pavlov),フロイト(Freud)らの業績は,このことをはっきり示している.臨床医や生理学者は,往々にして,心理学的にきわめて重要なデータにじかに接する機会が頻繁にありながらも,その事実に気づかないことがある.できるかぎりの努力はしたものの,この本の論議が,心理学を専門にしていない読者にとっても,そのままで十分理解できるように詳細でしかも明解であれと願うのは,大それたことかもしれない.読者が心理学理論についてもっと詳しく知りたければ,生理心理学ではモーガン(Morgan, 1943)を,学習理論ではヒルガードとマーキス(Hilgard & Marquis, 1940)を,(健常成人の)"実験"心理学ではウッドワース(Woodworth, 1938)を,そして動物心

理学ではモス(Moss, 1942)やマイアーとシュネイラ(Maier & Schneirla, 1935)を,それぞれ参照されるとよいだろう.中でもモーガンの著書は,ここであつかわれている問題と直接関係している.そして読者が,多くの箇所でこのモーガンのテキストが提供している程度の事実に関する知識をもっていることを,私は前提としている.

この本の原稿を通読してその内容をより良いものにしていただいた同僚の諸氏に対して,深い感謝の意を表したい.私が1947年の夏ハーヴァード大学で,またその翌年の冬マギル大学で,それぞれ担当していたセミナーの学生諸君にも感謝したい.またエイデス(Harlow W. Ades)教授,ビーチ(Frank A. Beach)教授,ビーブ=センター(J. G. Beebe-Center)博士,マクロード(R. B. MacLeod)教授,マクノートン(Francis McNaughton)博士,ミラー(G. A. Miller)博士,プリブラム(Karl Pribram)博士,ロズヴォルド(H. E. Rosvold)教授,スペリー(R. W. Sperry)教授は,原稿の一部または全部を読んでくださった.そのご協力に対して深甚な謝意を表したい.ボーリング(Edwin G. Boring)教授,クラーク(George Clark)教授,ラシュリー(K. S. Lashley)教授,リックライダー(J. C. R. Licklider)教授には,原稿の大部にわたって入念に目を通していただき,細部にわたってご批判を賜った.そのお陰で,この本の内容や文体が改善されたことに心から御礼を申し上げたい.1942年から1947年にわたって毎週開かれたヤーキズ霊長類生物学研究所におけるコロキウム,およびそこでの

絶え間ない理論的討論にも最大の恩恵を受けている．とくにニッセン（Henry W. Nissen）教授，ブルム（Robert Blum）ご夫妻，およびリーセン（Austin Riesen）博士には，この原稿を通読してもらい，原稿の完成に大きな手助けをしていただいた．この小グループ，いわば批評委員会というべき人たちの中には，もちろん私の妻も含まれている．その意を受けておこなったいくつかの改訂と削除の部分，ならびに彼らの積極的な貢献には，筆者ばかりでなく読者の方々も，大いにその恩恵にあずかっている．

　最後に，この本の出版の運びにいたるまでの準備段階で，いろいろな事務的な仕事にその労を煩わした人たち，とくにセラーズ（Alice Sellers），マホーニー（Therese Mahoney），ハリデー（Margaret Halliday）諸姉に感謝の意を表したい．この本の中で簡単に紹介しているいくつかの実験は，マギル大学研究基金の援助のもとにおこなわれた．また実験の実施にあたって付帯する事務処理も，その支援を得ている．

　1949 年 4 月　　モントリオールにて

　　　　　　　　　　　　　　　　　　D. O. ヘッブ

序　章

　行動を理解し，人間のとらえどころのない思考を機械的因果の過程に還元しようとする心理学者の仕事が，ほかのどのような科学者の仕事よりも困難であることは，異論のないところだろう．確かに，課せられている問題はきわめて複雑だ．ジェイムズ・ミル(James Mill)の亡き後を継いで，20世紀の心理学は，ミルの荒削りな連合理論を発展させてきたが，その進歩の足跡は，同じ時間で物理科学が成し遂げてきた業績に比べて，勝るとも劣らないだろう．しかしまた，心理学の理論は，依然として揺籃期(ようらんき)にあることも事実だ．われわれが化学反応の原理を理解している程度に，行動の原理を理解していると言えるようになるまでには，まだまだ遠い道のりがある．

　心理学者は，こうした困難な仕事に取り組むにあたって，おそらく助けを手当たりしだいに求めざるをえない．たとえば，新しい数学的分析方法を発展させようとする試みが，数多くおこなわれるようになっている．ただしこの本では，全般的にこうした試みについてあつかうつもりはない．スピアマン(Spearman, 1927)によって開発され，サーストン(Thurstone, 1935)によって著しく改良された因子分析法は，ある種のデータをあつかうのに強力な道具として十分確立されて

いる．しかし因子分析は，大規模の被験者集団に適用できるテストに基づいているため，その適用範囲が限られている．これ以外の方法として，ラシェフスキー(Rashevsky)，ピッツ(Pitts)，ハウスホルダー(Householder)，ランダール(Landahl)，マカロック(McCulloch)など[*1]によって試みられた，ニューロン集団間の相互作用に直接数学を適用する方法がある．ビショップ(Bishop, 1946)は，神経生理学の視点からこの研究について検討をおこなっているが，その見解は，この本の見解とほぼ一致している．いままでにこの方法を用いておこなわれているいくつかの予備的研究では，心理学的問題を，ほとんどないに等しいほどに，単純化してあつかわざるをえなかった．ただし私は，これを非難しているのではない．というのは，こうした試みが，やがてはもっと複雑なデータをあつかえるように，適用範囲を拡げる方法を発展させることができるはずだからである．しかし現状では，この試みが成功するかどうかがわかるようになるには，今後の成果を待たなくてはならない．こうした研究が潜在的な価値をもっていることは，疑いの余地がない．出発点となる正しい仮定を1組見出すことができれば，おそらく因子分析のように，ほかの研究方法と強力に連携していけるだろう．

　一方，心理学は，ほかの生物科学と密接に関係しているの

---

*1　カルバートソン(Culbertson, *Bull. Math. Biophys.*, 1948, *10*, 31-40, 97-102)の2論文とビショップの評論には，この分野でそうした問題を表題に掲げている重要な論文のリストがあげられている．

で，そこにも助けを求めることができる．心理学の問題と神経生理学の問題との間には，かなりの重複がある．それゆえ相互に助け合える可能性(もしくは必要性)が存在している．この本の第一の目的は，心理学者の考察の指針として，行動の理論を提出することである．しかしもうひとつの目的は，解剖学者，生理学者，神経学者との共通の基盤を求めること，そして心理学理論が彼らの問題といかに関連しているかを示し，同時に心理学理論に対して彼らにもっと寄与してもらえるようにすることである．

　ほかの科学と同様，心理学も変化し続けている．したがって，生理学者や臨床医が心理学の理論的な方向づけを得たいと思っているならば，パヴロフやフロイトの著書だけに頼っているわけにはいかない．確かにこの2人は偉大であり，心理学の考え方に大きな貢献をしてきた．しかし彼らの貢献は，究極の解答を提供したというよりも，解決すべき問題を定式化して展開させた点にある．パヴロフ自身は，自分の条件反射理論がたえず改訂を必要とする，と考えていたようである．その実験結果から，いまだにたえず修正が必要とされ，その理論は，依然として発展しつつある．またフロイトの理論を個々の細部だけの変更でよしとすると，フロイトの業績の主要な価値は，まったく失われてしまうことになるだろう．こうした状況のままで理論化を試みようとすることは，あたかも薄い氷の上でスケートをしているようなもので，動き回っていなければ氷が割れて水に落ちてしまう．自我，イド，超

自我といった概念は，行動についての重要な事実を理解し記述する助けにはなるが，一方でこれらの概念は，亡霊のような存在としてあつかわれる危険性も多分にはらんでいる．すなわちこうした概念は，あれを欲したり，これを非難したり，また力や策略によってお互いを征服しようとしたり，また罰し罰されたりする，といった擬人的なはたらきをもつものとして考えられやすい．フロイトは，彼のこのような暫定的記述をもはやそうした危険のないところまで発展させるという仕事を，われわれに委ねている．理論が静止した状態にとどまるようになると，独断に陥りがちになる．とくに心理学理論は，多数の問題が未解決のまま残されているので，そのため生気論，非決定論といった因習的な考えに逆戻りする危険性をより多くはらんでいる．

たとえどんな正規の行動理論を支持していても，理論によってはうまくあつかえないような多くの行動を考察しなくてはならないことがあり，そのような時には，神秘主義的な考えをひそかに抱いてしまいがちだ．こうした現状で行動をあつかうには，単純化が必要である．しかしまた逆に，問題が単純化されていることを忘れてしまうという危険もある．つまり人は，自分の理論に組み入れることができないような都合の悪い事実を，忘れてしまうか否定してしまいがちである．他方で，生気論者が見せる弱腰の失意を真に受けてしまったり，現在の理論を改良せずにその不完全さを示すだけで満足してしまうという危険もある．もちろんいまのところは，ど

の行動理論も不適切で不完全だと考えてよい．しかし，**われわれが，どのようにすれば行動を脳のはたらきに還元できるかをまだ見出していないからといって**，将来，だれもそれを見出しえないと言い切ることはできない．

現代の心理学では，行動とニューロンの機能とが完全に対応しているということ，また行動が完全にニューロン機能によって引き起こされるということを，当然のこととしている．脳とは別に魂とか生命力があって，それが時折脳の中に指を突っ込んで，ほかではできないようなことを神経細胞にやらせている，というわけではない．もちろん実際には，行動には説明できない側面がいくつも存在する．そのかぎりでは，これもひとつの作業仮説であることには変わりない．いつの日か，この作業仮説を否定しなくてはならない日が必ずくるだろう．しかし，いまだその時に至っていないことを知ることも，また大切である．すなわち，この作業仮説は必要な作業仮説であり，それに反する証拠はまだ存在していない．このことは，われわれがまだ問題を解決できないということにすぎず，問題が解決不能だということではない．論理的に言えば，ひとりの人間が物理学，化学，生物学では決定論者でありながら，心理学では神秘主義者であるということは不可能なはずである．

他者の感情や意識を知ることができるのは，彼が**すること**——言いかえれば彼の筋収縮と腺分泌——から推論することによっている．これらの観察可能な事象は，神経細胞におけ

る電気的・化学的事象によって規定されている．もし論理に一貫性をもたせようとするならば，一方では感情や意識を非物理的なものとして定義しておきながら，他方では物理的効果をもたらす神秘的なはたらきの存在を仮定するといったような余地は，まったくないはずである（とくに，物理学が対象とする多くの実在は，それらがもたらす効果を通してのみ知ることができるのだから）．科学の目的にとって，"心"とは，脳の活動としてのみ考えることができる．こうした考えを耳にすると，まったく謎めいたもののように感じられるのも当然かもしれない．というのは，自然科学者は，膨大な数の細胞（ヘリックによれば，90億ほどとされている），およびそれらの細胞間に生じるはずのさらに膨大な数の結合に加えて，細胞を構成している物質を，伝統的に"心"と対照的とみなされている生きていない棒きれや石とは似ても似つかないものに還元しようとしているからである．結局，機械論的生物学に対して生気論者がおこなっている反論の根底にあるものは，こうした際立った差異なのだが，この差異は，現在その力を失ってしまっている（Herrick, 1929）．神秘主義者は，電子のようなものに関心を向け，行動をあつかうことは諦めたほうがましかもしれない．哲学的な心身並行論や観念論は，ほかの論拠をもとに以上に述べた概念についてどのように考えていようとも，科学的方法論とまったく矛盾していない．しかし，相互作用説のほうは矛盾しているように見える．

そこで心理学者と神経生理学者は，同じ湾についての地図を作ることになる．おそらくその測量の作業は，互いに対岸の地点から開始され，時には測量が重なったり重複したりする．また同じいくつかの定点を利用している．したがって，互いの結果に寄与する機会はつねに存在している．行動を理解するという課題は，神経系の活動全体を理解するという問題であり，またその逆でもある．ただしこうした主張は，必ずしも心理学者や生理学者にとって歓迎されるものではなかった．

　心理学でも精神医学でも，"生理学化"の排斥運動，すなわち生理学的仮説の使用を止める運動が，激しくなっている．こうした立場は，スキナー(Skinner, 1938)によってはっきりと，かつ有効に提唱されている．ただしこれは，決して生気論への逆戻りを意味するものではない．その主張は，現代の実証主義と関係があり，観察されうる刺激と観察可能な反応との関連づけの方法に力点をおこうとする．そして究極的には，"説明"とは観察された現象間の関係についての記述にすぎないということを認めて，問題の核心に迫ろうとする．そして**当面**は，心理学をこうした記述に限定すべきことを提案している．しかし，こうした見解はプラット(Pratt, 1939)やケーラー(Köhler, 1940)によって批判されてきた．そしてこの本も，このような心理学の方向性に反対すべく執筆されている．なぜ反対するかと言えば，発展の初期の段階では，科学的方法に関して誤解が生じやすいからである．古い時代

の科学思想における一見素朴な特徴は，現在から見て必要と考えられる以上に，実り豊かな仮定や仮説を思いつくのに役立っていたと思われる．上述のような反生理学的な立場は，心理学がすでに，より高度に発展した時に進みうる段階にまで達していると主張している．つまりは人間の知性の限界を無視して，完璧さを求める策のように思われる．ただしこの立場は，論理的には弁護することができるし，また依然として，実り多い結果をもたらすだろう．というのは，実際それは，行動の予測と制御に達するための適切なアプローチだからである．

　生理学者と親しい関係を結ぶのに，二の足を踏む者が心理学者の中にいるとすれば，多くの生理学者は，我が意を得たりと思うだろう．心理学者の屁理屈や，心理学理論の不確かさになにも期待していない人々も多いということを，心しておくべきである．脳内の明確に定義された神経経路の電気的活動に関する研究のほうが，はるかに確実性がある．この場合，唯一の疑問は，人間の脳全体についての生理学がこのような研究だけで達成されるかどうか，ということである．脳の種々な部位についての特性は，ある程度単独に見つけることができるかもしれない．しかしそうした部位が，単独ではわからないような特性をもっていることは，いまや自明だ．そしてこうした特性は，脳全体をそっくりそのまま研究することによってのみ，見出すことができる．その場合，必要とされる研究方法は，まず脳の部位がどのようなはたらきをす

るのかをできるだけ知ること(これは主として生理学者の仕事)，次にこの知識をできるかぎり行動に関係づけること(これは主として心理学者の仕事)，そしてさらに(1)実際の行動と，(2)種々の部位の活動についてわかっている全体から予測される行動とを比較して，その間の食い違いをもとに，脳全体がいかにはたらくかについての情報をさらに得ることである．

こうしたやり方は，心理学者を生理学者にしてしまうことにはならない．またこれとまったく同じ理由から，生理学者は，細胞学や生化学によって提供されている情報に精通したからといって，細胞学者や生化学者になるわけでもない．行動の中に規則性を見つけ出すという仕事は，困難な仕事であるため，全面的な注意が必要となる．そのため心理学者は，自分自身の仕事に役立つかぎりで生理学に関心を払っているのである．

実証主義の主張者が"生理学化"に反対する最大の理由は，生理学が心理学理論に役立った試しがない，という点である．しかし，これがほんとうのことだとしても(これを否定するいくつかの根拠もあるが)，以下のことは付け加えておかなくてはならない．20世紀以降，神経生理学的知識は大いに進歩してきている．生理学者の業績，たとえばベルガー(Berger)，デュセール・ド・バレンヌ(Dusser de Barenne)，それにロレンテ・デ・ノー(Lorente de Nó)などの研究は，心理学が用いている生理学的な概念に大きな影響を与えてきた

が，心理学は，それらの研究の知見をまだ十分に吸収できていない．

ここで取り組むべき中心問題をあつかうには，2つのやり方が考えられる．まず心理学的に見ると，それは，思考の問題，すなわち，環境の刺激作用によって完全には制御されてはいないが，依然としてその刺激作用と密接に協働するある種の過程に関する問題である．もうひとつの観点——生理学的観点——から見ると，それは，感覚皮質から運動皮質への興奮の伝達の問題である．こうした言い方は，見かけほど単純化した言い方ではない．というのは，"伝達 transmission"は実際にはきわめて複雑な過程で，感覚の刺激作用と最終の運動反応との間にかなりの時間的なずれがあるからである．心理学が思考を適切にあつかうことができなかったのは（言いかえると，神経生理学が皮質の伝達についていかに考えるべきかを心理学者に示すことができなかったのは），現代の心理学理論の致命的な弱点であったし，また広範囲の実験データや臨床データをあつかう際にたえずつきまとう困難さの原因でもあった．以下の章では，知覚や学習のデータから，飢え，睡眠，および神経症にいたるまでのデータについて，この点を指摘することにしよう．

哺乳類では，ラットのような下等動物でも，その行動を，感覚過程と運動過程との間を直結する相互作用として記述できないことが明らかになってきた．すなわち，**思考過程 thinking** といったようなものが介在している．"思考 thought"

と言った場合，当然，大脳の機能が，ヒト程度の複雑さをもつことが暗に含まれている．したがって下等動物に対してそのことばを適用するのは，いささか無理があるかもしれない．しかしラットでさえも，行動が直接の感覚事象によって完全に制御されてはいないとする証拠が存在する．すなわち，そこにもまた中枢過程がはたらいているのだ．

　大脳におけるこうした比較的自律的な活動の性質とは，どのようなものなのだろうか？　現在のところ，この問いに対して，暫定的な答えさえもない．われわれは，皮質への上行性経路についても，また皮質からの下行性経路についても，さらにこの2つを結ぶ多くの構造についても，多くのことを知っている．しかしこれらの連絡は複雑であり，皮質の感覚投射野に達した興奮がやがて運動野から出て行くまでの間に，どんなことが生じているかについては，実質的にはなにもわかっていない．心理学はこれまで，生理学的な基礎を用いてこのギャップの橋渡しをする方法を，仮説の形で見出す必要があった．通常この橋渡しは，皮質の神経伝達という比較的単純な形式を用いて記述することができる[*2]．選択された特定の形式は，結果としての心理学理論の性質をおもに決定することになる．したがって，この必要な選択がどうおこなわれるかが，理論的な立場を分ける大きな原因となる．

---

　*2　こうした単純な考え方はおそらく，心理学者が脳を微細構造をもったお椀一杯のお粥のようなものとしてしか考えていないとする，解剖学者の見解を説明している．

これまでは，これには2種類の形式が用いられてきた．一方は(1)配電盤説および感覚-運動結合説，他方は(2)場の理論というように，2つの極端な形をとるに至っている．（これらの用語には軽蔑的な含みはない．）(1)まず一方の極にある第一の説では，感覚系の細胞は運動系の細胞との結合を獲得するが，その場合に，皮質の機能は，電話交換機のようなはたらきをもつ．この結合が，動物やヒトがなにをするかを厳密に規定する．そして，そうした結合を獲得することが学習ということになる．現在ではこの理論は，以前よりも漠然としたかたちをとる傾向がある．というのは，以前の単純なかたちの理論が当然ながら批判を受けたからである．しかし，その基本的な考え方は，まだ依然として存続している．(2)もう一方の極にある理論は，そもそも学習が結合に依存しているといった考えを否定する．その代わりに，物理学で有効性が見出されている場の概念を利用しようとする．皮質は，多数の細胞から成り立っており，統計的に等質な媒質として考えることができる．したがって，感覚による制御は，運動中枢の感覚性興奮の分布と比率とに依存しており，脳の特定の部位ないしは特定細胞の活動に依存するのではない，とする．

しかし以上のような相違があるにしても，それが事実でないことをはっきりと説明できないというだけで，どちらの理論も，感覚性興奮が運動系へとすばやく伝達されるということを意味しているように思われる．刺激と反応との間に遅延

が存在するということは，思考の顕著な特徴と考えられる．しかしこれを説明するため，中枢の神経メカニズムについての考えを構築しようする仕事は，少なくともいままでは，だれも真剣に取り組んでこなかった．"運動性の"思考に関する神経理論といったものが，事実，いくつか存在している．しかしこれらの理論は，本質的には，自己受容感覚と最小限の筋活動との連続的な相互作用についての説明であり，遅延のような大脳内における長期的な事象の連鎖を説明するものではない．

 しかし，動物の行動については，手に負えないほどのデータが集積している．そのため，中枢過程をより適切に説明する必要性が注目されつつある．モーガン(Morgan, 1943)は，この重要性を認めて，次のように述べている．すなわち，刺激-反応(S-R)心理学には，"心的"変数が占める場所がまったくなかったため，何度もこれを放棄せざるをえなかったこと，しかも繰り返し，もう一度この変数を復帰させる方法を見つけようとあれやこれや試みたことを指摘している．イメージ(心像)という概念は，およそ20年の間，とくに動物心理学において禁句の概念だった．しかもこの魔物のような概念を祓い清めるいとまもなく，次には"期待 expectancy"という怪物が出現した．期待，注意，興味の神経的基礎は，どんなものなのだろうか？　より古い理論では，こうしたことばを自由に使うことができた．というのは，相互作用説の哲学を避けようと，躍起になっていたわけではないからだ．一

方，現代心理学では，こうした用語が持ち出されると，当惑してしまう．しかしそれらの用語は，行動を十分説明しようとする場合には，どうしても避けられない．ただしそこには，アニミズムのにおいが依然としてつきまとっている．したがって思考の理論が十分発展して，"期待"ないしはそれと類似の概念を，生理学的にも理解可能な過程として示せるようになることが必要である．

この序章に続く数章では，こうした理論の基礎固めをするつもりだ．一方では，それは，生理学者の視点からするといささか思弁的である．しかし他方では，それは，多少なりとも心理学に関する知識を総合するとともに，心理学の証拠を，解剖学や生理学の手引きに欠けているような領域にまで拡げて，できるかぎり厳密なかたちで提示しようと試みている．このために必要なのは，期待や注意などがあつかえると同時に，時間的に機構化(体制化)された大脳内の過程もあつかえるような概念的道具である．しかしこれは，知覚と学習についての主要な事実をも包含するものでなければ，ほとんど価値がない．そこで多少ともこうしたことを達成するため，神経活動に関するいくつかの構想を展開させるという目的に沿って，内容の構成を限定せざるをえなかった．これに従って設けられたのが，4章と5章の知覚に関する章である．1章から3章では，こうした試みの基礎を明確にする．6章以下では，以上の構成内容から得られたいくつかの概念を，学習，意志，情動，飢えなどの問題に対して適用を試みる．（読者

は，1章から5章までを主として予備的な章と考えてよいだろう．ただし，神経学的な詳細や知覚の取りあつかい方にとくに関心をもっている場合には，そのかぎりではない．またこの本の中で提出されている理論の要旨を知りたい読者は，次の2つの段落を読んでからすぐに6章に進まれてもよいだろう．）この本で示す考えは，おおよそ次のようなことである．

　特定の刺激がたびたび反復されると，"細胞集成体 cell assembly"がしだいに形成されるようになる．細胞集成体とは，皮質と間脳(そしておそらく大脳の基底核)中の細胞を包含する広範囲にわたる構造を指す．これは，閉じた系として活動することが可能であり，それによって同じようなほかの系に対して促通を生じさせるが，通常それは特定の運動性促通である．このような一連の事象が"位相連鎖 phase sequence"——これが思考過程だ——を構成する．それぞれの集成体の活動は，先行する集成体や感覚事象によって，または通常その両者によって，引き起こされる．こうした集成体の活動のひとつが次の集成体の活動を引き起こすといった中枢性の促通が，"注意"の原型である．なおハンフリー(Humphrey, 1940)は，思考の方向性の問題について洞察力に富んだ論評をおこない，不可避の論争を挑んでいるが，私はこの理論の中で，こうした中枢性の促通，およびその感覚過程に対する種々の関係といったかたちで，彼が提起した問題に対する答えを提案したい．

ここで論じたような皮質の機構化は,成人が覚醒している際の行動にとって欠くことができないもの,と考えられる.このような皮質の機構化の考えでは,睡眠時や幼時期(訳註序-1)に生じる交替性の"内在的 intrinsic"機構化が存在する,ということも提案している.それは,皮質細胞の発火における過同期から成り立っている.しかし,この2つの形式の皮質の機構化のほかに,機構の崩壊が生じる可能性がある.このことは,集成体の活動がきわめて微妙なタイミングに完全に依存している,ということを前提にしている.このようなタイミングは,代謝の変化によって乱されるばかりでなく,既存の中枢過程と一致しないような感覚事象によっても乱されるだろう.これが一過性の場合は,情動的混乱と呼ばれ,慢性の場合は,神経症や精神病と呼ばれる.

ここに述べた理論は,明らかに配電盤説の変形のひとつだし,結合説の一形式だ.ただしそれは,上行性経路と下行性経路の間の直接の結合をあつかってはいない.すなわちそれは,R(反応)というものが筋反応を意味するとすれば,"S-R(刺激-反応)"心理学ではない.ここでいう結合は,その後の学習の基礎となる自律性の中枢活動を形成するという役目をはたす.この理論はまた,現代の生理学の考え方と一致しており,とくにマーシャルとタルボット(Marshall & Talbot, 1942)の研究に従って,局所的な場の過程と勾配の概念を用いている.さらにこの理論では,いかなる単一の神経細胞や経路も,習慣や知覚にとって本質的なものだとは考えていな

い．現代生理学は，種々の理論といままで無関係であったデータとを統合するための，新たな機会を心理学に提供している．このような機会をできるだけ利用しようというのが，私の意図である．

1章　問題とその取り組み方

　この本では，できるかぎり神経系の生理学に基づいた行動理論を提出するとともに，神経学と心理学に共通する考えの場を見出すためのたゆまぬ努力の結果を提示しよう．

　この初めの章の目的は，こうした試みをおこなうにあたって生じるおもな問題点を明確にし，それらの難問に対してこの本がとるべき方向をどのように決めたらよいかを示すことである．序章で明らかにしたように，思考(ヒトと同様に動物にも適用できる同じような用語があればよいのだが)に関する生理学理論を作り上げることが，その最大の仕事だ．

　まずはじめに，この本における考察の出発点となる特有の問題を見ていくことにしよう．それによって，ここでの論議がなぜそうした方向に向けられているかがわかるはずである．

　そもそもの問題の出発点は，ヒトの脳の手術が特定の不可解な影響をもたらす，ということであった．言語野に触れずに言語野以外の皮質を除去した場合，その影響は往々にして驚くほど小さい．時には，なんの影響も見つけられないこともある (Hebb, 1942*a*, 1945*b*)．ところが，"言語野" が著しい損傷を受けた場合は，失語症に加えて，必ず知能の喪失をともなう．もちろんこれは，なぜ言語野以外の損傷がなんの影

響も生じないことがあるのかを説明することにはならない．皮質の大部分が知能とはなんの関係もないと仮定することは，いかにも不合理だ．実際，こうした考えが間違っていることをはっきり示す事実が存在している．脳の損傷が大きければ，どこの部位であっても，確実に知能に影響をおよぼすはずである．しかし時には，影響をおよぼさないように見える場合があるのだ．

　言語野以外の損傷が，ビネー式知能テストの結果にほとんど影響しないという事実は，上に述べたような難問を決定的なものにする．ビネー式テストは，健常な成人の測定にはもっとも鋭敏であり，また正確な知能の測度である．前頭前野の除去後も 160 以上の IQ をもつ男性（Hebb, 1939）や，皮質の右半球全部を失った後でも IQ が 115（これは健常者母集団の 2/3 よりも上の成績だ）を保つ女性（Rowe, 1937 による報告）の症例がある．どうしてこのようなことが可能なのだろうか？

　この 2 つの症例は，おそらくもっとも顕著な例かもしれない．しかし，研究に標準テストを用いたほぼすべての研究者が，脳手術後も高い得点を維持している症例を報告している．こうした事実は，説明の必要がある．しかし，研究者の多くは，この事実を忘れたがり，知能が低下した症例だけを研究しようとしている．確かに，知能の低下は存在し，それを発見することも重要である．しかし，健常な能力に対する妥当で鋭敏な指標であるビネー式テストが，なぜ往々にして脳の

損傷によってまったく影響されないのかを明らかにすることもまた重要である.

いままでに提案されている唯一の説明は，条件反応や運動学習とは別の，知覚学習や概念と関連した説明である(Hebb, 1942a). そしてこの説明こそが, おそらく唯一のもっともらしい説明である. この説明は, おおよそ次のようなものである. 知能テストの成績のレベルは, 患者がすでに形成している概念によっている. 一度形成された概念は, 脳が損傷されても維持される. しかし, もし生育初期に損傷を受ければ, 概念の発達が妨げられることになる. 成熟してから脳に損傷を受けた患者は, 正常に問題を考え, 解決し続ける(もちろん熟知した領域の問題の場合だが). しかし, 出生時に同じような損傷を受けた場合には, 患者の知能は, 健常の状態からきわめてほど遠いものになるだろう. 以上のこうした説明は, 臨床的な事実とも合致している. またさらに, この説明は, 高齢になるとほかの能力が消失するにもかかわらず, いくつかの知的能力は保持されている, といったことによっても支持されている.

しかし, ここからが問題の核心である. 上に述べたことは, 説明として適切な出発点にすぎない. 概念とは, 生理学的に言うと, そしてまた神経細胞の喪失に関して言うと, いったいどういうものなのだろうか? 以前試みられたように, これを半分は神経解剖学によって, そしてもう半分を意識によって説明することはできない. この2つは, 論理的な階層中

の異なったレベルの説明である．ひとつのレベルで認識された問題を解決するには，より基本的な一群の概念を用いることが必要だ．しかし，ひとつの仮説を，2つのレベルから適切に構成することは許されない．つまり，2つの異なった領域の用語を同時に用いることはできない．たとえば，なんらかの臨床的事実を説明したいとしよう．実際にそれをおこなうには，概念として心理学で知られている内容を，いかに解剖学的に理解すべきか，またいかに生理学的に理解すべきかを見つけることが必要である．さらにまた，知覚や学習との関係でそれをあつかうことができなければならない．

　ここでわれわれは，こうした課題を担いつつ，哺乳類の行動を説明するといった包括的な問題のまっただ中に身をおいている．概念がもし条件反応でないとすれば，それはいったいどんな概念なのだろうか？　また知覚学習とはどういうものだろうか？……といった疑問が次々に生じてくる．しかし，こうした疑問に答える前に，まず心理学理論は新しい操作の基礎をもつ必要がある．私は例として，特定の問題をとりあげたが，次の節で示すように，実際には問題の難しさは心理学の全体にわたっている．同様の基本的弱点がまったくないような心理学理論は存在しない．

　すでに示唆したように，われわれにとってぜひとも必要なことは，思考や関連する過程をより適切にあつかう方法を見つけることである．ただし，こうした作業が困難なために，もう一度基本的な前提に立ち返って検討する必要がある．

ここでの考察を確実な土台に基づいておこなうには，心理学者のだれもが関わりをもちながらも，混同され，しかも曖昧で漠然としたいくつかの考え方を検討することから始めよう．

したがってこの最初の章では，これ以降の作業を適切に進めていけるように，細心の注意をはらいつつ考察を進めていこう．まず2つの基本的前提をとりあげる．これらの前提については，一方を受け入れるなら，もう一方は拒否しなければならない．そこでこの章の残りの部分では，この2つの前提が，理論修正にとりかかるための出発点をいかに規定しているかを示すことにしよう．

感覚による完全制御説の否定

まずはじめに考察すべき問題は，行動が感覚によって支配されているという前提である．この前提によれば，行動は，刺激への**反応** reaction（活動 action ではなく）の系列であり，それぞれの反応は，感覚系における直接先行する事象によって決定される，とする．こうした考え方は，構え，態度，注意の存在を認める考え方とは相容れない．潜在的なこうした不一致が，心理学理論における現在の混乱のもとになっている．

ついでに，感覚による行動の支配という前提が，特定の理論に固有の特徴ではないという点に注目しておこう．感覚事象がその効果をいかに示すかという点で，理論には違いがあ

るが，どの理論も，感覚支配が重要な役割をはたしているという点では変わりない．ゲシュタルト心理学では，"刺激"や"感覚"といったような用語を避けるが，ほかの心理学説が刺激という語に夢中になっている以上に，刺激布置 stimulus configuration という語に心を奪われてしまっている (2 章 p. 101)．

さて，その混乱の原因とはなんだろうか？

端的に言うと，"注意"とは反応の選択を指す．ヒトも動物も，環境内のある出来事にたえず反応し，一方，ほかの出来事には十分反応できるのに（つまり"気がついている"のに）反応しない．実験結果の説明に"構え"や"注意"といった用語を使う必要が生じた場合には，その用語は正確には，反応の形式，速度，強度，および持続時間を制御する活動が，直接先行する受容細胞の興奮だけに依存しているのではない，ということを意味している．反応がそうした制御を受けていないという事実は，理論的に説明するのが難しいかもしれない．しかし，それは不可解なことではない．"注意"という概念は，必ずしも擬人的でも，アニミズム的でも，また定義不能でもないのだ．

さて，心理学は長年にわたって伝統的に，刺激の特性についての研究をおこなってきた．すなわち，伝統的な心理学では，任意の学習段階において，刺激だけが後続の反応を規定する，としている．このようなアプローチは，部分的には，心理学がアニミズムとつねに闘ってきた結果のように思われ

る*1.こうしたアプローチは,以上の理由から十分尊敬に値するが,理論としては満足のいくものではない.ほとんど例外なく,心理学者は,ある時はこの反応,ほかの時にはあの反応というように,次々に異なった反応を強化する選択的な中枢性要因の存在を認めている.ここで問題なのは,注意という概念が以前の前提と矛盾することを認識せずに,刺激や刺激布置が活動の原因でありかつ活動を制御しているという頑(かたく)なな考えから出発して,やがて注意という事実に突きあたって,結局は注意が重要な事実であると簡単に同意してしまう,という点である.すなわち,不完全な思考の筋道を論理的な結論としてしまうという問題である.思考の筋道を正しく完成するには,まず出発点にまで立ち戻って,理論の基

---

*1 後で見るように,これはまた,部分的には古色蒼然たる生理学の考えでもある.アニミズムと闘うことは,心理現象を因果関係の形式に還元する必要があるということを意味している.その場合,手近な唯一の手段は,感覚器官と末梢神経との知識がおもな内容である神経系の生理学に,助けを求めることであった.その結果,心理学は,刺激-反応の公式から少しでも外れようものなら,アニミズムに陥ったと感じられるようになってしまっている."洞察","目的","注意"といった用語はどれも,依然として,駆け出しの心理学者にとっては悪魔の呪文のように聞こえるかもしれない.しかし,こうした態度を笑うべきではない.というのは,誇張でなく,彼らはアニミズム的な考えにいつなんどき落ち込むかもしれないという絶えざる危険にさらされているからである.S-Rの公式を一貫して使用することが,少なくとも,このような危険を避ける有効な方法である.S-Rの用語以外のことばを使おうと思っている研究者たちは,当然,それらが明確に定義されているかどうかを検討してみる責務がある.

礎を変えなければならない．

　この場合に，指摘しておくべき点が3つある．そのひとつは，一般に心理学者は，注意もしくはそれに類似した概念の存在を認めているという点だ．もうひとつは，心理学者は，しぶしぶそれらの概念を認めてはいるが，理論を構成する際にはこの事実を決して認めない，という点である．第三の点は，十分明らかなことではあるが，こうした事実を一貫してあつかうなんらかの方法を見つけることが必要だということである．注意と構えが存在することには異論がない．したがって，これまで表に出してこなかったことも明るみに出して，どうすればそれらをあつかうことができるかを検討するほうがよいはずである．

　このうち最初の2点は，ギブソン(1941)によってかなり明確に述べられている．しかし彼の論評について，ひとつだけ明らかにしておきたいことがある．というのは，彼はその論評の中で，"構え"やそのほかの同様な意味をもつ用語の長大なリストを，ひとつにまとめてはいるが，それらのひとまとまりの用語について定義することを断念しているからである．とは言え，彼はそれらをひとつに分類し，それらの用語が共通の意味をもっていることを，はっきりと認めている．その共通の意味は，すでに定義されている．行動の感覚支配といった暗黙の前提に照らしてこの問題を考えると，構え・注意・態度・期待・仮説・意図・ベクトル・欲求・固執・先入観などの概念(Gibson, 1941, pp. 781-782)が共通の要素をひ

とつだけもっていることが，ただちに明らかになる．その要素とは，反応が，直接先行する感覚刺激の作用以外のなにかによって規定されている，という認識である．このことは，直接的な刺激がもつ重要性を否定しているのではなく，感覚の刺激作用が行動におけるすべてであるということを否定しているのである．

　以上の用語はどれも，ヒルガードとマーキス(1940)によって定義されているように，「上行性の刺激から比較的独立しているように見える中枢過程」と関わりをもっている．ここではそれを，**自律性中枢過程** autonomous central process と呼ぶことにしよう．ギブソンはその論評の中で，この過程がいたるところに存在すること，またあらゆる種類の心理学的研究において姿を現わすこと，そしてまただれもがなんらかのかたちでその存在を認めていることを指摘している．以上のギブソンのリストには，パヴロフ(1928)や，ハル(Hull, 1943)の刺激痕跡をつけ加えることができる．これは，特定の刺激によって引き起こされるが，すぐには伝達されず，また消滅することのない大脳の持続的な状態を指す．また，ビーチ(Beach, 1942)の中枢性興奮メカニズム central excitatory mechanism，モーガン(1943)の中枢性動機状態 central motive state，クライトマン(Kleitman, 1939)の"興味 interest"——覚醒の一要因——なども，このリストに加えることができる．これらはすべて，現在活動中の上行性興奮と関係なしに，行動に対して選択的な効果をおよぼすという同じ活動特性をも

っている.

　行動の制御についてのこうした考えは,だれもがもっていた.しかし,ギブソンも指摘しているように,「"構え"という用語の意味に不満を感じていながらも,事実がそれをまったく避けがたいものにしているという理由だけで,そうした概念を嫌々ながら使用している」.こうした抵抗感は,この概念が,なにか漠然とアニミズム的なもののように感じられる,といった理由にもよるのかもしれない.しかし,行動の事実がそれを避けがたいものにしているとすると,なぜそれがアニミズム的なのか？　実際は,不可欠な概念を理解可能にする方法を見つけることの中に,本来の苦労があるはずである.

　ヒルガードとマーキスの中枢過程,そしてビーチの中枢性興奮メカニズムは,仮説的実体である.しかしそれらには,確かに,アニミズム的なにおいはない."注意"や"構え"も,いまやそれらと同類のように見える.この2つとも誤解を生じやすい意味を含んでいるし,新しい用語を見つける必要があるという点は当然かもしれない.しかし,この概念自体は,尊重すべきものであるし,そうした用語をあえて中傷の標的とする必要はもはやなくなっている.

注意の神経学的問題

　以下の議論では,さらにいっそうの難題が待ち受けている.それは,自律性中枢過程について理論的根拠が一見欠けてい

るように見えることである．しかし現在の神経生理学は，すでにこうした困難をとり除いている．

ここでもまた，歴史的に見てはじめて，こうした状況を理解することができる．神経細胞の主要な機能は，もちろん，興奮を伝達することだ．そして初期の解剖学や生理学の考えでは，中枢神経系は，原理的に，受容器から効果器へと一方向だけに進む長短さまざまな経路の集合であると思われていた．すなわち，この伝導路の集合は，感覚器官が興奮するまでは不活性な状態にあり，興奮が引き起こされると速やかに筋や腺へとそれを伝達する，というわけである．現在では，これが事実ではないということがわかっている．しかし依然として，このような古い学説が，心理学の考えに深刻な影響をおよぼしている．たとえば，先に論じた感覚支配の前提の中にそれが見られる．

1920年頃にはまだ，感覚以外のはたらきが行動に影響を与えるといったことの理論的根拠が欠けていたように思われる．しかし現在では，そうした状況は確実に解消されている．心理学者は長いこと（少なくともヴュルツブルク学派の時代以来），生理学がそれを理解できるかどうかにかかわらず，決定傾向 determining tendency（訳註1-1）の存在を認めざるをえなかった．現代の電気生理学は，心理学を追い越して，いまやその同じ考えを支持する豊富な証拠を提供している．神経生理学や組織学の詳細な証拠を検討してみると，大脳活動における感覚以外の要因が，これまで心理学がしぶしぶ認めて

きた以上に,より確実に存在し,より際立って重要であると結論せざるをえない.このような感覚以外の活動は,トランプのジョーカーのように時折出現して行動研究者を困惑させるというよりも,むしろトランプの1組のカードの中でその大多数を占め,めくるたびに姿を現わす.したがって神経生理学的に言うと,特定の刺激によって生じる一貫した効果であれば,どんな効果だろうと,それを説明することがまさにひとつの課題になると思われる (6章 pp. 267, 276).

　中枢神経系に関する電気生理学によると,脳はあらゆる部分でたえず活性化していること,また上行性の興奮がすでに活性化している興奮と重なり合うことを示唆している.したがって感覚事象の結果が,すでに存在している活動によって影響を受けないということはほとんどありえない.そうした活動の中に,構えやそれに類似した心理学的要因を認めるとすれば(かつて Denny-Brown, 1932 が示唆したように),心理学にとっての課題は,もはや構えの存在を説明することではなく,構えがどのようにはたらくかを明らかにすることである.とくにその課題は,構えが,ハル(1943)が"振動の原理 oscillation principle"(訳註 1-2)の中で仮定しているような確率誤差の分布を生じさせる代わりに,一定の選択的な特性をもった活動をいかに生じさせるかを知ることである.

　したがって,刺激の作用を変容させるような中枢性要因を仮定するための合理的な根拠が,実際に存在している.そこで理論的な問題とは,その中枢性の要因がどのようにはたら

いているかという法則を発見することである．一見すると，この問題は，神経生理学者だけに関わる問題のように見える．しかし，よく考えてみると，これらの法則がもとにしているはずの証拠の多くは，心理学的，あるいは行動的証拠である．結局問題は，注意の問題であり，またそれは，動物全体の活動の中にもっともよく見られる問題である．この問題は，生理学的証拠だけでは，あるいは行動的証拠だけでは，ほとんど解決の見込みがなさそうである．したがって，明らかに必要なのは，両方の種類のデータをなんらかの方法で統合することである．心理学的データについては，すでに簡単に論評しておいた（もっと詳細な論評として，Hilgard & Marquis, 1940; Gibson, 1941; Morgan, 1943 も参照のこと．その中では，**態度**，**期待**，**構え**といったような表題で問題がとりあげられている）．さてここで再度，解剖学的証拠と生理学的証拠を簡単にとりあげることにしよう．これらの証拠は，行動に関する理論的な問題に劇的な変化をもたらしている．

われわれの目的にとって，生理学的証拠は次の2つの表題に分けてあつかうことができる．(1)連続的な大脳活動の存在，およびその特性．(2)中枢神経系のシナプス伝達の性質．

1. ジャスパー(Jasper, 1937)は，ベルガーの研究，およびエイドリアン(Adrian)によるベルガーの研究の確認を紹介するところから始めて，その後の研究の論評をおこなっている．それらの研究では，上行性の刺激作用にさらされているかどうかにかかわらず，中枢神経系のあらゆる部分が連続的に活

性化していることが確実な事実として示されている．EEG，すなわち脳電図は，少なくとも部分的には，実際の細胞発火の指標である活動電位の総和に違いない．細胞の電位は，インパルスが実際に伝達されなくても変化することがあり（Gibbs, 1945），おそらくこうした変化が EEG の大部分の原因であると言ってよい．一方，神経組織はつねに活性化していること，またおそらくは EEG はそうした活動の記録を含んでいることを示すかなり多くの証拠も存在している．そこでこの本では，**EEG が神経発火と相関するという作業仮説**をとることにしよう．すなわち，ほかの複数の要因が電位の大きさに影響するとしても，振幅の大きな電位は神経発火が局所的に同期していることを示す，と仮定するのだ．この仮説が心理学にとって役立つかどうかは，おそらく，以下の数章でしだいに明らかになるだろう．

　持続的な神経活動の証拠としては，まず第一に，神経細胞の自発的発火を直接的に示すかなりの数の研究がある．すなわちそれらの研究によれば，神経細胞を浸している培養液があるだけで，そのほかの刺激作用がまったくなくても，自発的発火が生じる（Fessard [Jasper, 1937 の引用による]; Prosser, 1934; Lehmann, 1937a, 1937b; Bronk, 1939; Dubner & Gerard, 1939; Libet & Gerard, 1939）．第二に，行動理論にとって非常に重要なワイス（Weiss, 1941a）による論文がある．それによると，ニューロン集合から神経支配を受けている移植された両生類の脚は，上行性の神経線維なしでも，自発的な，

ほとんど絶え間ない運動性の活動が生じるという．こうした脚の活動は，正常な協応をしていない．このことは，感覚活動の作用は中枢性の神経発火の調節にとって欠かすことができないが，その開始には必要ではない，といった知見とも一致している．最後の3つ目の証拠として，エイドリアンとその共同研究者たちの研究がある．エイドリアンとマシューズ（Adrian & Matthews, 1934）は，エイドリアン（1931）やエイドリアンとブイテンディク（Adrian & Buytendijk, 1931）の以前の見解を否定して，EEGが個々の活発な電位の加重であり，実際の細胞発火の結果であるとした．彼らはさらに，この活動が必ずしも感覚の活動によって維持されるとは限らない，と結論している．別の論文でエイドリアン（1934, p. 1126）は，一般的な結論として次のように述べている．「脳内には周期的な放電を必然的に生じさせるような細胞のメカニズムがある．ただし，上行性の刺激によって，この周期的放電の時機は大きく影響されるが，無制限に遅延させることはできない」．

以上のエイドリアンの結論に関して，私見をいくつか述べておこう．中枢神経細胞による自発的発火という考えは，何人かの研究者が考えているように，哲学的な非決定論ではない．"自発性"ということは，たんに，シナプスにおける刺激作用が発火の唯一の原因ではない，ということを意味するにすぎない．エイドリアンも指摘しているように，自発的に発火可能な細胞は，シナプスによる制御も受けやすい．細胞

が刺激によって乱されない状態でいると,ついには代謝の過程が発火を誘発させるようになる.しかし上行性の刺激作用は,絶対不応期と自発的放電との間ならばいつでも,この細胞を発火させることができるはずである.したがって,インパルスが頻繁にシナプスに達する場合には,細胞は,自発的に活動するには至らず,上行性刺激の制御下におかれていることになる.

　感覚の活動,EEG,協応した適応的行動(もしくは"意識状態")の三者間には,非常に興味深い関係がある.まず第一に,エイドリアンとマシューズの観察によると,感覚過程は,同期的な,リズミカルな発火やEEGにおける大振幅の電位を支えるのではなしに,むしろ逆の効果をもたらす.すなわち感覚過程は,電気的な記録の不規則化と平坦化をもたらす.第二に,大振幅の電位,すなわち"過同期"は,正常な機能を生じなくするか,あるいは生じなくする可能性がある(Jasper, 1941).すなわち感覚のはたらきは,過同期を分解して,正常な協応的な適応的活動を生じさせるのだ.さらにバートリーとビショップ(Bartley & Bishop, 1933)も,エイドリアンとマシューズも,麻酔が,大脳そのものに対して直接はたらきかけるよりも,むしろ感覚の活動を抑えることによって"無意識"の状態を引き起こす,といった考えを提案している.したがって,脳への感覚入力は,適応的行動に対してつねに不可欠なはたらきをもっている,と言うことができる.このことは,上で論じたことからも,また睡眠時に観察され

る大振幅の電位からも,そしてまた感覚の正常なはたらきの変動を最小限にする催眠の効果からも,明らかだと考えてよいだろう.この点については,また後で考察することにする(7章 pp. 304-305).ここではさしあたって,自発的な神経活動を認めることが,非決定論になることでもなければ,正常な行動における感覚の重要性を否定するものでもない,ということを指摘するにとどめておく.

2. 中枢神経系におけるシナプス伝達の性質は,行動理論にとっても基本的に重要である.これに関する初期の考え方について,現在では,2つの点で著しい変化が見られる.そのひとつは,伝達がたんに直線的におこなわれるのではないということ,そして明らかにそれがなんらかの閉回路ないしは再帰性回路をつねに含んでいるということである.もうひとつは,通常,単一のインパルスだけではシナプスを通過することができないこと,そしてシナプス通過には2つ以上のインパルスが同時にはたらく必要があるということである.したがって,2つ以上の上行性線維が活性化してはじめて,それらが到達する第三の線維を興奮させることができるのである.

ロレンテ・デ・ノー(1938*a*, 1938*b*, 1939, 1943)によって主に発展させられた神経活動の概念は,現在では,詳しい説明を要しないほどよく知られている.しかし,それらの概念は,心理学理論にとって革命的な意味をもっていることを指摘しておく必要がある.

とくに，コフカ（Koffka, 1924），ラシュリー（Lashley, 1929b, 1930），ケーラー（1929）らによって展開された心理学からの批判では，神経結合説を学習の基礎とすることに反対している．その場合に，彼らの批判は，かつての**直線的**な感覚-運動結合説，すなわち単一の細胞が，それとシナプスで結ばれている第二の細胞をつねに興奮させることができるとする古い理論に対してのみ，あてはまるにすぎない．この批判は，シナプス抵抗だけがシナプスにおける伝達の方向をすべて規定するという考え方の反論としては，確かに有効である．しかし，伝達におけるタイミングについての考察（Gasser, 1937）によって，また"選択的伝達 optional transmission"といった概念（Lorente de Nó, 1939）によって，この問題全体には劇的な変化が生じている．

単一のシステムで，かつそのシステム内のニューロン間に恒常的な結合が形成されている場合，入力興奮が伝達される方向は，ほかの興奮とのタイミングに完全に依存していると思われる．ニューロン間の結合は必要であるが，それだけでは方向は決まらない．複合的なシステムの場合，とくに時間的要因が，伝導の方向につねに影響を与えているはずである．神経伝達の古い考え方では，行動の規定要因としてのシナプス結合を，あまりにも厳密にとらえすぎていた．現在では，そう厳密に考える必要はなくなっている．結合という考えは，心理学理論の中で有益な使い方ができるし，また"シナプス抵抗 synaptic resistance"といった問題もふたたびとりあげら

れている.

さて,いま述べてきたことについて,そして前の節でとりあげてきた注意,構え,態度などについて,要約をしておこう.(1)心理学者はだれでも,行動における注意,構え,態度などの要因を認めている.こうした要因が存在することは,疑問の余地がない.(2)そうした要因を認めることは,行動が環境の刺激作用に対する反応の系列にすぎないということを,事実上否定することになる."注意"やそれに類した概念にとって共通するひとつの重要な意味は,なかば自発的で,非感覚的な大脳の活動,すなわち"自律性中枢過程"と関連をもっているという点だ.(3)したがって,心理学にとっての当面の課題は,そのような中枢性の神経活動の複雑なはたらきをあつかうことのできる概念を見つけ出すことである.すなわち,生理学的にも妥当で,同時に行動の分析においても役に立つ十分に"巨視的"な概念を見出すことである.(4)心理学は依然として,単一細胞の系列を通して興奮が直線的に伝達されるといった,きわめて"微視的"な考えの影響を大きく受けている.このような考えは,生理学においてはもはや妥当ではなくなっているが,同様に心理学においても長いこと役に立たなくなっている.神経結合によって行動を説明しようとする考え方への非難は,実を言えば,結合のはたらき方についてのこうした特有の考え方への非難であった.現代の神経解剖学や電気生理学では,考え方が完全に変わってしまっている.したがってシナプス結合の意味について,

もう一度検討してみることが必要である．

この場合，われわれの問題は，神経活動に関する妥当な"巨視的"概念(すなわち，大きな尺度で皮質の機構化をあつかえるような概念)を見つけることだ．ビショップ(1946, p. 370)は，別の文脈で，このことが神経生理学にとっても本質的な問題であることを指摘している．しかし心理学者は，生理学者がこの問題を解決してくれるまで，ひたすら手をこまねいて待っているわけにはいかない．この問題は，本質的に心理学の問題であり，その解決には，生理学的証拠と並んで心理学的証拠についての知識が必要とされているのである．

知覚般化と構造的記憶痕跡の仮定

さて次に，心理学理論の第二の基本的前提をとりあげることにしよう．ただし今度は，その前提を認めざるをえない．とは言え，認めるにあたっては，それが引きずっている難問を認識しておく必要があるし，またそれらの難問に対処する準備がなくてはならない．実際，それらの難問は，この本の中で提示しようとしている理論の，主要な特徴を決定している．

ここで受け入れざるをえない前提とは，学習の基礎としての記憶痕跡が，ある意味では構造的で静的だということである．したがって，この前提を構成するにあたっての難問は，主としてゲシュタルト心理学者たち(Koffka, 1935；Köhler, 1929, 1940)とラシュリー(1938*b*, 1942*a*)によって強調されて

きた知覚般化 perceptual generalization の事実の中にある。彼らによって提起された問題はきわめて重要なので，先に進む前に解決しておく必要がある．

ラシュリーの結論によれば，習得された弁別は，特定の神経細胞の興奮に基づくものではない．すなわち，弁別は感覚性興奮のパターン，つまり興奮の型だけによって決定されるという．ケーラーもまた，刺激作用の部位ではなしに，パターンが重要であるとする現象的事実を強調して，脳内の電気的場の理論 theory of electrical field in the brain を展開している．すなわち，この電気的場が大脳のはたらきを制御している，と考えている．ラシュリーと同様，ケーラーも明らかに，同一の知覚を生じさせるには同じ細胞群の興奮が必要である，といった考えを否定している．

こうしたケーラーの考えは，記憶痕跡，言いかえれば経験によって生じた，いわゆる"記憶"の構成要素としての神経変化が，構造の変化ではないといった提案をしていることになる．しかし同時に，そのほかの事実は，記憶痕跡が構造的でなければならないということのいっそう強力な論拠となっている．したがって後で見るように，構造的な痕跡といったものを仮定せざるをえない．とは言え，そうするには，知覚に関する事実とうまく一致するような，なんらかの方法を見つけ出すことが必要になる．

もし感覚性興奮がどの組織で生じるのかが，実際にはまったく重要でないのならば，どのようにして，反復される感覚

どうしが相互に強化し合って，学習や記憶のような持続的効果を生じさせるのかを理解するのが難しくなる．記憶痕跡は，あたかも湧き起こる雲とか水面の渦巻きのような，固定された部位をもたない反響性の活動の持続的なパターン，というように考えることができるかもしれない．しかし，もしそうだとすると，大脳皮質のごく限られた部分において雑多な痕跡が互いに干渉し合って，初期の記憶が後続の記憶によって実際に生じるよりもずっと大きな歪みを生じさせることになるだろう．

さらにまた，激しい皮質性の発作(たとえばてんかんの大発作や脳震盪(のうしんとう))が生じても，必ずしもそれ以前の記憶に，検出できるような影響が生じるとは限らない．したがって，痕跡が純粋に"ダイナミック"であるはずだということ，つまり痕跡が恒常的な構造変化とは関係のない活動パターンであるはずだとするのは，およそ無理な話のように思われる．このような仮説を公然と立てた研究者は，これまでにだれもいない．しかし，こうした仮説が立てられないとすれば，習得した弁別に関する次のような周知の特性を，どのように説明したらよいだろうか？　すなわち，動物が習得した弁別は，その動物がすでに経験した範囲を超えて般化する傾向を必然的にもっており，特定の細胞の興奮とは明らかに独立しているのである．

このような知覚般化の事実に加え，2つの別の形式の証拠が，記憶の基礎として構造的痕跡を仮定するのを難しくして

いる．そのひとつは，ラシュリー(1929*a*)による切除実験のデータである．その結果によると，ラットの大脳皮質のいくつかの領域を除去しても習慣には選択的な影響はない．つまり，ある習慣が影響を受けると，そのほかの習慣も影響を受ける．この事実からラシュリーは，記憶痕跡は大脳皮質に局在化していない，と結論している．しかし，彼自身，別の解釈も可能であることを指摘している(Lashley, 1929*b*)．すなわち，彼があげている証拠は，痕跡が構造的だが拡散的だということ，言いかえれば多数の細胞が皮質の広い範囲に分布しているということと矛盾しているわけではない．ただしこの場合，多数の細胞は，解剖学的なまとまりではなしに，生理学的なまとまりをもっているということになる．したがって以上の事実は，皮質中の痕跡が構造的であるといった考えに対して，正否を決める決定的証拠とはならない．

これまで構造的痕跡の仮定にとって支障となるように思われていたもうひとつの証拠は，ヴルフ(Wulf [Koffka, 1935 の引用による])およびその後の研究者たちによる研究である．彼らは，ヒトのパターン記憶について研究をおこない，その結果を記憶痕跡が自発的に活動していることを意味するものと解釈している(訳註1-3)．したがって，記憶痕跡は静的でやがては時間とともに衰退していくような性質のものではない，という．しかし，ハナワルト(Hanawalt, 1937)は，こうした見解を支持する初期の研究を適切に批判している．またヘッブとフールド(Hebb & Foord, 1945)は，ヴルフの仮説と矛盾

するような実験結果を得ている(訳註1-4).さらに彼らは,ハナワルトによる批判を免れているその後の研究について再検討をおこない,痕跡がゆっくりと自発的に変化するといった見解を多少なりとも支持するような証拠は,まったく存在しないということを明らかにしている.したがって,このような見解は捨て去らなくてはならない.

したがって,特定の神経細胞の構造的変化を記憶の基礎とする仮定に対しての唯一の障壁は,パターン知覚の般化ということになる.ヒトは,どんな大きさであっても,またどのような状況であっても,正方形を正方形として見る.またラットは,横長の長方形の背後に餌を探すように訓練されると,その後は,断続的な線であろうと,また2つの円が横に並んだ図形であろうと,ほとんどどんな横長の図形でも選択するようになる(図1).そして,白抜きの正立三角形を選び倒立三角形を避けるように訓練されると,輪郭線の正立三角形と倒立三角形,余計な図形を加えた(円で囲まれた)正立三角形と倒立三角形,そして大きさの異なった正立三角形と倒立三角形との弁別で,一貫して正立三角形を選択することができる.したがってこの事実は,同時に同じ網膜細胞が興奮している,というように考えることはできない(Lashley, 1938*b*).さらにラットを,暗闇で育てたのちに同じように訓練しても,同様の知覚般化を示す(Hebb, 1937*a*).

以上は,行動について異論の余地のない具体的事実である.これらの事実は,知覚が細胞の興奮位置とは独立している,

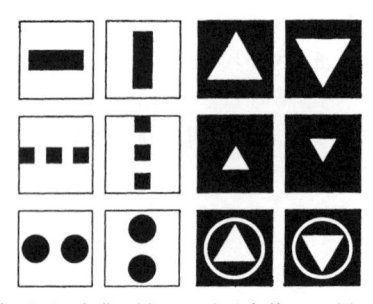

図1 知覚における般化の例．ラットはまず，この図の左上段の2図形について，水平のバーを選び垂直のバーを避けるように訓練される．その後，その下の，正方形が水平と垂直に並んだ対の2図形，次に2つの円が水平と垂直に並んだ対の2図形を用いて，順次テストされる．その結果，反応の転移が生じ，ラットはいずれの場合も水平の図形のほうを選ぶ．このことは，水平と垂直との知覚が特定のパターンを越えて般化することを示している．同様に，右上段の大きな白の三角形対で訓練されたラットは，小さな三角形の対と，円で囲まれた三角形の対とでテストされる．左側の正立三角形を訓練時に正刺激とすると，ラットは，中・下段の2つの対のどちらを提示されても，つねに左側の正立三角形の図形を選択する．この結果も，知覚般化を示している．

という意味に解釈されている．そしてこの解釈は，避けられないものとして暗黙のうちに受け入れられている．その結果，すでに紹介したように，理論的に厄介なジレンマに陥ってしまう．というのは，非局在的な上行性過程と構造的な(したがって局在的な)記憶痕跡とを一致させることが難しいからである．

ラシュリー(1942a)の干渉パターン仮説 hypothesis of interference pattern は，以上の難点を解決し，知覚と学習との両者を適切にあつかおうとする明確な意図をもった唯一の仮説である．その点で，この仮説は，とくにここで触れておく価値がある．ただし後で見るように，ほかのいくつかの点では，大きな困難に直面することになるだろう．

　彼以外の研究者も，こうしたジレンマに陥らざるをえなかった．たとえば，ケーラー(1940)は，その大脳の場の力学的理論を知覚般化の事実から出発させてはいるが，学習の問題をあつかうことができなかった．彼は，記憶痕跡の性質，つまり痕跡の部位と構造とに関する致命的な難点を避けるための明確な方法をまったくもっていなかった．これは，ゲシュタルト理論に関してボーリング(Boring, 1933)が指摘しているもうひとつの難点である．すなわちボーリングは，知覚過程が特定の反応を決定するためには，ある意味で特定の細胞にはたらきかけがなされる必要がある，と指摘している．

　それとは逆に，ハル(1943)が提示したその精妙な理論は，まず第一に，学習の安定性について適切にあつかっているとみなされている．しかしその代わりに，知覚をあつかうことがたえず困難になる．"上行性神経相互作用 afferent neural interaction"の原理は，知覚般化の事実のためにやむなく譲歩せざるをえなかった結果である．しかしこの原理によって，彼の体系全体の意味が失われてしまう危険性が生じることになる．ハルの学説の大きな価値は，いかに行動の変数を，刺激，媒介変数，反応との間の定常的な因果関係によって決定

されたものとみなすか,を示した点にある.これは,行動の重要な部分について達成された素晴らしい業績である.しかしその場合,上行性神経相互作用の仮定は,同時に2つの感覚事象が生じる場合にはどんなことが生じるかがわからない——それらはつねに同時に生じているのだが——ということになってしまう,といった点を付け加える必要がある.明らかに,上行性神経相互作用の範囲や規定要因が詳細にわかるまでは,予測はまったく不可能だ.したがってこのことから,この理論の中ですでに提示されている神経学的事実についてもっと詳しく述べておく必要があると思われる.いずれにせよ,ハルは,われわれのさしあたっての目的のために,学習理論の中で知覚過程を処理するといった問題の解決をまだおこなっていない,とみなさざるをえない.ただし彼の計画(Hull, 1945)では,将来その解決がなされる可能性は残されている(訳註 1-5).

問題の取り組み方

ニューロンがどのようなはたらきをし,シナプスではどんなことが生じているかといった点から,知覚般化と記憶の安定性とをどのようにあつかうべきだろうか? その場合に,記憶痕跡は,構造的変化であると考えなくてはならない.そうだとすると,知覚の場合,感覚刺激の部位ではなしにパターンこそが重要だとする見解との矛盾という問題が生じる.そこでまず,この見解が完全に確立されたものなのかどうか

を問うことから始めてみよう.

 これが,この本の中で私がとる理論的アプローチである.すなわち,知覚についての証拠をふたたび検討して,知覚が一般に考えられているようなものではない,ということを示すことにする.パターンがすべてであって,部位は問題ではない,ということがわかっているわけではないのだ.次に知覚について,それに代わるいくつかの考えを展開してみよう.これらの考えによれば,知覚は,受容器表面の特定部位の興奮に依存しているわけではなく,記憶痕跡と知覚般化とはもはやお互いに拮抗する必要がない,ということになる.そこで注意(ないしは構えや期待)などの生理学的意味が,はっきりと姿を現わしてくる.

 さて次の2つの章では,知覚についての現在の考え方にどんな修正を加えることができるか,その結果それらを,より一般的な理論へと拡げることができるかを見ていくことにしよう.読者は,その考察がほとんど視知覚に限られていることに気づかれるかもしれない.これは,視覚がなにか特別な意味をもっているためではない.それは,パターン形成や形態の問題が実験的に研究されてきたのが,ほとんど例外なしに視知覚の領域だからである.そのほかの感覚様相における知覚も,基本的には異なった原理には依存していないと考えてよいだろう.

2章　知覚における加算性と学習

この章では，知覚理論を修正することから始めよう[*1]．その直接の目的は，"単純な"知覚も実際は複雑だということを示すことにある．以下では，知覚が加算的で，一部は運動性の活動に依存しており，一見単純に見えるのは長期にわたる学習過程の最終結果にすぎない，ということを示すことにしよう．

1章では，心理学理論を始めるにあたって知覚に関する重要な問題を明確にする必要があるということ，そして知覚問題に対する2つのアプローチが選択肢としてあることを示そうとした．すなわち，知覚が(1)**特定の細胞**の興奮に依存しているのか，それとも(2)**興奮のパターン**に依存し，興奮の部位は問題ではないのか，という選択である．現在の一般的見解は，ゲシュタルト主義者の主張(そしてラシュリーの主

[*1] 知覚理論に特別な関心のない読者は，この章と次の章を省略してもよい．この2つの章は，ある意味で予備的なものだ．しかし後で提案する行動理論は，知覚についての最近の文献に精通している読者にとっても，ありえない考えのように思われるかもしれない．とくに読者が，"場理論 field theory"や"等能説 equipotentiality theory"といった説(そして一見適切に見える説)がきわめて重大な難点——一般に認められているよりもはるかに重大な難点——をもっていることを知らなかったとすれば，なおさら，ありえないことのように思われるかもしれない．

張)を暗黙のうちに受け入れているように思われる．すなわち彼らによれば，唯一支持される仮定は，上にあげた2つの可能性のうち第二の仮定であるという．

　これから提案する理論は，ゲシュタルト理論のこうした側面とは正反対の立場に立つ．すなわちその理論は，特定の知覚が，中枢神経系の**なんらかの部位に生じる特定細胞群の興奮に依存する**，といった第一の仮定にもとづいている．またゲシュタルト理論の主張は，さらにもうひとつの前提にもとづいているように私には思われる．すなわち，単純な図形（たとえば正方形とか円）が知覚される場合，なんらの学習過程も必要とせずに，そしてまた図形のいくつかの部分についての先行の認知を経ることなしに，ほかから区別された全体として直ちに知覚される，という前提だ．もしこの前提が正しければ，言いかえれば正方形の知覚が，われわれ成人の場合に見られるように単純で即時的であるとするならば，ゲシュタルト理論の主張には反駁できない．しかし反対に，もし知覚が加算的であって，系列的な再構成（健常成人にとって，それは素早く，"無意識的"ではあるが）だとするならば，理論的な問題は大きく変わることになるはずである．

　したがってこの章の目的は，ごく単純な図形が，**ほかから区別された**全体 distinctive wholes として直ちに知覚されるのではない，ということを示すことである．言いかえれば，刺激が図-地関係の点ではまとまりをもったはたらきをしてはいるが，図形そのものとしての知覚は，刺激図形の部分部

分からの一連の興奮に依存している，ということを示すことにある．この事実が立証されれば，場理論を受け入れる**必要**はなくなるだろう．そこで次の3章では，場理論が，実際に知覚の事実と両立しないことを示すことにしよう．

ゼンデン(Senden, 1932)とリーセン(Riesen, 1947)の研究は，この本における私の主張の基礎となっている．ゼンデンの研究は，先天盲患者が外科手術によって視覚を回復した事例について述べた公刊報告すべてをまとめたものである．それらの報告は，患者が十分に成長してから，術後なにが見えたかを検査者に述べたものであり，いくつかの点でデータが不完全ではあるが，ヒトの初期の知覚発達がたどる経過について存在する唯一の証拠である．そのためこの本では，それを繰り返し参照することにしよう．一見したところ，報告されている事実の中には，現在の理論から(知覚理論と学習理論の両方から)予測されることとは著しく異なったものが含まれている．したがって，そのまま信じることはできないかもしれない．とは言え，ゼンデンによって論評されている研究者の間では，かなりの見解の一致が見られる．しかもその中には，ほかの研究報告についてなにも知らない研究者の報告も含まれている．一方，リーセン(1947)は，健常なチンパンジーを視覚が効果的に使える年齢に達するまで暗闇で育てたが，その結果は，ゼンデンの臨床的な証拠を十分に確認するものであった．

ゼンデンとリーセンによる2つの研究報告は，相互に補い

合うものだ．詳細については明らかでない点も多いが，ヒトとチンパンジーの結果をひとつにまとめてみると，知覚理論と学習理論に根本的な変更を加えることが必要になると思われる．

　　　知覚図形の"原初的単一性"とほかの特性との区別

　これからおこなう考察の準備として，いくつかの用語を定義しておこう．この章では，単純な図形は，生得的に必ずしも全体として作用するものではない，ということを示したい．しかし単純な図形は，時にはあるひとつのことに関して，つまり図-地関係に関して，全体として作用することも疑いのない事実だ．そこでこのような知覚図形の特性を，加算や学習が重要なはたらきを示すほかの特性から区別しておく必要がある．知覚図形については，次のような概念を区別することができる．(1)感覚的に規定される原初的単一性 primitive unity，(2)経験によって影響される非感覚的な単一性 nonsensory unity，そして(3)識別性 identity（これもまた経験によって影響される）である．

　図形の**原初的単一性**とは，感覚の興奮パターンとそれがはたらきかける神経系の遺伝的特性との直接の産物として生じる単一性および背景からの**分凝**（分離-凝集）segregation を指す，とここでは定義しておこう．

　ルビン（Rubin, 1921）は，明瞭な境界をもつパターンの視知覚についての研究で，図-地関係の概念について詳細な記述

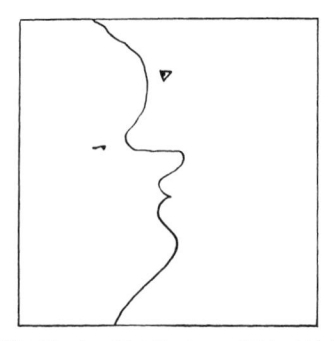

図 2 多義図形の例.この図では,2つの横顔のどちらか一方が見え,2つが同時に見えることはまれである.通常,この2つは反転して交替する.左側が図として見える時には,多少丸顔の人物の横顔が見え,その左側の白い部分は,実質感のある面として,また観察者からより近い領域として見える.右側が図として見える時には,この関係が反転する.すなわち,首と額に大きな腫れ物のできた人物の横顔が見える.このような図-地関係の反転の理論的な重要性は,ゲシュタルト心理学者によって強調されてきた.しかし,この不安定性を知覚理論の中にとり込むのはかなり難しい.

をおこなっている.すなわち,図の地に対する関係(つまり,知覚される物体や面と,背景となるほかの物体や面との関係)を明らかにするため,彼は"多義"図形(図2)をとくに重要視している.これは,図形中の2つの部分のどちらかが図として見える特殊な図形である.この場合,一方が図となる時には,他方が地となり,反転して見えると,図と地が交替する.しかし,ルビンが確立した原理は,多義図形以外の図形でも十分にはたらいている.たとえば,等質の1色からな

る領域がほかの色で周囲を囲まれている場合とか，ある領域とほかの領域との間に明るさの急激な落差がある場合とかがそうである．このような図形には，規則的なものも，規則的でないものもある．黒のカード上に描かれた白い円のような図形は前者の例だし，インクの染みや動物を描いたシルエットは後者の例である．

このように感覚的に境界を規定された領域は，どの健常成人でも，白内障の開眼手術後はじめて視覚を得た先天盲患者でも(Senden, 1932)，さらに健常なラットでも(Lashley, 1938b)，そしてまた暗闇で育てられたのち最初に見る機会をもったラットでも(Hebb, 1937a)，ひとつのものとして，その周囲からはっきり区分された単一のものとして見える．したがって，このような図形の単一性の知覚や背景からの分凝は，経験から独立しており，"原初的"である．

原初的な図-地関係の体制化を決定する刺激条件を，正確に特定することは不可能だ．私は，群化の知覚も，境界があまり明瞭でない色の斑点の分凝も，非原初的なものとして除外しているわけではない．ゼンデン(1932)の研究も，ラットの行動も，そうした視野内の単位の知覚が，経験とは独立であるという可能性を示唆している．ゼンデンの研究は，知覚過程を理解する上でもっとも重要ではあるが，いくつかの点で，証拠はあまり確実なものとは言えない．ゼンデンによって要約されている初期の研究をおこなった者たちは，自分たちの観察が関係する心理学的問題のいくつかをよく認識して

いなかった．ゼンデンが示しているのは，患者が特定の対象につねに全体として反応していること，そして眼球震盪(しんとう)があるにもかかわらず，時折，対象間の違いを検出できたという事実だ．このことは，原初的で，生得的な図-地のメカニズムが存在する，ということを示している．しかし彼は，その規定条件を明らかにするまでには至っていない．

"非感覚的"図形

非感覚的な図-地の体制化 nonsensory figure-ground organization を，図形の境界が視野中の光度勾配 gradient of luminosity(訳註2-1)によっては決定されない体制化 organization(訳註2-2)と定義しておこう．それは，経験やほかの非感覚的要因によって影響される．しかしそれは，いかなる知覚にも必ず生じるというものでもない．だが，原初的図形と非感覚的図形とを対比させて，知覚された図形が必ずそのどちらかの種類でなければならない，と考える必要はない．原初的図形と非感覚的図形は，むしろ一方の極と他方の極の関係にあり，ほとんどの知覚では，図-地の体制化には，感覚的要因と非感覚的要因とが影響している．

その一方の極は，すでに説明した感覚的要因による図-地体制化である．この場合，図形の同じ境界がだれにでも正確に認知される．もう一方の極は，非感覚的要因による図-地体制化であり，日常よく経験されるものである．ただし，私はまだ，その意味を明確にするような論議には接したことが

ない.たとえば,ギブソンとクルックス(Gibson & Crooks, 1938)は,車を運転する際のドライバーの知覚の視野について考察をおこない,衝突の可能性のない安全と感じられる視野の広さが,拡大したり縮小したりする現象について述べている.この現象には,まさに非感覚的要因による図-地体制化が暗に含まれている.一般的に言うと,非感覚的図形は,被験者が,視野中の等質の領域の限定した部分に対して,選択的に反応する場合につねに生じる知覚である.たとえば,結び目を作る時,ロープの"中央部分"をほかの部分から区別して見ようとする場合とか,荒涼たる風景で"前景"を知覚する場合とかがそれである.日常よく経験するように,われわれの知覚の中には多くの実体が存在している.たとえば,ずっと広がった芝生の中に花壇を設置すべき場所を見つけようとする場合のように,図と地との感覚的な区切りをまったく暗示するものすらないような場面がそれに相当する.確かに部屋の"隅"は,必ずしも幾何学的な点を意味しているとはかぎらない.それは,広がりをもっているが,"隅"を決定している2つ(ないし3つ)の矩形の平面すべてでできているわけではない."隅"の位置は,感覚的に決まってはいるが,その境界は決まってはいない.言語には,知覚理論にとってこれと同じような意味合いをもっている用語が多数存在している.

　日常の知覚でさらによくあることだが,知覚された実体に,感覚的要因と非感覚的要因との両方が作用している場合があ

る.この場合図形の境界は,視野中の多数の可能な光度勾配中のひとつに従うことになるが,その際,特定の有効な光度勾配が,通常,なんらかの経験によって決定されている.この点については,リーパー(Leeper, 1935)の実験が説明してくれる.彼は,ボーリング(1930)の多義図形,"若妻と義母"を用いて,特定の知覚が**先行経験**によって持続的に制御されることを証明した(訳註 2-3).もうひとつ,ゆっくりとした学習過程による図-地体制化の例をあげよう.医者の卵にとって,専門医にははっきり見分けられる視床核の境界線を目でたどることは難しい.しかし経験を積むにつれてだんだんと難しさが減り,視床核特有の形態を見てとることができるようになる.

ヒトと同様にラットも,ある図-地関係は,明白で不可避なものとして見るが,ほかの図-地関係は長い経験の後で検出できるようになる,と考えてよいだろう.すなわち,原初的な図と非感覚的な図との区別が,齧歯類の知覚にも当てはまる.ラシュリー(1938b, pp. 156, 185)の指摘によると,ラットが弁別や般化に成功するには,明らかに,2つの図形間の異なった特徴を見つけられるかどうか,あるいは既知のパターンとテスト状況で提示されているパターンとに共通する特徴を見出すことができるかどうかにかかっている.同様に確かなことは,テストパターンの中の区別すべき部分が,ラットにとってすぐには明らかではないということだ.この部分は,それがどんなものだろうとラットの反応を決定し,それ

がラットにとってほんとうの図（実験者が図と思っているものとは異なった）となり，残りの部分は地として埋没することになる．

一般に，ゲシュタルト心理学者たちは，図形の体制化が，経験や学習に還元できないということを示すのに熱心であった．したがって，感覚のダイナミックスだけで効果的な図-地体制化を生じさせるのに十分だという主張に都合のよい事例だけをとりあげてきた．つまり，彼らは，原初的図形の研究に精力を傾けてきたため，図-地体制化の自発性がどのような図形にもあてはまる特性であるかのような印象を生み出している．なるほど，ゲシュタルトについての文献では，感覚的に境界が形成されていない図形について，言及されている箇所を多く見つけることができる．しかし，境界の形成になんらかの学習の役割が含まれているという事実には，まったく重点がおかれていない．

たとえばケーラー（1929）は，次のように述べている．「"実在の形態"が，ひとつの分凝した全体というものを前提としているがゆえに，"形態"の存在は，全体の分凝と体制化とが依存している諸要因に類似した**刺激作用**の諸要因に依存している．さらに，**網膜刺激**の全体的布置 total constellation における一定の関係が，実在の形態の存在にとって決定的なはたらきをすることが見出されている」（p. 202；強調は，感覚的要因が強調されていることを示すため，私がつけたもの）．また，ケーラーは，ゴットシャルト（Gottschaldt）の実験（訳註

2-4)に言及した後で、次のように述べている.「このような結果を得たからには、過去経験が、特定の形態が見えるのに自動的に影響しているといった主張を弁護しようとする研究者はだれでも、ほかの実験によって自説を支持する研究をおこなう責務がある. **もしそうした影響があるとしても、それはむしろ特殊な事例に限られるに違いない**」(p.208;強調は私による).

こうしたゲシュタルト理論の側面に読者の注意を喚起したのは、それが現代心理学にとって大きな貢献をしていることを認めながらも、その理論との分岐点を明確にしようと思ったからである. 現代心理学の多くの部分は、ゲシュタルト理論が行動主義に与えた影響下で築かれてきた. ゲシュタルト理論に対して、こうした貢献を認めない心理学者はほとんどいない. また一方では、この理論になんらかの方法で限定を加える必要性を感じていない心理学者も、ほとんどいない. しかし、この理論の支えをもとにして獲得されてきた多くの価値を失わずに、どのようにしてそれができるかを見出すのは、容易なことではない.

ケーラー教授は、上に引用した文の中で、これについての必要な手がかりを与えていると私は思う. 彼の主張は、経験と生得的感覚のダイナミックスとの間に完全な対立があることを前提にしている. われわれが避けようとしているのは、こうした対立だ. ケーラーによって提起された問題は、感覚の体制化が完全に生得的か、あるいは完全に経験的かという

点である*2. この２つが唯一の選択肢だとすると，ケーラーの主張に対しては答えるすべがない．ケーラー，コフカ，そしてラシュリーは，知覚の領域において純粋な学習理論という怪物を完全に抹殺してしまった．したがって今日では，知覚の体制化が，完全に獲得されたものだと主張する者はだれもいない．確かに，ある程度の生得的な体制化というものは存在する．しかしもちろん，そうだからと言って，体制化がまったく生得的なものだということが示されているわけではない．知覚は，ある側面では生得的な体制化であり，ある側面では学習性の体制化であるといった可能性を，言いかえれば知覚には"原初的単一性"をもった図形のほかに，経験が重要な役割をはたす"非感覚的図形"も存在するといった可能性を，つねにもっているのである．

そこで私は，次のようなことを提案したい．すなわち，ゲシュタルト理論は，知覚には生得的要因があることを示した点できわめて重要な貢献をしたが，経験と学習が単純な形態の知覚（もちろん，形態の**意味**を学習することとは別に）になんらかの重要な役割をはたしていることを否定したという点で，行き過ぎた方向に論議を展開した．そしていま見てきた

---

*2 ケーラーとワラッハ(Köhler & Wallach, 1944, pp. 316, 323)の論文の中にも，完全に体制化された(生得的)感覚過程とまったく体制化されていない過程との極端な対立によって考えなければ理解不可能な箇所がある．こうした考え方によれば，現在の学習理論も，また生得的な感覚体制化を支持するゲシュタルト心理学者の初期の主張の有効性も，正しいものとは認められないことになる．

ように，こうしたことから感覚のダイナミックスの支配的な役割を強調するようになったのである．しかし，感覚過程が重要であるとしても，それが行動や知覚を完全に支配することはありえない．

同様に理解しておくべきことは，知覚に対する経験効果について反論するためには，どのような知覚図形も，あらゆる点で全体として知覚されるといった前提をしばしば必要としている，ということである．たとえば図3の上の図は，観察者にとってまったく見慣れない図形である(Köhler, 1929)．被験者は，はじめてこの図を提示されると，以前見たことがある隠されたもうひとつの図形(Z)を見つけることができない．そこで結論は，見慣れない形態が，見慣れたより小さい形態Zをわかりにくくしている，つまり感覚のダイナミックスが経験と学習の効果よりも優勢である，ということになる．しかし実際には，この実験図形は，全体として見た場合には見慣れない図形だが，その部分部分，すなわち2つの平行四辺形およびZの形の1組の平行線は，被験者にとっては間違いなく見慣れたものだ．したがって，以上の結論が妥当とされるのは，全体の図形が分割不可能な全体をなしている場合だけであり，分割可能な場合には，この結論は妥当ではない．

図3の下の図には，"4"が隠されているが，おそらくそれに気づくことはない．このことは，感覚のダイナミックスが，図形の境界の形成に際して経験を押さえつけてしまうことの

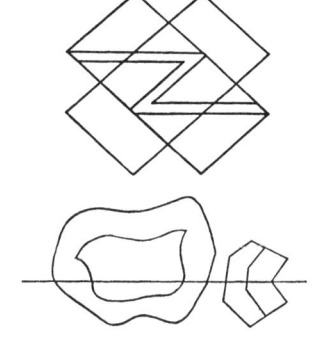

図 3 ケーラー (*Gestalt psychology*, 1929, 図 10 と図 12) からの図. Liveright Publishing Corporation と原著者の厚意による.

証拠とされている．それは，この限りでは妥当である．しかし探そうとすれば，4を見つけることができる．そしてこのことは，ゲシュタルト理論では説明されない．ケーラー (1929) によれば，それは "特殊ベクトル special vector" がはたらいているのだという．しかし，この特殊ベクトルとは，非感覚的図形に関わっている注意や経験といった要因であるように思われる．したがってわれわれの問題は，ゲシュタルト理論にこうした注意の要因をいかにして含ませることができるか，しかも知覚における学習の重要性をいかにして否定しないようにするか，といったことを見出すことなのである．

さらにまたゲシュタルト心理学は，きわめて安定性のある原初的図形に力点をおいている．そのため日常の知覚では，どんな図-地関係もきわめて不安定で，実際にはたえずある体制化からほかの体制化へと変動しているという事実が，曖

味にされている．どのような観察者も，すぐそれとわかるような簡潔で，はっきりとした境界のある図形を知覚する場合でさえ，図-地関係の安定性はそれほど大きなものではない．図-地関係の安定性は，図の不変性によるよりもむしろ，連続的な**再帰性** recurrence によっている，と言ったほうがよいかもしれない．注意というものはいつも不安定だとよく言われるが，ほかの言い方をすれば，知覚ではどんな図も不安定だということである．たとえば図3を見ていると，この図のこちらの部分を見たり，あちらの部分を見たり，角(かど)に気がついたり滑らかな輪郭に気がついたり，またその合間に図形の全体を見たり，といった具合である．日常の知覚では，この不安定性がさらに大きくなる(Boring, 1933; Pillsbury, 1913)．

　上に述べたように，形態の中の1点を注視している時でさえ，知覚は不安定だ．したがって知覚を，長時間持続するような図-地体制化の点から適切に説明することはできない．こうした注意の変動は，どのような知覚においても，非感覚的要因が基本的に重要だということを示している．もちろんこのことはすでに，カーマイケル，ホーガンとウォルター(Carmichael, Hogan & Walter, 1932)(訳註2-5)やザングウィル(Zangwill, 1937)(訳註2-6)によって，複雑で不確定な図形について証明されている．私が提案したいのは，正方形や円の知覚においても，同じ要因について考慮が払われるべきだということである．

知覚における"識別性"

識別性 identity とは，この本の定義では，知覚固有の連合についての特性を指す．それは，2つの側面と関連している．第一は，特定の図形が，ある図形と類似し，ほかの図形と類似していないと即時に見分けられる時に——言いかえれば，特定の図形が，ただちにあるカテゴリーに入れられるがほかのカテゴリーには入れられない時に——，識別性をもつものとして知覚される．このような類似性は，刺激対象をはじめて見た時に生じるので，自発的な連合とみなしてよいだろう．第二に，識別性をもつものとして知覚される対象は，ほかの対象ないしはなんらかの活動と容易に連合されるようになるが，識別性をもたない対象は，再生がきわめて難しかったり，再生できなかったりする．また再認や命名も容易ではない．もちろん，識別性は程度の問題である．識別性は，かなりの程度経験に依存しており，以下で示すように，生得的に与えられたものではない．

ソーンダイク(Thorndike, 1931, p. 87)は，"識別可能性 identifiability"といった用語を使って，こうした考え方へのひとつのアプローチを提示している．そしてこの識別可能性が連合の形成を促進する，と主張している．しかし分析をさらにおこなっていくと，この主張が循環論だということが明らかになる．すなわち識別可能性とは，図形が2つ並んでいる時に，一方の図形が，他方の図形とたんに知覚的に異なってい

るだけでなく，想起ができるかどうかの相違 rememberable difference であることも暗に意味している．言いかえれば，識別可能性とは，ソーンダイクがあげている例によれば，再認が可能か否かということ recognizability になる．再認は連合の一形式であるから，したがって，ソーンダイクの主張では，連合が可能か否かは，連合が生じるか否かに影響する，ということになるわけである．

ソーンダイクの本来のねらいは，異なったパターンには連合可能性にもともとの相違があるという点にあった．そしてこれらの相違には，確実な再認をおこなうのに必要な試行数以外の違いも含まれている．すなわち，類似性のところで述べた自発的連合も含まれているのである．再認が可能か否かということは，選択的な類似性，ないしは般化と矛盾するものではない．つまり，容易に想起される図形は，特定の図形のクラスに属するものとしても知覚されるし，またそのようなものとして想起もされる．

色の不規則な集合とか，でたらめに描かれた交差した線のパターンとかも，なんらかの統一とまとまりをもっている．しかしこのような図形は，二度目に見た時すぐには再認できないし，ほかとも区別できない．そして般化(ないしは類似性)は，多数のそうした刺激の間では十分な選択のはたらきをもたない．しかし，弁別的特性や般化がまったくないわけではない．識別性の欠如したソーンダイクの2つの図形(訳註2-7)も，一緒に見れば区別できないわけではない．そして

この場合，図形相互を見誤ることを般化と呼ぶこともできる．ラシュリーとウェイド(Lashley & Wade, 1946)は，たんに差異に気づかないという意味での"いわゆる般化"と，類似性と差異との両方の知覚を含む般化とを区別している．識別性を欠いている無定型の図形は，第一の意味だけで般化している．

　以上の点についてさらに別の例をあげてみよう．それは，チンパンジーをまったく見たことのなかった人が，経験によってしだいにチンパンジーの顔を識別できるようになっていくという例である．2頭のチンパンジーが並んでいるのを見ると，明らかに細部が異なっていることに気がつく．しかし，未経験の観察者は，一方を選んで覚えておくことは容易ではない．この段階では，すべてのチンパンジーが同じように見えてしまい，"いわゆる般化"が生じる．やがて経験を積むにつれて，識別性の知覚が増大する．しかし依然としてチンパンジー間には類似性が知覚され，何頭かの間では，混同が生じる可能性がある．しかし，やがて知覚に著しい変化が生じ，ほかのチンパンジーに対して特定の1頭のチンパンジーが類似しているかどうかが，よりいっそう選択的になる．そして観察者の能力は飛躍的に増大して，新来のチンパンジーに対してさえ，特定の名前を結びつけることができるようになる．したがって，識別性とは程度の問題，すなわち再認の容易さの程度，般化の選択性の程度の問題である．

　以上は，知覚の重要な特性としての"識別性"の概念を確

立しようとする意図のもとで論じてきた．識別性の概念は，知覚図形の"単一性"や"意味"と明確に区別しておく必要がある．単一性は，生得的に決定され，感覚のダイナミックスによる即時的な特性であるように思われる．一方，識別性は，長期間の経験に依存している．これら2つは，いままでは区別されていなかったため，知覚体制化が生得的であるかのように思われてきた．確かに体制化のいくつかの側面は，最初の経験の時点でも明らかに**存在している**が，そのほかの多くはその時点ではまだ存在していない．

単純図形における単一性と識別性の分離

まえの節であげた例では，複雑な知覚をあつかっている．次に，まったく単純な知覚でさえも，単一性と識別性とが，別々の規定要因をもっていることを示す証拠について見ていくことにしよう．円をまとまった単一の対象として見るのと，円を選択的に再認可能な区別のつく対象として見るのとは，同じではない．

まずはじめに，ヒトについての証拠をあげてみよう．すでに述べたように，ゼンデン(1932)の報告では，ヒトがはじめてものが見えるようになった時点では，図-地の分凝が十分可能だが，識別性の知覚は，実質的にゼロであるかのようである．先天性白内障の手術後の視覚を調べた研究者たちの報告は，みな一致して，正方形，円，三角形，さらに球，立方体の知覚がきわめて貧弱だとしている．これらの図形のひと

つを，はっきり区別できる特徴をもったひとつの対象として即時に見ることは，手術後も長い間不可能である．もっとも聡明でもっとも強い動機づけをもっていた患者でさえ，三角形を円と区別する時ですら苦労して角を探さなくてはならなかった．新しくものが見えるようになった患者では，三角形と円が同時に提示されると，多くの場合，健常成人が"識別可能性"を欠いたソーンダイクの2図形間の違いをすぐ検出するのと同じように，2つの図形の違いを見つけることができる．しかし患者は，その違いを覚えていない．また患者は，触覚によって再認が素早く完全にできても，こうした図形の名称を学習する能力は，術後数週間は事実上ないに等しい．

　同じような能力欠如のもうひとつの側面として，健常者に見られるような般化ができないといった点があげられる．患者が単純な対象をすぐに命名できる段階に達した時点で，もしその対象にわずかな変化が加えられたり，新しい状況におかれたりすると，再認がまったく不可能になる．たとえば，指輪について命名を学習した患者は，わずかに違った指輪を提示された場合には，それを指輪と認知できない．また，白いボール紙でできた正方形について命名を学習した場合，そのボール紙を裏返して黄色に変えてしまうと，もはや命名できなくなる．以上の報告すべてが示すように，最初に視覚が生じた時点で知覚される全体は，**単一性をもつと同時に無定型の性質をもっている**．先天盲の患者は，術後，色名の学習が困難だった例はないが，単純な図形の識別性の知覚が著し

く貧弱だった例は，多数存在する(Senden, 1932, pp. 135-141).

第二の証拠は，識別性の知覚における動物の種類に見られる相違である．まとまったパターンや簡単な群化の場合，図-地関係はラットからヒトまで同じと考えられる．一方，知覚般化(識別性の一側面)には顕著な相違が見られることから，図形の単一性と識別性とは別の基礎をもつことが強く示唆される．(a)ヒトやチンパンジーによる単純な幾何学図形の弁別は，図と地の明るさの関係が逆になっても影響されない(Gellerman, 1933)．すなわち，ヒトやチンパンジーの場合，黒い背景の白の三角形は，白い背景の黒の三角形にも般化する．一方，ラットの場合，このように白黒を逆転させると，弁別はまったくできなくなる．さらに，白の三角形でいくら訓練を重ねても，それだけでは黒の三角形の"再認"が生じることはない．このような般化能力が，系統発生的にどのレベルで出現するかについては，確実なことはわかっていない．これについては，ラシュリー(1938b, p. 144)，スミス(Smith, 1936)，およびニート(Neet, 1933)を参照されたい．しかし，ラットとチンパンジーの間，さらにラットとヒトの間には，この点に関して大きな違いがあるように思われる(ただしこの相違は，単純な図形に対してのみあてはまる．ヒトでも，さらに複雑な図形で明るさを逆転した場合，たとえば写真のネガを再認するような場合には，決定的に困難になる)．(b)ラットでは，三角形や正方形の知覚は，特定の訓練をおこなわないと，傾けた同じ図形に対して般化を示さない(Fields,

1932)．しかし，チンパンジーやヒトの2歳児では，傾けた図形に対応して頭を傾けはするが，ともかく般化はする(Gellerman, 1933)．(c)三角形の知覚は，ラットもチンパンジーも，小さな円を配列して作られた三角状のパターンには般化しないが，2歳児は般化する(Gellerman, 1933; Lashley, 1938b)．

以上見てきたように，識別性の知覚は，哺乳類の異なった種間で違っている．ただし原初的単一性の知覚は，ほとんど同じだ．

単一性と識別性とが独立であるという証拠を，もう少しあげてみよう．ラットの行動では，しばしば，独特の"等価"反応ないし般化が見られるが，他方で，一定のパターンの弁別学習にはかなりの困難をともなう，といった奇妙なことが生じる．たとえば，ヒトの視点からは同じように容易に見える2種類の弁別が，ラットにとっては難易度に著しい差があることがある．ヒトでは，円と正方形とは，正立三角形と倒立三角形と同じようにはっきり区別できる．しかしラットでは，正立三角形と倒立三角形の弁別は容易に学習するのに，円と正方形の弁別はつねに困難である(Lashley, 1938b, pp. 155, 156)．ラットの中には，ほかのパターンの弁別の学習はできても(したがって課題をおこなう上で十分な視力があるのに)，円と正方形との弁別では，学習の徴候すら示さないラットがいる．ヒトにとって，星の形とHの形とは明確に異なるものとして間違いなく区別できるが，ラットにとって

は区別が難しく,まったく不規則な図形と同様,学習にはかなりの時間がかかる(Lashley, 1938b, p. 157).こうした事実は,単純で規則的な図形の識別性を知覚する上で,ラットとヒトでは大きな違いがあることを意味している.

特定のパターンに対して,ラットがそれぞれ,"等価"と反応する場合と反応しない場合とがあるといった事実も,単一性と識別性とが独立である証拠とみなすことができる.たとえば,正立三角形と倒立三角形との弁別がすでに成立しているラットの中には,カードの上と下それぞれの部分に引かれた水平線どうしを弁別する課題をおこなうと,正立三角形から,カードの下の部分に引かれた水平線へと,反応が転移する個体がいる.しかしほかの個体では,訓練に用いた正立・倒立の2つの完全な三角形においてそれぞれのカード上の位置を少し変化させただけでも,弁別ができなくなる.このような場合には,ラットが,パターンを区別された全体として知覚していたかどうかはきわめて疑わしい.この時のラットの反応は,三角形のような単純な図形であっても,その部分だけで決まることが多いように思われる.

ラシュリー(1938b, p. 182)も,このことを認めてはいるが,ラットをスキーのジャンプ競技の選手にたとえて,ジャンプする時には,選手は見物人の帽子の形のような不必要なものには注意を払わないはずだ,と解釈している(訳註2-8).そしてこうした状況で単純な図形を知覚する場合,ラットもヒトもほとんど違いはない,といった一般的な解釈をおこなって

いる．しかしこうした結論は，証拠からは支持されない．

　識別性と単一性とを区別しておくと，識別性の知覚では種間には大きな差があるが，原初的単一性では種間の差がない，ということがわかってくる．ラットが跳躍台の装置で三角形のすべての細部を知覚する場合と，スキージャンプの選手が見物人の帽子を知覚する場合との間のアナロジーは，ジャンプの選手のほうはラットよりもずっと困難な課題が課せられているという点を除けば，それなりに妥当だ．一方，ジャンプの選手が，跳躍台のラットの場合のように，安全な平面の着地点近くに大きな三角形が目印としておかれているとすれば，その三角形を十分構造化されたものとして知覚できないということはありえない．しかしラットは，その視野が広くても，また（ラシュリーが示しているように）弁別に必要なもの以外の多くを知覚していても，ジャンプする地点のもっとも近い場所におかれた図形の部分だけに，選択的に反応することになるだろう．

　ラットが，三角形をほかから区別された全体図形として見ることにたびたび失敗するという証拠は，開眼手術直後の先天盲患者についてゼンデンが記述していることと一致している．正常に飼育されたラットも，また初めてものを見るヒトも，まさに同じような種類の困難を経験する．この事実は，以上で述べてきた考察を，より説得力のあるものにしている．

　（定義された意味での）識別性の知覚は，ラットでもヒトでも，同じ原理に従うが，当然ながら，ヒトでははるかに高度

な発達をとげているといった結論をしてよいはずである．一方，原初的図-地体制化の知覚では，種間のはっきりした違いを示す証拠は，まったく存在していない．むしろ，種間には違いがないという強力な示唆がある．したがって現在の証拠は，識別性と図形の単一性とは異なった生理学的基礎をもつとする考えと一致している．すなわちこの2つは，心理学的にも独立しているのだ．このように考えれば，図形が原初的単一性をもっていることを否定せずに，識別性の発達の際には，加算的な過程が生じていると仮定できるはずである．

単純図形の知覚学習

まえの節ですでにあげた事実は，区別された全体としての三角形や正方形の知覚では，学習が役割をはたしていることを示唆している．三角形を見るのに学習しなければならないといった考えは，まったくありえないことのように聞こえるに違いない．以下では，そうした学習の効果についての証拠を，もっと体系的に提示することにしよう．

先天盲患者の術後の知覚は，識別性をほぼまったく欠いているということを見てきた．ゼンデン(1932, pp. 155-157)は，2つの図形を一緒に提示した時，その差異をただちに知覚した複数の症例を報告している．ただし彼は，これさえも不可能な症例があることを報告している．この症例では，球と立方体との違いを時に見分けたり，また時には見分けられなかったりした(p. 91)．このような患者が，視覚を獲得した最初

は，つねに色の知覚が形よりも優位であった．ある患者は，術後11か月経った後で，病院で学習した色名は覚えていたが，形について学習したことはほとんど忘れてしまっていた(p. 135)．卵，ジャガイモ，角砂糖などは，名称をすぐに言えるようになるまで繰り返し提示されたが，照明の色を変えると，それらを再認できなかった．また角砂糖をテーブルの上か研究者の手の平において提示した場合は，間違いなく名称を言えたが，それを糸でつるして背景を変えると，再認できなかった(p. 138)．

このような患者たちも，学習が十分進むと，健常者と同じような般化を示すようになる．したがって，初期のこうした困難を，感覚器官の構造的欠陥と片づけてしまうわけにはいかない(Senden, 1932, pp. 173-175)．

高等哺乳類の通常の視知覚が長期にわたる学習期間を前提としているという結論は，リーセン(1947)によって十分確認されている．すなわち，暗闇で育てられたチンパンジーがほぼ完全に視覚能力を欠いていたこと，そして学習が遅々として進まなかったことについての彼の観察は，きわめて重要な意味をもっている．以上のリーセンの観察は，ゼンデンのヒトについての同様の結果が，臨床的検査のなんらかの不備によるものでもなければ，ヒト固有のものでもないことを示している．

ヒトの知覚学習の過程は漸進的であり，色の優位性に始まって，図形のそれぞれの部分に対して個々に注意を向ける時

期を経て，しだいに図形全部を全体として識別できるようになる．そして最終段階における識別は，連続した視覚的把握の過程ではなしに，一見したところ同時的な視覚的把握である．たとえばある患者は，13日間にわたって正方形と三角形の弁別の訓練を受けたが，この期間では，ほとんど学習の効果がなかった．その時点では，「角の数をひとつひとつ数えないと，それらの形がなにかを報告できなかった．……それでも，再認の過程はすでに自動的になりかけているように見えた．したがっていずれは，"正方形"といった判断がひと目見ただけでおこなえるようになるかもしれない．そうすれば，容易に，形はいつも同時に与えられていると思うようになるはずである」(Senden, 1932, p. 160)．患者が正常な知覚に近づく最短時間は，学習が少数の対象に限られている場合でも，およそ1か月を必要とするようである．

したがってヒトの健常な乳児は，同じ過程をたどって発達していくということ，また正方形を一瞬見ただけでそれとわかるのは，複雑な学習の結果であるということが考えられる．こうした考えは，健常成人の知覚があまりにも簡単なので，ありえないことのようにも思われるかもしれない．しかしそうした主張は妥当とは言えない．というのは，ラシュリー(1937)が，主観的な単純性と即時性とは，生理学的な単純性の指標としてまったくあてにならないことを示しているからである．またこれ以外にも，通常の知覚における学習の痕跡やその複雑さを示唆するような例が，複数存在している．

ゲラーマン(Gellerman, 1933)の報告によれば，チンパンジーとヒトの2歳児は，三角形を訓練時の位置から180°傾けても再認することができたという．ただしこの場合，(ひとつの実験報告によれば)頭を傾けた**後**にはじめて，選択的に反応したとされている．そしてその後の弁別でも，終始頭を傾け続けたという．成人の被験者では，2つの異なった傾きの図形を認知するのに，同じように受容器を傾けて調整する必要はない．したがってこのような般化は，簡単なように見えても学習能力に依存している，と言ってよいだろう．

　さらに別の証拠を検討してみよう．これは，決定的とは言えないかもしれないが，示唆的な証拠である．2°から10°の視角の大きさをもつ正方形や円，三角形のような単純な図形の1点を注視する．すると1秒ほどで注視点付近を除いて図形がぼやけてくる．この効果は，疲労だけによるものでもなければ，黄斑部(網膜中心部)以外の視力が低いからでもない．その理由として次の3点があげられる．(1)1本の直線では，ほとんどこうした影響がない．(2)三角形の2つの角の間で視線をあちこち移動させると，この2つの角の明瞭度は回復するが，3番目の角だけが明瞭度を回復しない．(3)2ミリ幅の線で描いた視角8°の大きさの円，および1ミリ幅で描いた視角4°の大きさの円でも，ほぼ同じ効果が生じる．

　以上のことに関連する要因は，確かに複雑である．たとえば大きな図形であれば，たんに(輪郭をたどるように)眼球運動を**想像**するだけで図形の明瞭度が回復することが見出され

るだろう．また，こうした"想像上の"眼球運動ないし運動系の閾下の活性化は，大きな図形よりも小さな図形を見る時のほうが頻繁に生じるが，実験的に統制するのが容易ではない．したがって，図形の大きさが運動系と無関係かどうかを確かめるのが難しい．しかし少なくとも，円や正方形の安定した明瞭で有効な知覚は，眼球運動をともなわないよりも，ともなったほうが生じやすいということは確かなようだ．いったんこの疑問を提起してしまうと，全体から区別されたものとしての部分の知覚を強化せずとも，つねに図形がひとつのものとして作用している，という暗黙の前提（通常，知覚研究で立てられている前提）が誤りだということが，おのずと明らかになる．

私の論点は，経験を積んだ観察者による知覚にも眼球運動が不可欠だ，ということではない（また次に述べるように，眼球運動がイメージにとって必ず必要だというわけでもない）．しかし知覚は，眼球運動をともなうほうがともなわない場合よりも明らかに明瞭で，より効果的である．これは実際，まぎれもない事実である．以上の論点は，正方形や円の知覚がゆっくりと学習されること，**そしてそれらの知覚が多数回の注視に本来依存していること**を示すこれまで引用したすべての証拠に照らして，理解されるべきである．

以下に述べる私の観察は，このような現象学的観察と直接関わっている．一連の眼球運動を想像せずに，また実際おこなわずに，三角形，正方形，円の明瞭なイメージを浮かべる

のがきわめて難しいということに私は気づいた.ほかの数人に,この点について観察してもらったところ,同じような報告をした.すなわち,1点を注視していると,三角形の明瞭なイメージをもつことは難しいか,ないしは不可能だ.眼球運動は,明らかに"イメージ"を改善する.それは,必ずしも図形の輪郭をたどるというような形式をとるわけではない.おそらくそれは,全体で3点,もしくは4点を,点から点へと視線がジャンプしていく,といった傾向をもつ.したがって,イメージの鮮明度は,たんに眼球運動のパターンにあるのではない.というのは,円にせよ正方形にせよ,おおよそ同じような眼球運動が鮮明なイメージを生じさせるのに役立っていると思われるからである.運動系の活性化は,運動が顕在的な場合も潜在的な場合(この場合にはおそらく,最終の共通経路の活動が欠如した大脳の中だけの活動だろう)も,**視覚的な統合の発達に,十分ではないにしろ不可欠な寄与を**している.すでに述べたように,こうした証拠を評価するのは難しいが,それはすでに引用したゼンデンの証拠と同様の結論を示しているし,ゼンデンの証拠によっても支持される.

　クラークとラシュリー(Clark & Lashley, 1947)は,ケナードとエクターズ(Kennard & Ectors, 1938)およびケナード(1939)の次のような観察を確認しているし,上述の議論について確証を与えると思われる証拠も独自に提出している.すなわち,ケナードは,頭部-眼球運動を司る皮質運動野の一方の側の前頭眼野を切除したサルでは,それとは反対側の一

側性の視覚の喪失が生じることを見出した．クラークとラシュリーは，適切な検査法を用いてこの現象について説得力のある証明をおこなっている．そのもっとも重要で印象的な観察は，盲側から可視側へと対象を移動させていくと，正中線を通りすぎた瞬間，サルが驚愕反応を示したというものである．この観察に対して，サルは，その見かけ上の半盲視野でも対象を"見る"ことができるのだが，その方向に眼を動かすことができなかったのだ，と主張することもできたかもしれない．しかし，すでに述べた観察からこうした解釈はありえない．またほかの観察からも，半盲が純粋な視覚の喪失であることが示されている(ただし半盲は一過性で1,2週間で消失する)．

さてここでの疑問は，もし知覚が，閾上にしろ閾下にしろ，運動性の活動と密接な関連をもっていないとしたら，運動皮質が視知覚とどのような関わりをもつことができるか，という点だ．その場合，前頭皮質が視感覚の受容となんらかの関連があるとするもっともな理由はなにもない．一方，これに代わるものとして，前頭皮質は，感覚が視知覚へと加工されるのになんらかの関与をしていると考えることができる．5章では，単純な対象の知覚でさえ"位相連鎖"が関わっているという仮定のもとに，知覚をあつかう．この位相連鎖は，運動のリンクをともなった中枢性の皮質事象の連鎖を指す．運動の活性化が閾下であって，必ずしも顕在的な反応を生じさせない場合でも，その役割は知覚にとって欠かすことができ

ない．この点は，ケナードとエクターズ，およびクラークとラシュリーの観察を説明することになると思われる．彼らの観察は，いままで述べてきた論旨や5章の主張に対する確証とみなすことができるのである．

結　語

単純な図形をほかから区別された全体として知覚することが，即時的に与えられたものではなく学習を通して徐々に獲得されるということは，動物実験からも，ヒトの臨床データからも等しく示されている．内観的な観察は，それ自体あまり重きをおくことはできないが，これもほかの証拠と十分一致しているように思われる．すなわち，円や三角形の識別性の知覚には，加算的過程が関与していることを示す複数の証拠がある．このような図形は，成人には明瞭に見えるし，ひと目見ただけで適切に弁別できるが，そこにはゼンデンによって記述された学習過程のような複雑な影響が，依然として存在している．こうした学習過程は，健常なヒトでは初期の幼時期に生じているはずであり，それがまたひとつのまとまりをもった知覚を可能にしているのである．

正方形や円の知覚に際しては，それ以上還元不可能なほど単純な主観的体験が生じる．この体験は，正方形に配置された文字配列のイメージについての錯覚と似かよっている（Woodworth, 1938, p. 42）．この場合被験者は，実際に正方形の知覚像がそっくり与えられていると思っている．しかし，

実際はそうでないことを示すことができる*3. 識別性の知覚は, ひと目見ただけで生じるけれども, 図形のさまざまな部分を何度も見ているうちに改善されていく. 知覚に対する**補助**のはたらきをもつこうした"部分の継時的強化 successive part reinforcement"の過程は, 同時に, 図形全体にとって不可欠な単一性の成立にも役割をはたしている. したがって理論的には, 原初的単一性に対するのと同じように, 運動的要素を含んだ加算的な過程についても説明の必要がある.

以上の主張は, 感覚の統合が運動性活動を通してのみ生じるとする古い考え, あるいは知覚の弁別的特性が分化した眼球運動だけに起因する(もしくは主としてそうした眼球運動

---

*3 実験は以下の通り. 被験者に下図のような図形

```
x  e  a  q
r  l  i  s
o  f  z  g
d  y  u  p
```

を提示し, 全体の正方形のイメージをもつようになるまで注視させる. やがて被験者は, 図形を見ずにイメージを"眺める"ことによって, 文字をひとつひとつ読むことができるようになる. 被験者が実際そのようなイメージをもっているとすれば, どの方向に"読む"ように要求しても問題ないはずだ. しかし実際には, 右から左への方向では, 左から右への方向ほど速く再生できない. また右下から左上の対角線上にある p, z, l, x の4文字も素早く再生できない. したがって, 単純な, 即時的に与えられたように見える全体のイメージも, 実際には, 図形の部分部分の系列的な再構成なのである. 三角形や正方形の"イメージ"は, より簡単で, より長期にわたって練習されているが, 基本的にはこれと同じなのかもしれない. このような図形の知覚にも, 時間的系列の活動が含まれているのである.

に起因する)とする古い考えに回帰するものではまったくない．われわれは，これが事実ではないことを知っている．しかし理論的な可能性は，2つだけでなく，次のように3つの可能性が存在する．(1)知覚的統合はすべて運動性活動の結果である．(2)知覚的統合は運動性活動からは完全に独立している．(3)運動性活動は重要ではあるが，きわめて重要であるとは言えない．この本では(3)の立場をとる．

　視覚的統合を，効果器の活動を通しての無関係な要素の統合として，片づけることができないことは十分に承知している．とは言え，運動的要因がどれほど重要かに関しては，依然として問題が残っている．受容器の調整(頭部-眼球運動)は，長期間の訓練を経た習慣を**除く**と，ラットでも，チンパンジーでも，さらにはヒトでも，視知覚のもっとも際立った特徴である．こうした調整は，(調整だけが答えのすべてではないということが示されたのちは)理論にとって重要でないとする暗黙の前提がこれまでとられてきた．眼球運動の事実は，たんに，網膜内の興奮の部位が重要ではないといったさらなる(否定的な)証拠としてあつかわれてきた．というのは，網膜像が変化しても，知覚は混乱しないからである．しかし明らかに，別の見方も可能だ．この章の論旨は，知覚における眼球運動が付随的に生じるものではない，という点である．眼球運動は，知覚的統合の唯一の起源ではないとしても，つねにそして本質的に，知覚的統合に寄与しているのである．

3章　場理論と等能性

　まえの章では，知覚がすべての面で単一の過程であるという主張について検討してきた．この章では，そのような考えをもとにしているケーラーの理論とラシュリーの理論について検討することから始めよう．事実上，それは一般的な知覚理論の批判になる．というのは，ケーラーとラシュリーは，知覚的統合の神経メカニズムの真の問題を認識して，適切な解決を試みようとした唯一の研究者だからである．ほかの研究者たちは，知覚般化が生じる方法を明らかにするといった大きな難題を避けてきた．たとえば，パヴロフ(1928, 1932)は，この難題をとりあげることすらしなかったし，ハル(1943)は，あとで解決しようとして，この難題を脇にのけておいた．ハルは，この問題について考察をおこなってはいるが，自分の学習説にとって必ずしも解決できないわけではない，といったことを示すに留まっている(Hull, 1945)．いまのところ，ケーラーとラシュリーだけが，知覚般化がどこで，そしてどのように生じるかを述べようとした唯一の研究者である．

　しかし，すでに述べた理由から，この2人が選んだ思考の筋道は，袋小路に突き当たってしまう．したがって，ほかの方法による解決の可能性もあるということを示す必要がある．

だれかが生得的な刺激等価性および等能性 equipotentiality の理論に，さらにまた唯一の統合メカニズムとしての神経の場と勾配理論に挑戦することをしないと，神経結合に関連したどのような理論も，誕生するまえに葬り去られてしまう．妊娠して，生まれ出てくる子に洗礼を受けさせずにあの世に送るのを許すわけにはいかない．そこで，ほかの説明も探してみることにしよう．

用語と問題点の明確化

ここでとりあげる問題は，ほかでもそうであるように，まさに長期にわたる戦いのため戦塵にまみれて時折視界が定まらなくなる，といった類の問題である．そこでのひとつの主要な疑問は，再認(認知) recognition，言いかえれば，選択的弁別反応が特定の神経細胞の興奮を必要とするか否か，という問題である．

これに対して否と主張する理論を，**等能説 equipotentiality theory** と呼ぶことにしよう．ケーラーはこの用語を用いてはいないが，彼の立場はこの点ではラシュリーと同じなので，ひとつの用語で間に合わせることにする．

この2人が仮定している等能説の説明は，ある点ではかなり異なっているが，興奮の部位ではなく，中枢神経系におけるパターンの形成を強調するといった点では一致している．したがって，ここでもまた，**ゲシュタルト説 configuration theory** というひとつの用語を，ケーラー(1940；Köhler &

Wallach, 1944)の皮質における電気的場の説明と, それに類似したラシュリー(1942a)による興奮の拡延性波動 irradiating wave of excitation とその干渉パターン interference pattern の考えとを指すものとして用いることにしよう.

次に, ラシュリーの"刺激等価性 equivalence of stimulus"といったいささか曖昧な用語の代わりに, **感覚等能性** sensory equipotentiality という用語を用いることにしよう. 中枢活動における等能性の理論全体を受け入れるのではなしに, 上行性の構造に限って, 一定の限度内で等能性を受け入れようとする場合もあると思われる. 等能性という用語は, こうした目的のために使うことができる.

"刺激等価性"は, 二重の意味をもつ. (1)異なった刺激が同じ反応を引き起こすことができる, という意味だけで使う場合がある. これは, 事実についての解釈とは関係なしに, 行動についての観察事実を意味している. しかしラシュリーはこの同じ用語を, (2)特定の反応が得られるのならば, どの感覚細胞が興奮しているかは問題ではない, といった意味に用いている. ただし, これは解釈である. 2つの異なった刺激パターンが同じ効果を生じさせるという事実があるとしても, それは眼球運動によるのかもしれないし, 多数の学習過程によるのかもしれない(本書で私がとる立場である). またもしかすると, それは, 刺激された受容器が同じであるかどうかにかかわらず, 類似した興奮パターンが, 生得的かつ必然的に, 同じ最終の運動効果を生じさせたのかもしれない.

そこで，事実と解釈とを分けておくことにしよう．すなわち，(1)**刺激等価性**と言う時には，行動的な証拠を意味するものとし，(2)**感覚等能性**と言う時には，特定の解釈を指すこととしよう．

最後に，等能性という考え方自体をもっと明確にする必要がある．そもそもこの"(可)能性 potentiality"という用語は，文字通り，異なった細胞群が行動に関して同じ機能を獲得することが可能だ，ということを意味しているにすぎない．こうしたことが，別々の学習過程によって生じるということには，だれもが同意するに違いない．それが条件づけの基本的な考えだからである．しかしラシュリーは，この用語にほかの意味をもたせている．すなわち，ある興奮パターンが生じると，システム内のあらゆる細胞が同一の機能を獲得**する**，というのである．したがって，異なった刺激が関係する習慣，言いかえれば皮質領域の異なった部位が関係する習慣には，別々の学習過程を必要としない，ということになる．

たとえば，習慣が次のような仕方で形成されると仮定してみよう．刺激が円だとしよう．この円が，つねに右下の象限の網膜に投射されるようにする．反応は左手の運動である．この場合の刺激作用は，右半球の視覚野の半分に限定されている．一方，反応も右半球の運動系によって決定される．そこで等能性の考えによれば，(1)ほかのどの網膜細胞群であっても円状に興奮すれば，左手にしろ右手にしろ，同じ反応を解発すること，(2)右半球が切除されても，左半球は，右

半球が学習したことはどんなことでもすでに"学習"していることが見出されること,そして(3)最初に興奮した細胞群からほかの細胞群への学習の転移は,**それらの細胞群間の結合を形成した先行経験には依存していないこと**,といった点が暗に含まれる.この考え方では,学習の転移は中枢神経系の生得的な特性,ということになる.したがって特定の習慣が,どのような事態においても解剖学的なひとつのシステム内のどれか特定の神経細胞に依存しているというようなことはありえない.システム全体が切除されると(たとえば両側の視覚野が除去された場合),習慣は消失する.しかし,習慣が解剖学的システムの半分だけに依存している,ということはありえない(たとえば習慣が,片側の視覚野だけに,ないしは視覚野の特定の部分に依存していることはありえない).

以上の論議は,明らかにかなり極端な立場に立っている.後で提案するこれに代わる仮説は,感覚投射野における限定した場の作用を認め,生理的システム内では機能的に類似した細胞間に限定した等能性を認めている(この点については後で詳しく述べる).しかし一般的には,反応の転移は,初期に形成された習慣と特定の結合とから生じる.

これで問題が明確になった.ケーラーとラシュリーが,ワトソン(Watson)の理論のような刺激-反応(S-R)理論に対して初めて批判をおこない,完全に成功した点は認めざるを得ない.子どもがネコを見て"ネコ"ということばの発声を学

習する場合，網膜細胞が筋細胞と直接結合するようになると信じている者は，現在ではだれもいない．配電盤説のような単純化しすぎた形式を排除したことは，彼らの重要な貢献であった．『神経生理学雑誌 Journal of Neurophysiology』の目次を見るだけで，神経活動の勾配が**存在する**ことがわかるだろう．また，興奮が網膜から 17 野へと伝わる時に隣接部分になんらかの相互的な影響が**ある**ことも理解できるはずだ．さらに電気生理学でも，こうした知見の価値は十分確認されている．したがって，それらの知見を心理学の理論に導入する必要がある．

しかし実際には，すでにそれらの事実は一般に受け入れられているので，もはや受け入れるか否かは問題ではない．すなわちパヴロフの拡延 irradiation や集中 concentration といった概念は，場の作用と考えてよいし，ハルおよびスペンス (Spence) の両者も，勾配の概念を用いている．したがって，いま問題なのは，勾配や場が選択的神経活動の唯一のメカニズムなのかどうか，あるいはそれらが結合や特殊化した伝導路と同等に重要なメカニズムなのかどうか，ということである．

すなわち，ゲシュタルト説は，2 つのことを主張している．第一にゲシュタルト説は，ティチェナー (Titchener) やワトソンの考えのような初期の考え方に対して必要な修正の役割をはたしてきた，ということである．このプラスの貢献は，重要な前進の一歩と認めなければならない．しかしまた一方で，

個々の感覚要素と感覚-運動結合といった考えに対する過度の反動も、そこに含まれている。それは、これらの初期の考えとほとんど同じぐらい極端なものとなっている。したがって、理論としてのゲシュタルト主義 configurationism は、構成主義 structuralism や初期の行動主義 behaviorism とちょうど同じような弱点をもっているのである。

さてここで、場理論や等能説を受け入れたり、拒否したりする上で用いることのできる証拠には、どんなものがあるのかを見ていくことにしよう。これらの考えを支持するために実際に用いられてきた証拠の中には、以上の疑問と直接関係のないものもいくつか含まれている。まず最初にこのような証拠についての議論から始めて、その後で、より関係のある証拠を考察することにしよう。

明るさ、大きさ、音の高さの知覚

ゲシュタルト説の研究者の文献を見ると、学習説で説明するのが困難なものとして、相対的強度の知覚の問題がもっぱらとりあげられてきた。しかし実際には、ゲシュタルト説にとっても、それは決して説明しやすい問題ではない。したがってこの問題は、2つの学説の間の論争に直接関わるものではない。しかしそれは、きわめて重大な問題とされてきているので、ここで考察しておくことにする。ヒトや動物は、絶対的な強度・大きさ・頻度よりもむしろ、それらの相対的な関係を知覚する傾向がある。したがって、2つの面のうち、

より大きいほうの面を選択するように動物を訓練するのは容易である．一方，差が非常に大きい場合は別として，特定の大きさを選ぶようにさせるのは，きわめて難しい．以上の事実は，心理学的に重要であり，古い形式の学習説に対して決定的な答えを提供していた．しかし相対知覚の生理学に関しては，ほとんどなにも知られていない．したがって生理学を，最近の心理学理論についての賛否を問うための証拠として用いることはできない．

　明るさの弁別を例にとって，実際の実験的証拠を考察してみよう．

　たとえばラットを，強度1の刺激の方向に進み，強度2の刺激(すなわち強度1の2倍の強さ)を避けるように訓練する．次に強度2の刺激と強度4の刺激とを提示すると，ラットは(どちらかを選ばざるをえないようにすると)，それまで避けるように訓練されていた強度2の刺激を選択する．(このテストの場合，弁別反応が崩れてしまい，選択がランダムになる可能性もあるが，おそらくそうした例は半分以下だ．しかしこのような状況でも，ラットは，絶対的な刺激価に対して一貫して選択をおこなうようなことはない．ラットが弁別をおこなう場合，相対値の弁別をおこなうのである．)

　さらにまたラットが，はじめ強度1の刺激を避け強度2の刺激を選択するように訓練された場合には，強度2と強度4とを用いたテストでは，以前選択するように訓練された強度2の刺激を拒否して，新しい刺激，強度4のほうに反応する

だろう．動物を完全な暗闇で育て，誕生後その刺激をまったく見たことがないようにした場合でも，以上と同様な結果になる．このような知見は，現在知りうる限りで，特定の桿体や錐体から特定の筋組織への結合をあつかっているどのような行動理論に対しても，さらに決定的な答えになっている(Hebb, 1937b)*1．

しかしこうした明るさの知覚は，通常，学習説一般に対してゲシュタルト説一般を支持するものとして，より広い文脈で引用されている．とにかくそれは，弁別がなんらかの神経レベルにおける特定の細胞の興奮には依存していない，とする考えを支持するものとしてあつかわれている．ただし，こうしたあつかい方には納得することができない．以上のような相対知覚についてなにか納得のいく説明を，だれもしようとしてこなかったというのが実状なのである．したがって相対知覚について，一方の理論を否定し他方を支持することはできない．そしてまた，"より明るい"，"より小さい"，または"音のピッチがより高い"といった知覚を媒介するはたらきをもつ細胞部位についても，ほとんどなにもわかっていない．このように，いままで得られている事実は，等能説を否定するものでも，支持するものでもない．

受容器から効果器へと直行する結合が，訓練過程によって

---

*1 以上の実験から，結合が学習の基礎だという可能性はすべて排除される，と私が考えているように見えるかもしれない．しかし，次の節で述べる仮説が示すように，こうした結論が正しいとは言えない．

は形成されないということは，かなり確実である．ただし依然として，種々の結合がいくつかの中間レベルで形成される，と仮定することも可能だ．ここでは，ひとつの可能性のある仮説の概略を示すことにしよう．すなわち，ここではおもに，現存のどの理論が(たとえば)明るさの知覚に関してどのような賛否の論議をしているかの検討をするのに先立って，感覚の生理学についてより多くのことを知る必要がある，ということを示しておこう．

明るさの知覚に関する仮説

マーシャルとタルボット(1942)の視力に関する論述は，"より明るい"という知覚が，特定の受容細胞ではなしに，特定の皮質細胞の活動に依存している，といった仮定を可能にしている．強度2は，強度1よりも一次(網膜)ニューロンのより大きな集団を興奮させ，より高い率の発火を生じさせると考えられる．強度4はさらに大きな集団を興奮させる．強度2と強度4が同様の選択的反応を引き起こしうるという事実は，感覚等能性を支持する十分な理由となる．しかしこの等能性は，視覚系をさらに先へ進むと消失するように思われる．

マーシャルとタルボットの指摘によれば，受容器から大脳皮質のいくつかの層にいたるまでの視覚系全体では，強い刺激作用を減衰させ，弱い刺激作用を増幅させるという．このことが，行動の問題にとってなにを意味するかを考えてみよ

う．伝達のそれぞれのシナプス段階で，減衰と増幅とが増大する．そこで中間の範囲内にある明るさでは，順応した網膜領域の活動の程度は一定となり，視覚系内ではレベル X に達することになる．この場合 X レベルの活動量は，強度 1, 2, 4 のどの強度に眼が順応したとしても，同じはずである．

もちろんこれは，眼が順応している場合に限られる．視覚系は，刺激強度の変化に対してきわめて高い感度に保たれているに違いない．したがって，強度 1 に順応した後の眼が強度 2 を注視した場合，X における活動レベルは上昇し，たとえば，毎秒 n 個のインパルスから $1.5n$ 個のインパルスへと上昇する．同じことが，強度 2 に順応した眼が，強度 4 を注視した場合にも起こる．したがって視覚系の一部では，"より明るい"という知覚の場合には，同じ中枢性のニューロンが，絶対的刺激値と無関係に活性化することになるだろう．（しかしほかの部分では，興奮している細胞が，依然として絶対的強度に多少とも対応している場合があると思われる．したがってこのことは，相対的弁別の傾向があるとは言え，絶対的な値が検出可能であるといった事実に対する説明の助けとなる．）

私の論点は，これで相対知覚を説明できるということではない．また私は，以上に示したほど問題が単純だと考えているわけでもない．ここで言いたいのは，既知の事実は，"より明るい"という知覚が視覚系内のなんらかの部位における特定の神経細胞の活動が関与しているという考えと相容れな

いわけではなく，したがって相対値についての知覚がなんらかの特定の神経結合と矛盾しない，ということである．そのほか，神経勾配や場の作用のような"感覚等能性"も，間違いなく関係している．しかしまた，動物が2つの面の中で，より明るい面への反応を学習するといった事実の基礎として，新しいシナプス結合の形成といった考えも除外されているわけではない．

次の2つの章では，視知覚についてのいくつかの神経生理学的考えを提案する．明るさや大きさの知覚をあつかうため，理論的にそれらの考えを詳しく論じることもできたかもしれないが，私はあえてそれを試みることはしなかった．大きさ，明るさ，音の高さの知覚は，さしあたってどの理論でもまだ説明されていないものとして記述すべきだろう．それらを説明するには，感覚の生理学に関してもっと多くの知見を得る必要があるように思われる．

パターン知覚

パターン知覚では，関連した生理学的情報をより多く利用することができるので，さまざまな事実が等能説とどのように関わり合っているかをさらによく知ることができる．したがって，より確実な基礎の上に立って論じることができるだろう．

動物が，小さい正方形を選ぶと食物が得られ，小さい円では得られないことを学習すると，訓練をそれ以上おこなわな

くても，大きな正方形を選択し，大きな円は選択しない．この場合小さな正方形と大きな正方形とは，"等価な刺激"である．それぞれの図形が，一度の注視で知覚されているとすると，それぞれの場合の全体パターンが，同一の網膜細胞群を興奮させることはありえない．最近の研究における知覚のあつかい方は，眼球運動をまったく考慮していない．そのため正方形によって刺激される細胞の部位は，重要ではないといった推論をおこなっている．この場合，刺激作用のパターンだけを問題にしている．

しかし，まえの章で見たように，眼球運動は無視できない．正方形にジャンプするように訓練されたラットは，図形全体にだけ反応しているのではなく，時には図形の部分に対してもまさに別の実体として反応している．眼球運動は，動物の知覚研究ではまったく統制されていない．そこで，ラットが図形の部分を次々に注視しているとすれば，最初の訓練に含まれていたのと同じ網膜細胞群の上に，その部分部分を次々に重ね合わせるといった結果になる．その場合，興奮の部位が重要になると思われる．したがって明らかに，大きさの異なった同じパターン(たとえば正方形)が等価だということは，それだけでは等能説を支持する証拠にはなりえない．

等価反応の証拠が等能説にとって決定的なものであるためには，次の2つの条件を満たす必要がある．第一に，等価刺激が中枢神経系の異なった部位に伝えられていることを示すこと，第二に，実験開始以前にそれらの部位の間の結合を形

成したかもしれない先行経験がまったくないこと，の2つである．

以上の条件のひとつは，リヴァイン(Levine, 1945a, 1945b)のハトの実験によって検討されている．鳥類の視交差は完全に交差しているので，それぞれの眼の情報は反対側の大脳半球(視葉)に伝えられる．リヴァインによると，視野の下半分のパターンに対しては両眼間転移が生じたが，上半分では両眼間転移が生じない，といった驚くべき結果を得た．ただし，この結果からゲシュタルト説について言いうることは，せいぜい左右の大脳半球の部分間には限られた等能性が存在する，ということぐらいだ．(反対の立場から見ると，以上の結果は，視覚における一般的な等能説をはっきり否定していることになる．)

しかしリヴァインの実験は，用いたハトの先行経験を統制していなかった．したがって，その結果で示唆された限られた等能性さえも，見かけだけのものだという可能性も残されている．ハトの視野の下半分にあるパターンでは——地面の上の餌をあさっている時とか，両眼の視野に入っている止まり木に止まろうとする時とかのように——実験開始以前の知覚学習によって，その後の転移の基礎となる左右2つの大脳半球間の相互連絡が形成されていた，ということが考えられる．この場合ハトは，実験に用いられた実際のパターンをあらかじめ学習しておく必要はない．つまり，それらのパターンの種々な部分(すなわち"知覚要素"：5章参照)を学習して

おくだけでよい*2. このような可能性がこじつけではないということは，次にヒトによるパターンの即時的認知を考察する時に，明らかになる．すなわち明らかにヒトでは，図形の中のひとつや2つの部分の知覚が，図形全体を認知する手がかりとなる．

ヒトは，瞬間露出器で提示された一定のパターンを容易に認知する．この場合の露出時間は，0.2秒程度である．その場合被験者は，パターンのそれぞれの部分を次々に注視していくことも，またあらかじめどれか特定の網膜細胞にパターンの像が落ちるように眼を調整しておくこともできない．したがって，以上の事実を等能性として解釈することもできるかもしれない．しかしそうした解釈が，実際には不可能であることを示す事実が存在している．

私がここで提案したいのは，眼球運動なしにパターンを認知できるヒトの能力が，誕生の瞬間から進行している徹底した，長期にわたる視覚訓練の結果はじめて可能となるという

---

*2 とくに，線の傾斜した部分が同時に両眼の視野内に広がっている場合がこれに相当する(訳註3-1). しかし，学習過程によるこうした説明は，等能説に代わる唯一の説明ではない．もうひとつの可能性は，左右それぞれの大脳半球の部位が，片側の網膜の上半分だけからのインパルスを受けても，他方の大脳半球に点対点の投射をしているといった説明である．つまり，両眼間転移が生得的に備わっているという説明である．しかしそれにはまず，暗闇で飼育したハトを使ってリヴァインの実験の追試をおこなって，これを検討すべきである．なおこの場合，実際に訓練とテストとをおこなう時以外は，ハトを暗闇の状態に留めておく必要がある．

ことである．すなわち，眼が開いている瞬間瞬間，その技能は増大していき，少なくとも 12 年ないし 16 年の歳月にわたって進行していくのである．この仮説を支持する証拠は，次の 3 つの点に見出される．(1)瞬間露出において生じる認知の誤り，(2)読みの技能における発達の仕方，(3)先天盲患者の開眼手術後における学習の速度とその経過，である．

1. 瞬間露出器の場合のように，瞬間的に知覚されるパターンの認知は，簡単で一般的なパターン，ないしはそれらのパターンのごく単純な組み合せを除いて，きわめて不完全だ．この過程をウッドワース(1938)は，いみじくも "修正をともなう図式 schema with correction" と名づけた．つまりこれは，パターンがまず見慣れたものとして知覚され，ついでなにかが欠けたり，またはなにかがつけ加えられたりして認知される，といったことを意味している．この場合のなにかもまた，見慣れたものである．したがって全体の知覚は，習慣になったものの寄せ集めである．

瞬間露出器による提示では，被験者は，"頂点の欠けた三角形" とか "底辺のゆがんだ正方形" といった報告をする．したがって被験者は，明らかに，全体としての図形そのものに反応しているだけではなく，提示時間がきわめて短時間でも，その部分部分を別々の実体として知覚している．それゆえ瞬間露出の場合には，誤りが著しい．被験者が実際に知覚できているのは——おおざっぱな精度でしか知覚できないが——，いくつかの線の傾きやその方向，および相互の距離関

係にすぎない．瞬間視で見たものを描いたり報告したりする作業は，古生物学者が歯や肋骨から初期人類を再構成するのと似ていなくもない．過去経験は，実際の知覚の欠けているところを埋めて，その最終結果をなにか見慣れたもの，ないしは見慣れたものの組み合せにする，といった明らかな効果をもっている．つまり，経験をもとに再構成がおこなわれるのである．

　眼球運動のような眼の特別な調整がなくても，実際にパターン認知が可能であることを説明するには，次のような大まかな認知能力を仮定するだけでよい．すなわち，網膜にどのように投影されていても，(1) 線の傾き，(2) 2点間の間隔の程度，の2つを認知する能力である．この2つが組み合わされれば，線の交差，線の急激な屈曲(すなわち角），および線の湾曲(さまざまの点での傾斜の変化，または急激な屈曲点の欠如)を含むことになる．私がここで提案しようとしていることは，幼児期から児童期までの間に，連続的で，徹底的な，長期にわたる視覚訓練がおこなわれ，そしてこの間に視野中のおおよそ分割されたそれぞれの部分に対して，線の方向と点間の距離とを別個に認知するための学習がおこなわれている，ということである[*3]．

　このような考えが，ありえないことのように聞こえるのは承知している．単純な対象の知覚は，簡単で，直接的で，明らかに即時的なように見える．したがって，それが複雑で，長期にわたる学習過程の結果とは考えにくい．しかし2章で

示したように，学習過程が**実際に**必要だし，それがどのように見えようとも，その最終結果も**実際に**複雑なのである．

ここで注意すべきは，以上の考えは異なった網膜投影における(たとえば)水平線を知覚するには，網膜におけるいくつもの単一細胞からなる個々の列が，別々に条件づけられなけ

---

*3 ほかの場合と同様に，ここでもまた私は，理論を展開するにあたって実際に要求されるよりも明確であろうとした．これは，次のような理由による．(1)曖昧さは，それ自体心理学理論にとって望ましくない．(2)より明確な仮定のほうが，正しいか否かすぐ判明するだろうし，いずれにせよそのほうが検討しやすい．

しかしその仮定が正しくないとしても，後の理論化には影響をおよぼさない．考えるべきもうひとつの可能性は，ラシュリーの干渉パターン説のような理論が修正されたかたちで適用できないか，ということである．ラシュリーは，その理論を用いて，正方形や三角形の知覚を単一の統合的な過程として説明しようとした．この章の後の部分では，この理論が，そうしたかたちでは支持できないという点を明らかにする．ただしこの理論を，正方形，三角形などのパターンの代わりに，単一の線分に適用することは可能かもしれない．その場合，視野のある部分における特定の傾きをもった線分からの刺激作用が，視野のほかの部分における同様の線分の刺激作用と生得的に等価だ，と仮定していることになる．私は，これを否定する証拠も知らなければ，支持する証拠も知らない．

心理学的には，このような説明は，もっともらしく聞こえるかもしれない．それが前提としているのは，17野における活動の類似した"隆起 ridge"が，18野における同様な，広範囲に配列されている細胞群を興奮させる傾向がある，ということである．次の2つの章で私は，神経学的な体系化を試みる．そこでは，いままでどおりに考察を進めていくことになるだろう．しかし，視野中の任意の部分にある線分の傾きの認知が生じるには，網膜の異なった部分が，別々に条件づけられなければならない，と仮定する必要はない．

この問題は，実験的吟味が可能と考えられるので，検討に値する．

ればならない，ということを意味しないという点である．視力についてのマーシャルとタルボットの考察によると，一次視覚皮質のレベルでは，違った網膜投影をもつ線によって生じる興奮は，かなり重なり合っているということを暗示している．この範囲がどの程度かははっきりしないが，視角で示すと中心視ではおよそ2°，周辺視ではそれよりもかなり大きいようだ．したがって，水平線がどのように網膜に投影されても，それを水平線として確実に認知するのに必要な視覚習慣の数は，おそらく，10か15よりも多くはないと思われる．同様に，わずかに異なった傾斜の線は，別々に学習する必要はないだろう（瞬間露出された傾きの弁別の精度が，高くないことを思い起こしてほしい）．したがって，瞬間視の説明に必要とされる個々の知覚習慣の数は，けっして無限ではない．

　さて，ヒトの視覚訓練がどれほど徹底的で，長期にわたるかを考えてみよう．後で見るように，不均一に照明されている視野（つねにそうであるが）にさらされている時には，両眼のどんな運動も，眼球運動の方向と平行する複数の線によって生じる興奮に正確に対応した複数の興奮を生じさせる．被験者が目覚めている間は，両眼はたえず動いている．したがって覚醒時の瞬間瞬間は，網膜のすべての部分において，線の知覚を強めるのに必要な条件を提供している．

　すでに見たように，単純で境界がはっきりしている三角形のような図形をはじめて見て，即座にわかるようになるには，

数か月を必要とする．健常なヒトの乳児は，明らかに，人生のごく初期にこうした段階に達する．しかし訓練はさらに，眼が開いているあらゆる瞬間瞬間で続けられている．そしてついには，黄斑部以外に落ちたパターンを速やかに認知できる能力にまで，発達していくはずである．

2. 読みの速度は，12歳から16歳まで，あるいはさらにもっと後になるまで増大していく．この速度は，複数の文字からなるまとまりを，より大きなかたまりとして瞬時に認知することに依存している．読みの速度はまた，周辺視による訓練の関数とみなせるだろう．すなわち，ひとつの単語を(単一のゲシュタルトとして)中心視で直接にしかも即時に認知するという学習は，どの方向の角度から見てもそれを即時に認知できるようになる，ということを意味しているわけではない．ただし等能説は，こうしたことを要求している．

等能説では，中心視と周辺視との間の視力に違いがあることを理由に，こうしたことをなにも要求していない，といった主張もできるかもしれない．たとえば周辺視による単語の認知は，単語の全体的な輪郭により多く依存しており，個々の文字にはそれほど依存していない，というように．すなわち，読みの速度の増大は，中心視で利用される手がかりとは異なった手がかりを使う学習に依存している，という主張である．確かに，これは事実である可能性が十分考えられる．しかしこうした論議は，等能性に関する基本的な主張，すなわち視力が十分にあれば，網膜投影がどのようなものであろ

うと形態の同じ特性が知覚される,といった主張を捨てることになる.しかも,そのような論議は,周辺視による認知と中心視による認知とが,別個の視覚習慣に依存するということを暗に意味することになる.このことこそ,私がこの章で主張しようとしていることなのである.

しかし今日では,この点に関して,初めに上述のような考察をまとめた時点よりも,より直接的な証拠が利用できる.これらの考察が示唆していたのは,瞬間露出器で提示された刺激の知覚の特徴のいくつかについて再検討の必要があるということであった.その実験はすでに,ミシュキン(Mishkin)とフォーゲイズ(Forgays)によって始められている(訳註3-2).彼らの実験では,読みの場合,視力を考慮しない時でも網膜のすべての部分が同じように訓練されているわけではない,といったことが直接示されている.この研究の詳細は,彼らがほかで報告するだろうから,ここでは,得られた結果の要約だけを記しておくことにする.英語は左から右へと読む習慣があるが,英語に堪能な読み手は,注視点の右にある単語を注視点の左にある単語よりも 2,3 倍ほどよく認知することができる.一方,ヘブライ語の読み手(ヘブライ語は右から左へ読む)は,注視点の左側の単語をよりよく認知する.これらの結果は,被験者が,次に英語とヘブライ語のどちらの単語が提示されるか,あるいは単語が注視点の左に提示されるか右に提示されるかを知らない場合――すなわち,左-右,および英語-ヘブライ語の提示順序がランダム

な場合——に得られる．研究対象となった被験者が，ヘブライ語に堪能でなかった場合，ヘブライ語での単語の左右差は，統計的に有意差はなかった（$P=0.15$）．しかし，注視点の右にある英語の単語の認知を高める要因がなんであろうと，それがヘブライ語の単語の認知には影響しないことは確実である．というのはこの場合，差がまったくないか，ヘブライ語の単語が左にある場合に，よりよく認知されるかのどちらかだからである．

　この事実は，ヒトの場合，網膜の左半分と右半分との間，または後頭皮質の左半球と右半球との間には等能性がないということを直接示している．すなわち網膜の特定の部分からは，網膜のほかの部分よりも，より容易に学習性反応を引き出すことができる．このことは，これまでの章で示してきた仮定，すなわち受容器表面の別々の場所に対する刺激作用によって同一の反応を引き出すには別々の学習過程を必要とするといった仮定に，大きな支持を与えている．

　3．最後に，先天盲患者の開眼手術後におけるパターン視の発達過程について，ゼンデンによる明快な報告がある（2章参照）．患者は，数週におよぶ訓練にもかかわらず，正方形と三角形とを区別するのに角を数えてみなければならなかった．このことは，網膜上の刺激作用の位置が重要でないということにはならないし，また等能性の証拠ともならない．患者が，はじめて対象の名称を素早く言えるようになった時点で，その対象を新しい背景においたり，対象の色を変化さ

せたりすると,その対象が認知できなくなってしまう.この場合に重要なことは,特徴的な正常な般化は,長期間の根気強い訓練過程ののちに現われてくるという点だ.このような証拠は,明らかに,見かけ上の等能性が学習の結果であり産物であるということを示している.すなわち,パターンの知覚は,最初は特定的で限定的であるが,訓練を重ねることによってようやく般化されるようになる.これらの事例では,特定のパターンがある角度から見て認知されれば,ほかの角度から見ても即座に認知される,といった考えを支持するような証拠はまったく存在しない.

臨床的証拠と解剖学的証拠

次に,知覚における等能性の問題に関連する臨床的証拠と解剖学的証拠を見てみることにしよう.

フックス(Fuchs, 1920)とラシュリー(1941)によって記述されている半盲 hemianopia の知覚的補充現象 perceptual completion は,これまでに得られた結論を支持している.脳の一側の後頭極が損傷によって破壊されるか,偏頭痛の発作によって一時的に機能しなくなると,患者は視野の半分が見えなくなる.患者に,白い正方形やビリヤードの玉のような対称性をもった単純な対象の中央を注視させると,視野の半分しか見えないにもかかわらず,その対象全体が見えると報告する.この場合に,患者は見えているわけではない.患者は,実際には対象の半分しか見えていないが,補充して知覚して

いるのだ．このことは，もうひとつ別の事実でも示すことができる．半分欠けた対象の，欠けている部分を盲の側に提示するようにすると，患者には，依然として対象全体が"見える"のだ．

このような補充の基礎はなんだろうか？ コフカ(1935)は，これをゲシュタルト原理のもうひとつの証拠，すなわち場の力のはたらきを示す例としている．しかし，これはありえないことだ．

少なくともフックスの症例の中の2つ(Fuchs, 1920, pp. 424, 436)では，半盲を生じさせた銃弾による損傷は，一側の17野を破壊していたに違いない．銃弾は，後頭極の中央から頭蓋を貫通している．ただし一側の視放線はほとんど破壊されておらず，またそれと同側の視覚皮質も破壊されていなかったと考えられる．しかし17野は，場の力によってダイナミックな補充が生じると思われる皮質組織である．すなわち，17野以降に伝えられる興奮に対しては，心理物理的同型説 isomorphism はまったくあてはまらない．つまり興奮の伝導は拡散していき，網膜から17野まで維持されている視覚刺激に対するトポロジー的関係は，17野より先では失われる．したがって場の力という考えは，17野のレベルにのみあてはまる．それゆえ，この場合の補充は場の過程の結果ではないということになる．

ラシュリーによって記述された偏頭痛性暗点の症例は，発作中に一側の視覚野が機能しなくなるといった症状を呈する．

しかしラシュリーによれば、この視覚野はまた、中央を注視した場合に完全な対象の知覚を生み出すために干渉パターンが生じるはずの組織である。干渉パターン説によれば(Lashley, 1942a)、注視点のすぐ右におかれた半円の知覚は、左半球の視覚皮質に投射されたその図形によって形成される特有の干渉パターンに依存する、という。そこで完全な円の中央を注視すると、両側の視覚野からそれぞれひとつずつ、2つの干渉パターンが形成されることになる。しかし半盲の場合は、干渉パターンはひとつしか生じない。そうすると半盲の場合、患者にはなぜ完全な円が見えるのだろうか？ "補充"は、損傷を受けていないほかの皮質野で生じることになり、その結果、補充は場の過程ではありえないと結論せざるをえない。

さて次に、場の過程が生じるとされる視覚皮質に関するいくつかの解剖学的特性について考えてみよう。

網膜と視覚皮質(17野)との間には、点対点の対応関係がある(Lashley, 1934; Polyak, 1941)。したがって、視覚刺激が作用している網膜面と、その結果17野で生じる興奮との間には、心理物理的同型が成立していることになる。いま検討している2つの理論とも、たとえば正方形を、ほかと区別のつく全体として知覚されることの説明として、こうした心理物理的同型を仮定している。しかし知覚について、心理物理的同型が説明できる範囲には、明確な限界がある。

図4は、同じ正方形の異なった部分を見た時に生じる皮質

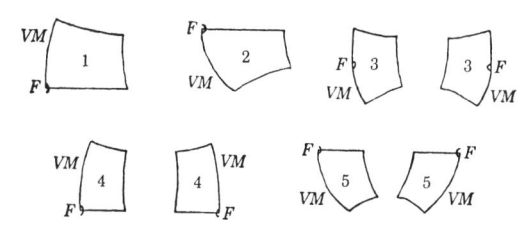

図4 注視点だけが変化した際に,正方形の皮質投射に生じる変化の概略を図解したもの.1:正方形の右上の角を注視した場合.正方形の像は,視野の左下に落ち,右側上方の皮質部位だけに興奮が生じる.2:正方形の右下の角を注視した場合.3:正方形の中心を注視した場合の両側の投射.4:正方形の上辺の中点を注視した場合の両側の投射.5:正方形の底辺の中点を注視した場合の両側の投射.F:注視点の投射.VM:垂直子午線.ポリャーク(1941)のデータ,および視角で$18°20'$の広がり(網膜の"中心領域 central area"の大きさ)をもつ正方形に関するポリャークの図100による.

の興奮パターンを,大まかに示したものである.この図が示すように,興奮のかたちは,著しく変化する.したがって,ほかの四辺形と区別されたものとしての正方形の知覚が,17野における心理物理的同型の興奮のかたちによって決定されると考えることが,いかに困難かがわかる.

(なお,ポリャーク(Polyak, 1941, 図100)に基づいたこの図には,確かにいくつか大きな誤りがある.ポリャークは,網膜と皮質との対応点を詳細に示そうとはしていない.そのために必要なデータは,実際には存在していない.ポリャークの図は,彼の著書の本文ともいくつかの点で異なっているが,本文のほうがおそらく正確と思われる.たとえば図100

は，"中心窩"を"中心領域"の大きさの半分の大きさで示しているが，その本文(pp.230-231)では，大きさの違いがもっと大きいとしている．図4は，本文ではなく，彼の図に従っている．つまりは，ヒトの視覚野は平面として正確には表わせない，ということなのである．)

したがって図4は，おおよそ正しいと言えるにすぎない．しかし，注視点が図形のある部分から別の部分へと移動する時に皮質の興奮のパターンに生じる歪みは，少なくともこの図に示されるように大きいことは確かなようだ．マーシャルとタルボット(1942, p.134)のデータが代わりに使われたなら，そのずれは，もっと大きくなっただろう．さらに，2つの正方形の**大きさの違い**(視角での違い)**は，皮質における興奮のかたちの変化をいっそう大きなものにすると思われる．**ただし，大きさの異なった正方形の場合，17野の興奮の分布からそれらの正方形がもつ共通な識別性を抽出する，ということも考えられるかもしれない．

17野における網膜パターンの再現は，トポロジカルであって，トポグラフィカルではない(対応はしているものの，一対一対応ではない)．したがって注視点がどこにあろうと，識別性が皮質の興奮のかたちによって完全に決定されるとすると，視線方向(見る角度)や観察距離が異なれば，正方形の知覚特性は著しく変化することになるはずである．もちろんこの場合，四辺形としての特徴は保たれてはいる(トポロジカルな再現がそれを可能にする)ものの，比率は同じではな

くなる．すなわち，四辺形の知覚では当然誤りが生じてよいはずだが，実際には誤りは生じない．三角形の知覚でもそうだし，またそのほかの場合でもそうである．ある角度で見た円は，ほかの角度から見ると楕円と混同されるはずだが，そうはならない．この場合，図で示したようなトポグラフィカルな関係の歪みを補正するため，細胞の密度の違いを仮定することもできるかもしれない．しかし，17野に関する組織学的研究では，こうしたその場限りの仮定を支持するような証拠は得られていない．それゆえ，特定のパターンに対する仮定を，ほかのパターンに歪みが生じないようにして，どうすれば立てることができるか，私には名案が浮かばない．

しかし，場理論に対するこのような障害を克服するもうひとつ別の方法が，ケーラーとワラッハ(1944)によって提案されている．彼らは，特異な"飽和 satiation"ないし疲労が，皮質性網膜 cortical retina (視覚皮質において再現される網膜の投射)の解剖学的歪みを修正するという可能性を挙げている．次に，彼らの図形残効理論におけるほかの側面とともに，この提案を考察することにしよう．

図形残効の理論

ケーラーとワラッハ(1944)は，知覚の新しいとらえ方を提案している．それは，ある点ではきわめて魅力的で，しかもまたいくつかの特定の事実を実に巧みに説明している．一方，この理論は，ケーラーとワラッハ自身によって報告されてい

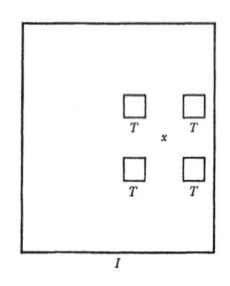

図5 ケーラーとワラッハ(*Proc. Amer. Phil. Soc.*, 1944, 88, p. 280)からの引用. American Philosophical Society および原著者たちの厚意による. 大きな長方形 *I* ("注視図形")が, 被験者に最初に提示される. 次に, この大きな長方形がとり除かれ, 被験者は4つの小さな"テスト図形" *T* を見る.

るいくつかの事実と矛盾する点があるように私には思われる. したがってこの理論も, これまで考察してきた解剖学的な難点を解決しているとは言えない.

ケーラーとワラッハは, ギブソンのいくつかの実験の追試をおこなって, 視覚対象を長時間注視することによって生じる独特の疲労効果について研究した. この実験方法は次の通りである. まず被験者に, 図形が描かれた大きな平面上のひとつの"注視点"を 2, 3 分間, 両眼で注視させる. この注視点は, "注視図形"が網膜の特定部分を刺激するように, あらかじめ実験者によって設定されている. 次に, 注視した後, 被験者に第二の平面を提示するが, この場合も, 第二の平面上の"テスト図形"が網膜の同じ特定部分を刺激するように, 実験者によって注視点が設定されている. 図5では, 注視図形とテスト図形それぞれの網膜投影との関係が理解しやすいように, 両方を重ねて示してある. 注視点は小文字の x, 注視図形(被験者がはじめに注視する図形)は *I* と表記されてい

る大きな長方形,テスト図形はそれぞれ T の記号がついた4つ一組の小さな正方形である.これらの4つの正方形のうち2つは,大きな長方形の輪郭線近くの,疲労ないしは"飽和"がより大きな領域に落ちるように,そしてほかの2つは,そこからは遠くの領域に落ちるように配置されている.これによって,飽和が生じた注視図形の近くに起こる変化を調べることができる.

　注視図形が投影されていた網膜の場所の近くにテスト図形を投影した場合,テスト図形にいくつかの効果が生じるのを観察することができる.これらの効果には,色の効果(褪色),奥行き効果(観察者からの見かけの距離の増大),変位効果(線の方向,位置,大きさの見かけの変化)などがある.そのうちここでは,変位効果をとりあげて考察しよう.まず第一にケーラーとワラッハは,知覚の基礎が17野の皮質における視覚性の興奮によって生じる電流であると主張している.第二に彼らは,興奮の近くにも電流が流れることによって,電流が通過する組織の電気抵抗が増大する,と主張した.この抵抗の増大が飽和であり,こうした電流の通過によって生じた変化が,変位の効果を説明する.これは,次のような仮定,すなわち2つの対象間の知覚された距離は,「対応する皮質上の対象(すなわち17野における興奮)がそれらの図形電流と相互に関連している程度に応じて変化する」(Köhler & Wallach, 1944, p. 334)といった仮定にもとづいている.この場合,この相互作用とは一体どういうものなの

か，またそれはどのように作用するかについては，はっきりしたことは述べていない．しかし相互作用の程度は，2つの興奮した部位間にある組織の抵抗が大きいと，減少するという．そしてこの場合，視野における2つの対応した対象は，より離れて見えることになる．すなわちケーラーとワラッハは，見かけの変位が，17野における興奮部位に生じる実際の変化には依存せず，興奮部位の間の組織における電流の通過に対する抵抗の増大だけに依存する，とはっきり述べている(p.337)．この点に注目しておくことも，また重要である．

　以上の仮定は，ケーラーとワラッハが記述しているいくつかの現象を効率よく説明している．しかしそれ以外の現象は，この理論と矛盾しているように思われる．そこでまず，飽和領域内における図形の大きさの知覚について考えてみよう．これには，テスト図形が注視図形と完全に一致するような特別な場合も含まれる．この理論によると，正方形や円の大きさの知覚は，飽和が増大するにつれて増大することになる．というのは，向かい合った2つの辺の間における電流の通過に対する抵抗が大きくなるにつれて，その間の距離が過大視されるからである．しかし実際には，ケーラーとワラッハはしばしばその逆の事実を報告している．すなわち，正方形や円のようなテスト図形を，直前に見た注視図形の位置とまったく一致した位置に提示した場合には，その見えの大きさは減少する．図5に戻って考えてみよう．長方形の注視図形の

輪郭線近くにある右側の2つのテスト小正方形の間にある興奮領域の組織は，左側の2つの小正方形の間にある興奮領域の組織よりもより飽和しており，したがって右側の2つの小正方形は左側の2つの小正方形よりも相互にいっそう引き離されるはずである．しかし実際は，右側の2つの正方形は，左側の2つの正方形よりも接近して見える．この理論におけるこのような難点は，ケーラーとワラッハによって得られたデータの中では，図1，2，3，4，5，7，10などに見出される．

　こうした問題点を，彼らも認めている．そしてその論文の終わりで(Köhler & Wallach, 1944, pp. 351, 356)簡単な考察をおこない，2つの解決の可能性を示唆している．そのひとつは，見えの大きさが，図形内部の飽和の程度によるとともに，図形をとり巻く大きな領域の飽和が生じることによって影響される，という可能性である(p. 351)．もうひとつは，テスト図形自体による即時的自己飽和が，即時的自己飽和プラス既存の飽和よりも大きな効果をもつ，という可能性である(p. 356)．これらの説明を私が誤りなく理解しているとすると，それらは，先行の議論すべてを弱めてしまう結果になるだろう．それはちょうど，ハルの"上行性神経相互作用"が，彼のそのほかの前提からの推論の明確さを消し去って，自説の土台を崩してしまった(1章 p. 89)のと似ている．当然，即時的自己飽和と周辺領域の飽和という2つの影響は，そのほかの現象が生じる場合にも考慮しなければならない．でない

と，このような仮定は，困難が生じた時だけに使われる仮定となってしまう．このことはもちろん，ケーラーとワラッハ自身が指摘しているように，この理論をもっと細部にわたって練り上げる必要がある，といったことを意味しているにすぎないかもしれない．

次に，皮質性網膜の解剖学的歪みに関連して，多少異なった種類の難点（まえの節で考察したゲシュタルト説の難点）について検討してみよう．

視野内に等間隔で配列された対象は，皮質性網膜では等しい間隔で配列されているわけではない．このような解剖学的事実をあつかうのに，ケーラーとワラッハは，周辺部の皮質性網膜における持続的な飽和が皮質中心窩 cortical fovea におけるよりも大きい，といった基本的な仮定を立てている．したがってこの仮定によれば，図4に図示したような解剖学的歪みは，機能的に補正されることになる．すなわち，周辺部の飽和がより大きいことは，次のようにして生じると考えられる．網膜では等間隔で配列されている輪郭線は，17野では等間隔で並んでいない可能性がある．というのは，網膜周辺部では皮質における再現がより小さいからである．それゆえ，視野内すなわち網膜で，輪郭線が等しく分布していても，皮質性網膜の周辺部分では輪郭線が1か所にまとまり，皮質黄斑部では広がっている，という結果になるだろう．したがってこの主張によると，密な間隔で並んでいる輪郭線は，周辺視ではより高いレベルの飽和が生じることになる．そし

てこのことが,周辺視におけるある一定の視角は中心視における同じ視角よりも皮質上の距離がずっと短く再現されるといった事実を,補償することになると思われる(Köhler & Wallach, 1944, p. 345).したがって皮質上の距離がより短くても,抵抗もまた高くなるので,知覚される距離は同じに保たれる,というわけである.

しかしこうした見解は,基本的な事実をまったく無視している.視力は,中心視のほうが周辺視よりもはるかによい.したがって,皮質性網膜の中心は,1センチあたり,より少数の興奮部位しか存在しないと仮定する根拠はまったくない.またケーラーとワラッハの主張は基本的に,視野中のすべての輪郭線が周辺部でも閾値を越えているということを前提としている.この前提を受け入れれば,彼らの主張は成立することになるが,この前提は,実際には成り立たない.というのは,多くの輪郭線は中心視では閾上であっても,周辺視では閾下となるからである.周辺部における閾下のこれらの輪郭線は,末梢も中枢も含んだ視覚系全体に対して閾上の輪郭線から発生する広い間隔で配列された中心視における興奮間の間隙を,埋め合わせることになる,と言えるかもしれない.しかし,視野周辺部で閾下の輪郭線が生起する頻度が,視覚皮質の黄斑部においてそのほかの輪郭線が並んでいる広い間隔を正確に補正しているといったことを確信させるだけの証拠は,まったく存在していない.一方,視力の差は,視角の度数あたりの,皮質のセンチ(長さ)の比率と密接に関係して

いるとされている(Marshall & Talbot, 1942). それゆえ, われわれがもっている証拠にもとづけば, 上に述べたような理屈になるはずである.

したがって図形残効理論は, 視覚皮質の解剖学的構造に見られるゲシュタルト説の難点を免れてはいない.

結　語

この章と前の章において, 場理論と等能説とについて到達した結論は, 次のように要約できるだろう. ゲシュタルト説では, 注意や態度をあつかう方法をまったく見出すことができなかった. そこでまず最初に, 以上の2つの理論の検討をおこなったわけである. しかし, 注意や態度をあつかえないということは, 依然として重大な弱点であることに変わりない. したがってそれだけの理由でも, 知覚に対するほかのアプローチを探ることが当然のように思われる. しかしもう少し綿密に吟味してみると, ゲシュタルト説は, 知覚そのもののあつかいにも欠陥があることが明らかになる. しかも, その欠陥のいくつかは深刻だ. ただし最終的に, ゲシュタルト説を完全に退けることはできそうもない. というのは, いままでに提起してきた反論のそれぞれに適切な答えが見つかるかもしれないし, 次の2つの章で提案する代替の理論もそれなりの難点と弱点をもっているからである. このようにゲシュタルト説以外の理論の弱点を強調せざるをえなくしているのは, 事実, 知覚に関する私の理論化にも, いくつかの点で

疑わしいところがあるためである．たとえば，8章で述べる動機づけに関するいささか漠然とした議論も，ハルの理論がそれほど的確なものではない点を示そうとすることでどうにか支えられている，と言ってよい．

ゲシュタルト説の基本的難点は，大まかに言うと，経験的要因の余地をほとんど残していない，ということである．そのため，学習（とくに知覚学習）がどのように生じるか，そしてまた自律性中枢過程がどのように存在し，またどのように行動に影響するか，ということを理解するのを難しくしている．一方，（条件反射とは区別されるものとしての）連合説は，ゲシュタルト説と結合説の両方の理論がもついくつかの明白な価値を生かすような，中間的立場をとることが可能かもしれない．

心理学が一人前になった時には，過去の論議においてしばしばとられたような過激な立場を，できれば避けるのが賢明だろう．したがって，ゲシュタルト説をとる研究者（ラシュリーやトールマン（Tolman）など）の本来の主張の大部分はすでに受け入れられており，現在の理論に十分利用されているということをここで指摘しておこう．さらにまた，次の2つの章で提示する理論は，学習や記憶の問題とともに形の知覚と注意や構えの問題をあつかえるように初めから明確に計画されているが，ゲシュタルト説の支持者も，最近では，学習理論家によって強調されている学習や記憶の問題とともに，注意や構えの問題の存在をもっとも強く主張している．した

がって,ここでの議論は,少なくとも,学習説に劣らずゲシュタルト説にもその基礎を置いているのである.

　学習説とゲシュタルト説との間でおこなわれている最近の論争は,それらの理論がまったく相反するものだという前提に立つかぎり理解することができない.むしろそれは,政府の政策で左派と右派との間で長いこと繰り広げられている論戦のようなものとみなすべきである.つまり,左派は,現在の理論が不適切であることをたえず強調し,実験者の概念的武装を拡大させて理論を練り上げようと努める.一方,右派はつねに,アニミズムへの扉を開くような変革に気安く乗ってしまう危険性,証明可能な証拠とわかりやすい定義の重要性,そして現在の考えを不十分なものとして拒否する以前に徹底した検討の必要性を強調する.しかし,この論争でも,政策論争と同じように長い時間が経過すると,右派(現代の心理学では学習説)は,左派(現在のゲシュタルト説)によって元来提唱されてきた考えが,相応の年月が経ってもすたれないことがわかり,再三それを採用するようになる.したがって現代の学習説は,"洗練された"ものになっている.つまりそれは,古典的な上行性-下行性活動などと同じく,勾配,般化,上行性神経相互作用といった概念など,かつては忌み嫌われていた概念を自由に用いるようになっている.明らかに,心理学の発展には,左派と右派の両陣営が必要だ.しかしゲシュタルト主義者は,反対派によっておこなわれている理論の体系化と厳密性への探求の価値を忘れがちであり,

一方,学習理論家も,自分たちの用いているいくつかの概念が本来どこから由来したものかを忘れていることが多い.

4章　知覚の初期段階——集成体の成長

　この章と次の章では，(1)知覚の般化，(2)学習の永続性，(3)注意，決定傾向などをどのように関係づけることができるかを示すために，神経活動に関する理論図式を展開しよう．まず最初に提案したいのは，特定の受容器が反復して刺激されると，徐々に連合野における細胞群によって"集成体"が形成されるようになり，刺激の提示が終わったあとでもひとつの閉鎖系 closed system として短時間活動できるようになる，という点である．これによって刺激作用の時間が延長され，その間に学習による構造的変化が生じて，表象的な過程（イメージまたは観念）のもっとも単純な構成要素が形成されるようになる．次の章では，細胞集成体の間の相互関係をあつかうが，これらは，中枢過程（注意，態度，思考など）における時系列的な機構化（体制化）の基礎となる．これら2つの章（4章と5章）は，あとの章で行動の問題に取り組むための概念的な道具の役割をはたす．

　この神経活動に関する理論構築の第一歩は，記憶を持続させるような構造上の変化について，ひとつの大胆な仮定を導入することである．その仮定は，これまでも繰り返しいろいろな仕方で提出されてきたが，そのつど学習理論によって不十分なものとして批判を浴びてきた．にもかかわらず私は，

それが依然として必要不可欠な仮定だと考えている．そこで私としては，解剖学的知見や生理学的知見を加えることで，それが従来のものよりもはるかに堅固で，実り多いものになっていることを，ぜひとも示す必要がある．

その仮定とは，要約すると，シナプスの活動にともなって生じる成長過程がシナプスの通過をいっそう容易にする，というものである．しかし，このシナプス抵抗に関する仮定は，以前のものと比べると，以下の点で異なっている．それは，(1)個々の細胞の間の構造的な結合という仮定がとられてはいるが，ひとつひとつの細胞は伝達活動の効果的な単位ではないこと，そしてそのような構造的結合こそが伝達活動の方向を決める唯一の要因になること，(2)成熟した動物では，感覚-運動間の直接的な結合がこのような仕方で形成されているとは考えられないこと，そして(3)シナプスにおける反響性活動 reverberatory action と構造的変化との間に緊密な関係——二重痕跡メカニズム dual trace mechanism の存在を意味するような関係——が仮定されている，という点である．

二重痕跡メカニズムの可能性

ロレンテ・デ・ノーは，ひとつの細胞は2つ以上の上行性線維群が同時に活動することによってのみ発火が引き起こされる，そして介在する線維群は閉じた(おそらく自己興奮性の)回路を作るように配列されている，としている．ヒルガ

ードとマーキス(1940)は,この結論をもとにして,どうすれば反響性の,および一過性の痕跡メカニズムを提唱することが可能かを示している.彼らの図解は,反響回路がどのようにして,受容器細胞と条件反応を遂行する効果器との間の結合を作り上げるかを示すように描かれている.もちろん,そのような極度に単純化された仮説に対しては,それと相反するような心理学的証拠が多数存在してはいるが,ヒルガードとマーキスはそれらの証拠には重きをおいていない.と同時に,その仮説がある種の神経学的な知見にもとづく,たんなる可能性のある推論というよりも,むしろ一種の必然的な推論であるということを知ることが重要である.解剖学的ならびに生理学的な観察によって,感覚事象の反響性の残効の可能性が確証されれば,それに応じて,そのような過程が刺激の一過性の"記憶"の生理学的基礎となる,ということが確認されることになる.したがって,なんらかの構造的な変化とは独立した,完全な神経活動のパターンの作用としての記憶痕跡というものが,存在すると考えてよいだろう.

ヒルガードとマーキスはさらに続けて,そのような痕跡は,きわめて不安定なものだということを指摘している.反響性の活動は,それが生起する回路内の細胞群における不応状態 refractory state を生じやすくするだろう.一方,外的事象は不応状態を容易に中断することができるはずである.われわれはすでに(1章で),"活動"の痕跡によっては,初期学習の

永続性をうまく説明することができないということを見たが，同時に，反響性活動がほかのさまざまな現象を説明するとみなすこともできるだろう．

　瞬時に確立され，即時に消え去る束の間(つか)の記憶というものがある．たとえば，数の復唱に際して，ひとつの系列が次の系列におよぼすなんらかの干渉を防ぐには，数秒の間隔をおくだけで十分だ．一方，瞬時に確立され，しかも永続的な記憶もまた存在する．永続性を説明するためには，なんらかの構造的変化を考えることが必要になると思われるが，構造の成長にはおそらくかなりの時間がかかるだろう．かりに反響的な痕跡が構造的な変化と重なり合って，**その成長変化がなし遂げられるまでの記憶を維持している**ということを仮定するなんらかの方法を見つけることができれば，あらゆる記憶を反響的痕跡に帰すことなしに，活動だけの痕跡というものの理論的価値を認めることができるはずである．もしまた，なんらかの，より永続的な構造的変化がそれを強化するという仮定を立てることができるならば，一過性の，不安定な反響的痕跡という考えは有用なものとなる．2つの考えのいずれかを選択しなければならないとする理由はどこにもない．おそらく2つの種類の痕跡というものが存在するのだろう．そして記憶は，これら両者に依存しているのだ．

神経生理学的仮定

そこで，反響性活動(すなわち"痕跡")の持続ないし反復は，その活動の安定性を増すような永続的な細胞の変化を引き起こす傾向がある，という仮定を立てることにしよう．正確を期すなら，その仮定[*1]は以下のように述べることができる．すなわち，細胞 A の軸索が細胞 B の興奮を引き起こすのに十分なほど近接して存在し，その発火活動に，反復してまたは持続して関与する場合には，一方の，あるいは双方の細胞になんらかの成長過程や代謝的な変化が生じ，細胞 B を発火させる細胞群のひとつとして，細胞 A の効率が増大する．

ひとつの細胞が，別の細胞の発火活動の可能性をいっそう増大させる仕方に関して，もっとも有望に思えるのは，シナプス小頭部 synaptic knob が成長して，上行性の軸索と下行性の細胞体 soma との間の接触領域を広げる，といった考えである．("細胞体"とは樹状突起と細胞本体，あるいは軸索を除く細胞全体を指す．)もちろん現在のところ，これを支持する直接の証拠はないが，仮定された変化は，もし存在するとすれば，細胞のリズミカルな活動 cellular rhythmicity とその活動の閾値に影響をおよぼすような，代謝

[*1] この点に関するいっそう掘り下げた考察，ならびに記憶の本性に関して立てられた仮定の精緻化については，9 章 pp. 104-105 を参照のこと．

に関連した変化かもしれない．あるいは，代謝と構造との変化で，限定的な意味での神経刺激走性 neurobiotaxis（訳註 4-1）を含むとも考えられる．しかし，シナプス小頭部の成長という考えを妥当だとするいくつかの議論がある．上述の仮定は，以下のように述べるなら，もっと明確なものになるはずである．

　第一の細胞が第二の細胞の発火活動を反復して助ける時には，**第一の細胞の軸索は，第二の細胞の細胞体と接触するシナプス小頭部の成長を促す**（あるいは，もしそれらがすでに存在していれば，それらを拡大させる）．これこそが，反響性活動の持続効果のもっとも可能性の高いメカニズムであるように私には思える．ただし，これ以降は，より一般的な形で述べられた命題——上で太字で示した——だけにもとづいて議論を進める．

　別の論点もはっきりさせておくことが重要だろう．上述の命題は，離れたところからの活動を必要とするものではないから，神経刺激走性が軸索と樹状突起の増殖をどう調整しているかに関するカッパーズら（Kappers, Huber & Crosby, 1936）の考えとは，間違いなく別物である．しかし私の仮定は，カッパーズらの考えと明らかに関連があり，それらとはまったく相容れないというわけではない．神経刺激走性の理論は，これまでに手ひどく批判されてきたし，それがかつて考えられていたような万能の説でないことも明白である．しかし，神経刺激走性は，依然として神経細胞群によって形成

される結合を規定するひとつの要因であるように思われる．もしそうなら，それは上で仮定した小頭部の形成ときわめてうまく協調することになるだろう．これまでの批判は，神経刺激走性が軸索の成長の全過程を通じてその成長を支配し，その過程があらゆる神経結合をすべて説明してくれる，といった見解に向けられてきた．その考えは，とりわけワイス(1941*b*)とスペリー(Sperry, 1943)らの研究に照らしてみれば，到底受け入れられるものではない．

しかし，この批判のどこをとってみても，神経刺激走性が神経の成長になんの影響ももっていない，ということを示してはいない．その作用は1センチ程度の範囲内では依然として妥当だ．たとえば，図6(Lorente de Nó, 1938*a*)を見ると，細胞 *C* の線維2にある多数のシナプス小頭部は，少し離れたところにある細胞を通るひとつの線維から成長したもので，これは，この2つの細胞の同時的興奮が反復して起こったことによって生じたものと思われる．また，細胞 *D* の近くにある線維7がたどるコースには，その線維のもともとのコースからはずれたものが含まれているが，それは同じようにして生じたと考えられるだろう．

このような組織学的な推測の細部は，それほど重要というわけではない．むしろ重要なのは，シナプスで生じる変化のうち，実際に生じるのはどれかを示すこと，そしてこの章で考察の対象となっている学習のメカニズムが神経細胞に関する既知の事実とまったく無縁のものではないということを示

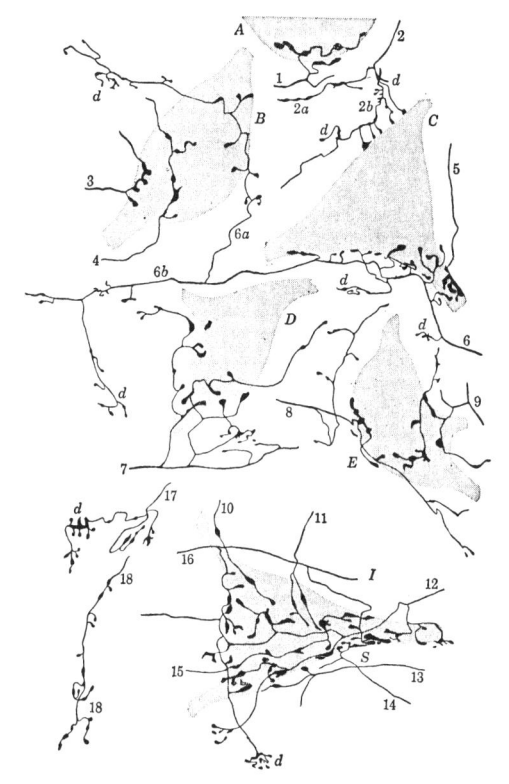

図 6 シナプス小頭部と細胞体との関係.ロレンテ・デ・ノー (1938a) より転載.Charles C. Thomas 出版社と原著者の厚意による.

すことである．学習を構成する促通の変化が，その理論のほかの部分に影響を与えることなく，別の仕方で生じることもあるかもしれない．これをもっと明確にするため，私はシナプス小頭部の成長こそ，神経刺激走性の有無に関わりなく，ひとつの細胞から別の細胞への促通の変化の基礎をなす，といった仮定をとることにした．これは，まったくの絵空事というわけではない．アルヴァニタキ(Arvanitaki, 1942)は，ひとつの細胞内で喚起された興奮が，別の細胞へ伝達されるためには近接 contiguity という条件さえあればよい，ということをすでに明らかにしている．また，アルヴァニタキの論評によれば，同様のことを示唆するもっと以前の実験結果もあるという．それにもましておそらくもっと重要なのは，1ミリ以上にわたって神経をブロックする人工"シナプス"を超えてインパルスが伝達される，ということを示したアーランガー(Erlanger, 1939)の結果である(訳註 4-2)．したがって，損傷のない神経系では，第二の細胞の樹状突起もしくは細胞体のすぐ近くを通る軸索は，第二の細胞がまた同じ場所でほかの刺激を受けている場合には，その第二の細胞の発火活動を**助ける**ことが可能となるだろう．時をほぼ同じくしてそのような興奮が一致して起こる可能性については，いまは考察せず，後で述べることにしよう．興奮が一致して生じ，活動している線維がたんにほかの細胞の細胞体の近くにあるというだけでその細胞の局所的な興奮を増加させるという場合，次のことが仮定される．すなわち，その合算された活動は，そ

の線維を肥大させる——シナプス小頭部を形成する——傾向をもつという仮定，ないしはすでに存在している小頭部をいっそう肥大化するという仮定である．

ロレンテ・デ・ノー(1938a)が明らかにしたように，シナプス小頭部は通常，末端組織 terminal structure ではなく(それゆえ"終末板 end foot"とか"終末ボタン end button"と呼ぶのは誤解のもとだ)，また必ずしも柄 stalk によって軸索または軸索側枝 axon collateral から切り離されているわけではない．もし切り離されているとすると，上に述べたような結合が学習に際して形成される時には，一定の距離をおいたなんらかの作用を想定せざるをえなくなる．というよりも小頭部は，軸索の無髄部の，末端に近いところにある不揃いな肥大した部分であることが多く，そこでは小頭部が樹状突起と細胞体とが入り混じった茂みを縫うように通り抜けている．軸索のどの点で肥大化が生じるかは，その細胞自体の構造によるのではなく，細胞の外のなんらかの要因，すなわち第二の細胞の存在と関係があるように思われる．また，第一の細胞が第二の細胞に接することによって作られる小頭部の数と大きさも，一様ではない．これらの事実に照らし合わせると，確立される接触の程度は，2つの細胞の近接という条件が与えられれば，共同の細胞活動の関数であると考えてもおかしくない．

また，かりにひとつのシナプスに複数の上行性細胞の活動だけが影響を与えているとすると，ひとつの上行性細胞の接

触領域が大きいほど,その細胞の活動が,シナプス結合しているほかの細胞の発火に**決定的**な力をもつ可能性をますます強めるはずだ[*2].したがって,通常は4つ以上の上行性線維がないと発火できないのに,小頭部と十分な接触があれば,3つの上行性線維によって次の細胞を発火させることができるようになるし,また小頭部のない場合に比べて,より素早く発火させることができるようになる.

要約すると,シナプス小頭部は神経活動にともなって成長し,シナプスでの抵抗の低下をもたらすと仮定してよさそうである.それは,小頭部が学習の過程で出現するという意味を含んではいるが,このことは上の仮定を検証する手段を与

[*2] 明確にしておくべきことがひとつある.ロレンテ・デ・ノーによれば,ひとつの細胞だけでは効果がなくても,2つの上行性細胞は,両方の活動が加重されるに十分なくらいに下行性細胞との接触が密であるというそれだけの理由で,シナプスで効果を発揮する,とされている.両方が活動状態にある場合には,それらは下行性の細胞体における**局所的**な混乱の領域をいっそう広げることになる.したがって,ある一群のシナプス小頭部が大きくなればなるほど,それらが配置されている細胞を活性化するシナプス小頭部の数は少なくてすむ.時には,1個の上行性細胞だけでも興奮の伝達が有効におこなわれるに違いない.この点を指摘しておくこともまた重要だ.というのは,シナプスを活動させるには,2つ以上の細胞の活動が必要であると強調したことに,なにか謎めいたものがあるように読者に受けとられてしまうおそれがあるからである.これまでに実際に示してきたことは,状況しだいでは,2つ以上の上行性細胞が必要だという点にある.しかしこのことは,同時に活動している上行性細胞の数が増加すれば,シナプスを通過する効率も高まるに違いないという意味も必然的に含んでいる.

えてくれるわけではない．乳児と成人の脳におけるシナプス小頭部の相対的な頻数については，適切な証拠はまったく存在していないように思われる．その仮定は，新生児にはシナプス小頭部がひとつも存在しないということを意味しているわけではない．ここでいう学習は，きわめて一般的な意味での学習を指している．それは，出生のはるか以前から始まっているのに違いない(たとえば6章原註＊4参照)．

17野からの伝導

シナプス伝導の構造的な強化というこの考えを視知覚に適用するには，なによりも，視覚皮質の17野から18野，19野，さらに20野への伝導の特性について，すでにどれだけのことがわかっているかを検討してみる必要がある．(ここでは，ラシュリーとクラーク(1946)による細胞構築学的な理論についての批判を考慮して，ブロードマン(Brodmann)の領野を，機能的な実体であるとか組織学的につねに区別できるものだとかとは考えずに，相対的な皮質の部位を便宜的に示すものだと言っておくことにしよう．)

17野では網膜の活動がトポロジカルに再現されているが，17野から18野への伝導は，拡散的であるということがすでに明らかにされている．フォン・ボーニン，ギャロルとマカロック(von Bonin, Garol & McCulloch, 1942)は，17野での局所的な興奮が18野の大部分，すなわち17野の縁に沿う帯状領域に伝導されることを見出している．17野と18野との間

に，点対点の対応関係は存在しない．18野からの興奮は，17野の中のもっとも近くにある境界領域へとフィードバックされるとともに，18野自体のすべての部分へと，そして反対側の半球にある18野，さらに（18野の前方部にある）19野および（側頭葉下部に位置する）20野のすべての部分へと伝えられる．

17野からの興奮伝導の広がり方は，図7に例示されている．17野の同じ部位にあるいくつかの細胞は，18野の別々の点に興奮を伝える．このように刺激された18野の細胞群は，また同様に，18野それ自体の中で広く散在しているほかの細胞群に興奮を伝えるとともに，同側の19，20野のいずれの部位にも，さらにもうひとつのシナプスを介して，反対側の半球の19，20野のいずれの部位にも興奮を伝えるのである．逆に，**17野や18野で別々の部位にある細胞群が，19野や20野では同一の部位と連結することもあるかもしれない**．

このように，興奮は拡散するだけではなく，収斂(しゅうれん)もする．図7に示してある第二の要点は，17野からの線維の収斂によって，18野内には選択的な活動が生じるという点である．この図7では，FとGは，ともに17野内にあるかなり広い領域を結びつける役割をはたしている18野の2つの細胞を表わしている．ただし，FはたまたまAとB（17野における別々の領域）の両方からの興奮を受けとる細胞である．17野の興奮がAとBの両者を含むような場合には，FはGより

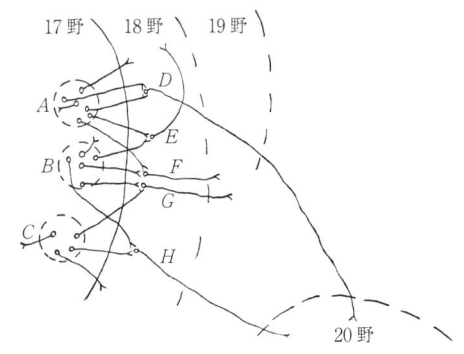

図7 ブロードマンの17野の細胞が18野の細胞に収斂し，さらにこれらの細胞群がほかの領野に達している状態を示す．*A*, *B*, *C* は，17野の大まかに区別された3つの部位．*D*, *E*, *F*, *G*, *H* は18野にある細胞を示している．本文参照．

もはるかに発火活動が生じやすくなる．図7には示されていないが，皮質のどの部分にも，短い閉じた多重の連鎖 chains が見られ，その連鎖の促進作用によって，*B* からの単一線維が *G* の発火活動を促すということも可能になると考えられる．さらにまた，同じような多重連鎖による局所的で集中的な発火活動 bombardment は，*F* が発火するのを助けるだろう．また，17野の2つの線維から興奮を同時に受けとるような細胞があれば，その細胞は，ひとつの線維だけからの興奮を受けとるよりも発火しやすくなるだろう．

他方，(*A* と *B* の代わりに) *B* と *C* が同時に興奮する時には，*G* は *F* よりも発火しやすくなるだろう．17野における

特定領域が活動すると,そことは別の17野の領域が活動しても発火する傾向にない18野の特定の細胞を,興奮しやすくするということもあるかもしれない.わかっている範囲では,これらの18野の特定細胞は拡散して配列されているようである.それらは,通常互いにある程度離れていて,同じ上行性の刺激作用によっては発火しないような,ほかの細胞群とつねに混じり合っていると思われる.しかし,それらの構造的結合が持続しているために,17野で同一発火活動が再発する時にはつねに同じ組み合せで,選択的に興奮を起こす傾向があるだろう.もちろん,これは19野と20野についてもあてはまる.18野の単一の点は,19野と20野全体にわたる多くの点に発火活動を生じさせる.それゆえ,18野の大多数の細胞のどれかが興奮すると,その興奮は,19野と20野に収斂を生じさせるということになる.それがどのくらいの頻度で起こるかは確率的な問題だが,その点についてはあとの節で触れることにしよう.

したがって17野以降の部位で,2つの異なった視覚刺激によって活性化している組織は,(1)大まかには同一だが,(2)組織学的には別個のもの,ということになるはずである.刺激パターンの違いは,知覚を媒介している脳の部位に大きな差を生じさせることにはならないだろう(視覚皮質の17野とそれに至るまでの上行性の構造は除く).完全に一側に生じた活動でさえも,18野,19野,20野にわたって脳の一側だけでなく,両側に拡散性の効果をもつと思われる.と同時

に，刺激作用の部位またはパターンの違いは，これらの領野において，一貫した発火活動ないしは最大の発火活動を起こす特定の細胞群が，異なっているということを意味すると考えられる．

知覚的統合の方式——細胞集成体

まえの章では，知覚には，17野で起こっていることに帰すことのできないような重要な特性があること，そしてそれらの特性は，とりわけ学習に依存していると思われることが明らかになった．"識別性"が17野で起こっていることに帰すことができないという事実は，網膜の興奮が皮質へと投射される際に生じる歪みによってはっきりと示唆される．半盲の知覚的補充現象という事実も考慮に入れると，この結論はもはや逃れられないように思われる．知覚というのは，17野以外のほかの組織に依存しているに違いない．

だがいまや，18野とそれ以降の領野のレベルでは，視覚過程におけるトポグラフィカルな機構がすべて消失する，ということがわかっている．残っている状態と言えば，細胞群の不規則な配列における活動だけであり，それらの細胞群は，その時の知覚とは無関係なほかの細胞群と絡み合っている．一方，単純な対象の知覚は，統一のとれた，明確で，よく体制化された過程であることがわかっている．解剖学的にはこのように機構化の欠けた細胞群の中に，活動の統合の基礎となるようなものを見出すことができるだろうか？

この疑問に対する答えは，学習において生じると仮定されるシナプスの構造的変化といった考えによって与えられる．とは言え，それに答えるのは簡単ではない．知覚的統合は直ちになしとげられるわけではなく，ゆっくりと進む発達の結果，なしとげられる．そして説明の目的から言えば，そうした統合には，少なくともいくつかの，明確に区分できる段階が含まれる．ここでは，その中の第一の段階をとり上げることにしよう．

この一般的な考え方は，それほど新しいものではない．すなわち，なんらかの2つの細胞または細胞群の2つのシステムが反復して同時に活動すると，それらは"連合"するようになり，その結果，一方の活動が他方の活動を促進する，という考えである．以下で述べる詳細な理論的考察は，この古い考え方と，シナプスの"抵抗 resistance"の低減という同じく古くからある考え方とを，それらを生み出した神経生理学とは別種の神経生理学の視点に立って，ふたたび機能させるにはどうすればよいかを示そうとするものである．（この場合おそらく，次の点に留意しておいたほうがよい．すなわち，これまでは，ひとつの細胞が別の細胞と"連合"すると言っても，伝達のレベルや順序がより高次の興奮を促すように別の細胞と連合するといった特殊な場合に限って，上の2つの考えを結びつけて考えることがきわめて多かった．一方，私が提唱しようとしていることは，同じレベルの2つの上行性線維の連合——原則として，感覚-感覚性連合 sensory-senso-

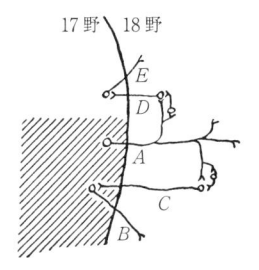

図8 細胞AとBとは、上行性の刺激作用によって広範囲にわたって興奮している17野の領域(斜線で示されている)に位置している。Cは17野に逆に戻ってくる18野内の細胞である。Eは17野内にあるが、活動領域の外にある。本文参照。

ry association*3 と、それに加えて条件づけ理論の線形的連合——のおそらく基礎になると思われる。)

図8に例示してある細胞A, B, Cは、私のこの考えをもっとも簡潔に示している。AとBという視覚野の細胞は同時に活動しているとする。もちろん、細胞Aは18野における多くの細胞とシナプス結合していて、Cは17野に向かって逆に伸びているような細胞だと仮定しよう。Cのような細胞は、18野のある点にストリキニン(訳註4-3)を作用させると、17野に局所的なくさび形の領域の発火活動を生じさせるよ

---

*3 しかし、一部の研究者は"S-S"(感覚-感覚性)連合が学習の過程で形成されると主張し続けており、その事実を立証すると思われる実験的証拠をあげている点を見逃すべきではない。たとえば、ブログデン(Brogden)の論文(*J. Exp. Psychol.*, 1947, *37*, 527-539)とその中で引用されているそれ以前のいくつかの論文を参照のこと。

うな細胞だと考えられる (von Bonin, Garol & McCulloch, 1942). C が伸びている 17 野の領域内にある細胞群は, A を発火させるのと同じ広範囲の感覚性興奮によって発火状態になる. また C は, 同じく発火活動を 18 野に伝えているなんらかの細胞 B とおそらく接触しているか, もしくは軸索の短絡によって 1 段階を省略して, B と連絡しているのだろう. 17 野において, 同様な広範囲にわたる興奮が反復して起こると, 同じような発火関係が繰り返されて, 先に立てた仮定によれば, 成長による変化がシナプス AC と CB で生じることになる. これは, A と B という同じレベルの 2 つの上行性ニューロンがもはや相互に無関係に活動するようなことはなくなる, ということを意味している.

と同時に, 図 8 に図解されている刺激条件では, 細胞 A はまた, (直接, あるいは短い閉回路を経由して) 18 野にある細胞 D——すなわち 17 野の非興奮部へと逆向きに伸びており, かつ 17 野では A と B と同レベルの別の細胞 E とシナプス結合している細胞——とシナプス結合することもあるかもしれない. しかし, 上行性の集中的な興奮にさらされている CB とは違って, シナプス DE は, 興奮が通過することはなさそうである. 17 野内の特定の興奮が頻繁に繰り返されると, A と B における活動の機能的な関係は, A の E に対する関係よりもはるかに増大することになると考えられる.

17 野の広範囲の活動によって同時に喚起される 18 野, 19 野, 20 野の膨大な数の個々の細胞の活動に対しても, 同様

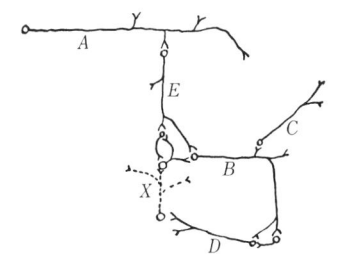

図9 A, B, C は18野の細胞を表わす．それらは17野の特定の活動パターンから導かれている収斂した線維によって興奮する．D, E, X は，A, B, C が連絡している多数の細胞群の中で，A, B, C の活動の統合をおこなっていると思われる細胞である．本文参照．

の考えを適用することができる．ただここでは，神経元検査法 neuronography（訳註4-3）によって得られた証拠によると，数ミリメートルの範囲内で，あらゆる点がほかのあらゆる点と解剖学的なつながりをもっていて，それらの細胞の配列には規則性がない，ということを見逃してはならない．

図9は，何度も繰り返される特定の視覚刺激作用によって（たとえば，一定の距離にある環境内のある点を注視することによって），18野内で実際に発火している3つの細胞 A, B, C を図示したものである．D, E, および X は，そのような細胞の間に見出される結合を表わしている．その結合は直接の結合もあれば，介在する連結 intervening link をもつ結合もある．もし，これらの細胞の発火における時間関係が適切だと仮定するなら，A における活動は E の発火を助けるだろ

う．そして，Bにおける活動はCとDの発火の一因となるだろう．AE，BC，BDなどのシナプスでの成長変化は，統合の始まりであり，ニューロンのそれぞれの対における協調的な活動を引き起こす確率を高めることになる．

シナプスにおける成長という仮定のもつ基本的な意味は，これが下行性細胞による活動のタイミングに効果をおよぼすという点にある．接触領域が増えるということは，下行性細胞の発火活動が上行性細胞の誘導に従いやすくなる，という意味をもつ．したがってn次の線維は，$n+1$次の線維に対する制御を増すこととなり，$n+1$次の細胞の発火をさらに予測可能なものにするか，あるいは決定的なものにする．ただし，その制御は絶対的ではなく，"選択的 optional"である（Lorente de Nó, 1939）．そしてその制御は，そのシステム内でのほかの事象にも依存している．しかし，この場合には，17野における広範囲の興奮は，1回の注視という短時間内にそのシステム内のすみずみまで一定の状態にする傾向があるように思われる．そして，ここで基本的な仮定としているシナプスの変化は，この定常状態の程度を増大させることになるだろう．Aは，Eに対してさらに大きな制御力を獲得し，Eは視覚刺激が反復されるたびに，Bが発火しているのと同じ時点でいっそう一貫した発火活動をすることになるだろう（Bは，まえに述べたように，17野の活動によって直接制御されている）．それによって，シナプスの変化EBという結果が生じると思われる．同様に，BはDに対するいっそう

大きな制御力を獲得するだろう．そして，D のような細胞が，X を介して B とふたたび連絡するようなことが起こる時にはいつでも，閉じたサイクル($BDXB$)が形成されることになる．

 しかし，そのような簡単な閉回路が生じるためには，同時生起という条件が必要だとしてその重要性を強調しすぎると，誤解を招くおそれがある．組み立てられ，"集められた as-sembled"この種の構造を表わすのにもっとも適したアナロジーとしては，リングや輪の代わりに，規則性のない構造でどの交点からもほかのどの交点へも連絡が可能な，閉じた立体的なカゴ細工，すなわち 3 次元の格子を例としてあげるのがよいだろう．さらにはっきりさせておきたいのは，**18 野あるいは 20 野の細胞群のそうしたひとつの集成体 assembly が 17 野での特定の興奮に対して示す特異性は，収斂(収束化)に依存している**，という点である．直接にせよ間接にせよ，17 野での特定の興奮によって制御されている 2 つの細胞が別の細胞に収斂する場合(図 9 の E と X とが B に収斂しているように)はいつでも，いま述べた理論的な図式化の本質的条件が満たされている．収斂する 2 つの細胞は，相互になんらかの簡単な解剖学的あるいは生理学的な関係をもっている必要はない．しかし，生理学的な統合が，相互に独立した閉じた連鎖 closed chain から成り立っているとは考えにくいように思われる．

 このことは重要な帰結を導くことになる．短い閉回路内の活動は速やかに消えてしまうに違いない．それが 0.01 秒も

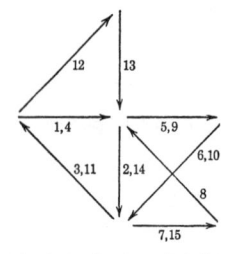

図10 矢印は，神経伝導路の簡単な"集成体"，あるいはそれぞれにつけた番号の順に発火する（たとえば，伝導路(1,4)は1番目と4番目に発火する）開放性の多重連鎖を表わしている．このように，簡単な閉回路における反響のように，容易に消失することがないような"交替性の"反響が存在しうる．

持続するというようなことはまずありえないという事実を，ロレンテ・デ・ノー(1938b)は力説している．これに対して，もっと長い間反響することができるような多数の連結リンクからなる連鎖が，どのようにしてひとつの機能的な単位として形成されるのかを考えるのは容易ではない．だが，ここで図10を見てみよう．これは別の種類の可能性を図解したものである．矢印で示してあるのは，ニューロンではなく，多重の伝導路である．これによって，どれほど複雑なものでも必要に応じて書き表わすことができる．すなわち，それぞれの矢印は，機能的な単位を表わしている．これらの機能的単位は，1, 2, 3, ……, 15の順に発火するものとする．(1, 4)というラベルのついた伝導路の発火順は1番目と4番目，(2, 14)は2番目と14番目，といった具合になる．1-2-3-4とい

う活動は，比較的単純な閉回路である．ここまできたところで，次の単位(2, 14)は，不応状態になるかもしれない．そしてそれがこの簡単な回路における反響を消してしまう効果をもつだろう．だが，この点ではまた別の伝導路(5, 9)が興奮して，図10の番号によって示されているような仕方で持続する，もっと大きなシステム内の活動を生じさせるかもしれない．連合野における知覚的統合の解剖学的基礎となる不規則な3次元の網状構造は，図示できるよりもはるかに複雑で，図9で示されているような多様な並行する(あるいは交替可能な)単位を多数備えていると考えられる．もしそうだとすれば，同じ大きな領域内のほかの細胞群の背景活動に変化がないかぎり，その構造内では際限のない反響性活動が続くというようなことも起こりうる．もちろん，そのような活動は，とりわけ注視の変化がともなう以上，同じままで長い間続くとは考えられない．しかし，以上のような考察から，しばしば0.5秒ないし1秒もの長期にわたって続く"交替性の"反響というものを想定することも可能である．

(反響性の活動の持続時間として0.5秒程度ということを強調したのは，知覚において，単一の内容が観察される持続時間(Pillsbury, 1913；Boring, 1933)がこの程度だという考えが，私の頭の中にあったからだ．注意はあちこちさまようから，単一の"意識内容"を持続させることができる時間は，概算としてこの程度だと考えてよいだろう．)

さて，これが細胞集成体 cell assembly である．そのいくつ

かの特性は，これまではただ暗黙のうちにそれとなく定義してきたにすぎない．それらは別の箇所，とくにこの章の残りの部分，および次の章と8章（下巻 pp. 47-51 参照）で発展させることにする．細胞集成体は，本来的にある種の等能性をもつひとつのシステムであり，そこにはそれぞれ同じ機能をもつ交替可能な伝導路が存在している，と考えられる．それゆえ，脳損傷によっていくつかの伝導路が損傷を受けても，そのシステムのはたらきは妨げられずにすむことがあるのだ．とくに，もしそのシステムがずっと以前から確立されていて，十分に発達したシナプス小頭部が備わっている場合には，シナプスを通過するためにすぐに活性化しなくてはならない線維の数は，少なくてすむと考えられる．

確率論的考察

図8と図9を注意深く見ると，私の提出した知覚的統合の仮説にとってもっとも必要とされる巧妙な連絡が，そもそもの初めから遺伝的に整えられたとする主張は，ありえないように思えるかもしれない．言うまでもなく，それは確率の問題だというのが私の答えである．すなわち，図示されているニューロンは，たまたまそのような連絡をもっていた．ランダムに分布する連絡線維が十分大量に含まれている集団があるとすれば，起こりそうもない連絡も，絶対数の上ではかなりの高頻度で起こるはずだ．次の仕事としては，これらの確率的な成分を算定して，その確率が誇張ではないということ

を示すことにしよう．

まえの節の図解と考察によれば，次の2種類の同時生起が頻繁に生じる必要がある．すなわち(1)収斂する2つ以上の軸索間で同期して発火活動が生じること，そして(2)神経線維はわれわれが知るかぎりではランダムに分布しているが，それらの神経線維の間には収斂が存在するという解剖学的事実である．これら同時生起の条件が，統合の基礎となる機能的な連絡を無制限に仮定できないように制約を課している．だが，このような制約は実際には難点とはならない．というのも，心理学的な証拠(あとで見るように)も知覚的統合には限界があることを示しているからである．

まず，実際の神経結合の膨大な数と複雑さについて考えてみよう．このことは，組織学的にも生理学的にも確認されている．一般に神経細胞は，ほかの神経細胞に対して2, 3から半ダースほどの連絡をもつというように考えられやすい．そしてそれを，中枢神経系内の微細な点からほかの微細な点へとつながるものとして考えがちである．だが，このような印象は，事実とはおよそかけ離れている．もちろん，そのような印象を抱かせたのは，印刷した図版では，実際の状況を表わすことが難しかったためである．

フォーブス(Forbes, 1939)は，たとえば1個の前角細胞 anterior horn cell(訳註4-4)には1300個ものシナプス小頭部があると推定している．ロレンテ・デ・ノーの図(1943, 図71-73, 75)には，軸索と樹状突起との分枝の複雑な状態が示され

ている.それは,ひとつの細胞がひとつか2つの結合だけしかないように描かれている図解(私の図解のようなもの)とはまったく異なっている.単一ニューロンの軸索の側軸索 collateral が入り込んでいる皮質容積の全範囲は,ミクロン単位ではなくミリメートル単位で測られる.したがってその大きさは,顕微鏡的に見てただの1点ではないということは確かだ.ストリキニン法(訳註4-3)によれば,18野内では,皮質のそれぞれの微小な領域が,全体領域と結合をもっていることが示されている.(McCulloch, 1944b によると,これらの領域は1ミリ平方ほどの大きさである.)18野内では,特定の視覚刺激作用によって興奮を引き起こしたどれかひとつの細胞が,同じようにして興奮状態となったほかの多くの細胞とある種の解剖学的な結合をもっていると仮定しても,それほど無理な仮定ではない.

それゆえ,多少とも網膜活動が活発になると,直接的にせよ間接的にせよ,興奮を引き起こした多数の皮質細胞群の間に数多くの収斂が生じるという**解剖学的**な根拠が存在している.収斂する線維群の同期活動に関する生理学的な問題をとりあげる時には,この点を心にとめておく必要がある.知覚的統合の基礎として私が仮定した3次元の格子状の細胞集成体では,同じ細胞にシナプス結合して相互に結合しているニューロン群は,機能的に並行していると思われる.図10がこのことを示している.(1, 4), (8), (13)というラベルがつけられている伝導路は,ひとつのシナプスに収斂している

が，これらはシステムの中では同じ機能をもっているに違いない．あるいはまた，(5, 9)-(6, 10)のように2つの連結からなる伝導路は，(2, 14)という単一の連結と同じ機能をもっているに違いない．そのような経路のひとつに与えられるインパルスが有効でない時でも，異なった時間に到達する別の経路のインパルスが有効なはたらきをしている可能性がある．

　繰り返しになるが，このように過度に単純化された図解は，多分に誤解を招くおそれがある．それぞれのシナプスでは，インパルスの到達時間にかなりのバラツキがあるに違いないし，またそれぞれ個々の線維には応答の仕方に関して一定の変動があるに違いない．そうだとすると，そのシステム内のどの小部分をとってみても，確定的な活動方式がこれだというような予測は，まずできないことになる．けれども，比較的大きなシステムの中では，不変性の確率を予測することは十分に可能だろう．

　知覚の基礎となる細胞集成体が，特定の視覚刺激が作用する時に活動するすべてのニューロンから成り立っていると規定することは，必要でもないし，できるわけでもない．機能的に並行している(もちろん，幾何学的に平行しているわけではない)一群の要素のうち，どれかはつねに活動状態にあると考えればよいのだ．たとえば，システム内のある特定の1点に5つの異なった方向から興奮が伝わる可能性がある場合，そのシステムの全体としての活動特性は，5つの伝導路

のうちのどれか3つの興奮によって維持されていると考えられる．だとすると，あるひとつの線維はどれか別のひとつの線維と同期して活動しなければならない，と考える必要はないだろう．

それでもなお，同期した活動を考えるなんらかの必要性があるように思われる．これにはもうひとつ別の側面がある．ここで仮説として提起されている統合は，シナプス小頭部の成長と，上行性線維が後続する線維を制御する確率の増加とに依存している．したがって，システムの頻度特性 frequency characteristic は必然的に少しずつ変化するだろう．その結果生じるのは，一種の分割 fractionation と補充 recruitment であり，またそのシステムを構成するニューロン群におけるなんらかの変化だろう．すなわちそのシステム内で，はじめほかの単位と同期することが可能だったいくつかの単位は，もはや同期できなくなって，脱落することになると思われる．それが"分割"である．はじめは同調していなかったほかの単位が補充されることも考えられる．こうして，知覚の発達にともない，集成体のゆっくりとした成長が生じる，と考えられる．"成長"と言っても，ここでは，必ずしも構成成分である細胞の数の増加ではなく，変化だと理解していただきたい．どれほどの大きな変化が生じるのかを知る方法はないが，ある種の連合の現象について考察する際には，その変化は，心理学上の問題にとって重要な意味をもつように思われる．

4 章 知覚の初期段階——集成体の成長　193

　そこで次に，こうした問題への確率論的アプローチをとりあげることにしよう．この場合，同一領域内の2つの細胞，あるいは2つの細胞システムの"連合"は，その生起する確率の点で広い範囲にわたって変動する，ということをまさに意味している．そのような1対を無作為に選ぶとしよう．すると，その2つが同時に活動する場合，それらの間に連合がまったく生じないようなものと，連合が素早くかつ容易に形成されるものとがあることがわかる．そして，多くの対をとると，これらの一方の極から他方の極に向かって漸次移行するような，さまざまな対があることがわかるだろう．明確な一般的活動パターンをもつシステムが大きくなればなるほど，ほかのシステムとの連合がますます容易に形成されるようになる．確率の点から言えば，偶然の解剖学的収斂が起こる箇所が多くなればなるほど，2つの集成体間の有効な相互促通の頻度も高くなるはずである．

　心理学的には，こうした考えは次のような意味をもつ．すなわち，(1)知覚がそれ以外のなにか別のものと連合する場合を除外したとしても，個々の知覚の統合には長い期間が必要とされること．(2) 2つの知覚の間の連合は，それぞれが独立に体制化された(あるいは統合された)あとで，はじめて可能になるらしいこと．(3) 2つの統合された知覚の間でさえも，連合が生じうる難易には，かなりの変動があると思われること．そして最後に，(4)知覚の基礎となる細胞集成体には，"成長"，すなわち分割と補充とが存在するといった推

測が明らかに必要であり，このことは，統合の種々の段階における知覚の特性には重要な違いがあるということ．この場合，成長の変化がどのくらい大きいかについて，推測を下すことはできない．だが，もしその証拠をどこに求めればよいかがわかっているなら，子どもと成人の知覚における識別性の著しい差異が見つかるかもしれないし，実際見つかる可能性も高いと思われる．

私の理論的構想が持つ心理学的な意味について，それが事実と相反するものでないことを簡潔に示すため，ここまで言うべきことは十分に尽してきた．この章で示唆したように，単純な知覚が徐々に，しかも苦労して学習されるものだという考えにわれわれは慣れていない．けれども，先天盲患者における開眼手術後の視覚について考察した際に，実際にそれが事実であることはすでに見た．学習が徐々に進行すること，そして手術のあと1年もの期間を費やしても学習に成功しなかった数多くの事例があるということ(Senden, 1932)は，実に驚くべきことであり，また(Riesen, 1947による十分な確認がなかったなら)信じ難いことでもある．心理学の教科書の中に見られる学習の原理は，半ば成長した，または十分成長した動物の行動から導き出されたものなのである．連合の形成しやすさについてのわれわれの考えがあてはまるのは，ボーリング(1946)が書いているように，発達をとげた生き物の行動の場合である．別々の知覚の連合が，出生時に同じように素早く起こることを示す証拠は，一切存在していない．言

いかえれば，連合が形成されるべき知覚は，まずはじめに統合されなくてはならないが，知覚の連合がゆっくりした統合過程と無関係であることを示すような証拠は，まったく存在していない．

　2つの観念や2つの知覚の連合の形成には困難がともなうが，それは成人にとってさえも広範囲におよんでおり，心理学的にだれもが経験することである．繰り返し努力したにもかかわらず，ある単語の綴りや発音，あるいは知人の名前を思い出せなかったという経験をもったことがない人が，いるだろうか？　連合がほかと比べようもないほど難しいという事実は，従来の研究の中では力説されてこなかったが，おそらくそれは条件反射理論と折り合わないからだろう．だが，それは事実なのだ．それゆえ，痕跡の性質と知覚の本来的な発達に関する私の理論的考察は，心理学的な証拠と明らかに対立するものではない．この理論的考察が十分発展させられるまでは，これ以上の評価は先に延ばしたほうがよいだろう．

5章　複合対象の知覚——位相連鎖

　まえに述べたように，本書はひとつの心理学的問題の解決を目指している．心理学の理論を困難な袋小路から救い出すには，アニミズムに頼ることなく，知覚の般化，記憶の安定性，および注意の変わりやすさという3つの現象の間に折り合いをつける方法を見つけなくてはならない．神経生理学から見ると，この章とまえの4章は，有益な思索の範囲を超えて，実験的な検証のない推測をいくつも重ねている．一方，心理学として，この2つの章は，実験への準備段階の一部であり，多くの現象について混乱し矛盾している現在の考え方に対して，秩序を与えようと試みている．したがって，その心理学的証拠は，ここで試みられている推測になんらかの検証を与えてくれるはずである．

　以下の考察は，十分な神経生理学的証拠に支えられているわけではないが，そこにはひとつの羅針盤がある．それは，行動の具体的な証拠に従う必要性と，神経生理学的証拠と行動の具体的証拠という2つの情報源を統合するという長所とによって，終始導かれている．これら2つの章の個々の部分は，推論的な考察であるが，次の2つの理由から，詳しく述べておく必要がある．

　第一の理由は，すぐれた心理学者たちが，行動の諸問題を

解く上で，場の理論もしくはゲシュタルト説 configuration theory こそが考えられる唯一のものだと主張しているという点である．シェリントン (Sherrington, 1941) のような生理学者も，場の理論の助けを借りなければ，行動を制御しているに違いない"心"を神経活動に還元する道を見つけることができずにいる．このことから，その主張は，いっそう強いものとなっている．さらに，知覚に関するハルの曖昧なあつかいによっても，その主張はいっそう強められている．すなわち，"上行性神経相互作用 afferent neural interaction"と般化勾配の概念は，うさんくささを漂わせており，神経生理学の用語でそれらを記述したとしたら，結局のところ，新しい形式の場理論にすぎないものになってしまうだろう（まさに，パヴロフの抑制と興奮の波動説 wave theory of inhibition and excitation が場理論であるように）．ケーラーの電気的場理論 theory of electrical field は見込みがなさそうだし，ラシュリーの干渉パターン説 theory of interference pattern は解剖学的証拠や臨床的証拠と合致させることは難しいように思われる．しかしそれでもなお，これらの研究者は，袋小路と私には思えるところに心理学を閉じ込めようとして，強力な議論を展開している．それにとって代わるべき説明が，実際の過程を説明していると言えるほど練り上げられていない限り，彼らはその見解を捨てないだろう．

　そこでどうやら，理論的な推論が必要のようである．しかし，この2つの章では，こうした議論の方式をとる第二の理

由が存在する．理論的な推論をおこなうにあたって，それを少なくとも十分具体的に進めていけば，心理学者が解剖学的・生理学的な新しい情報を手にした場合には，これまでの初期の推論の誤りがただちに明らかになり，必要な修正が示されるはずである．

そこでこの章では，連合説 association theory に対する新しい基礎となるしくみを完成させることにする．まえの章では，網膜に定常的な投影像を与える単一の視覚刺激の効果だけをあつかった．そこで次には，変動する刺激作用のさまざまな効果がどのように組み合わされ，あるいは連合するかを問うことにしよう．

知覚における線と角

すでに明らかにされているように，初めて視覚的な経験をする際には，線図形の角(かど)がとりわけ重要である．視野内のひとつの対象を，ほかから区別がつく識別性をもつ対象として最初に大まかに知覚する時，それには，輪郭の鋭い屈曲や線の方向が関係しているように思われる．ゼンデンは，先天盲の患者が開眼手術のあと，たとえば正方形と円とを区別できなかったという報告例が少なくないことを記している．区別ができる場合でも，無定形な光のかたまりの中の，焦点とも言える角(かど)を探しあてることを通してどうにか可能になる．一方，視野内で幅の狭い光の帯が，一方が垂直，他方が水平という場合には，それらは即座に区別されるという証拠も存在

する．ところが，この場合でも，そのような対象の識別性の知覚は完全ではない．なぜなら，患者は，触覚ではすぐさま水平と垂直の命名ができるにもかかわらず，2つの視覚的パターンの名称を学習するのにひどく手間どるからである．

　ラシュリーの実験結果を見れば，線と角がラットのパターン知覚を左右していることも明らかである．したがって，このような線と角とは，そこからもっと複雑な知覚が発達していく要素群に属していると考えてよいだろう．ここでいう"知覚要素 perceptual element"とは，一方では，点を感覚要素とみなす古典的連合説の考えとは違ったものを意味している．他方では，この用語は，線と角の知覚が，まったく生得的なものだということを意味しているわけではない．これらの"要素"が素早く，かつ明瞭に知覚されるようになるまでには，ラットでも，あるいはヒトでも，長い学習期間を必要とする．

　ヒトに関してのこの証拠は，先に引用したゼンデン(1932)の本の中に見出すことができる．ラットも線をはっきりと見分けるには，学習しなければならないということを示すいくつかの証拠がある．次にそれらについて述べることにしよう．

　完全な暗室で飼育された18匹のラット(Hebb, 1937a)が，ラシュリーの手続きに従って(訳註2-8参照)，水平の縞と垂直の縞を弁別するよう訓練された．通常の飼育条件でのラットに関する唯一の比較可能なデータとしては，ラシュリー(1938b)のものがあり，それによると，この弁別課題の学習

には通常平均して21試行を要したとされている．これに対して，暗室で飼育されたラットの平均試行数は129試行で，ラシュリーの場合の6倍に相当し，その範囲は40試行から190試行におよんでいる．これらのラットは，初めに開いている窓に向かって跳ぶように訓練され，次に黒のカードと白のカードの弁別訓練(ラシュリーのラットと同様に)を受け，それから水平の縞と垂直の縞について訓練された．その後のテストでは，暗室群は通常のラットと同じように行動したので，縞についてのはじめの学習に手間どった理由を，組織の欠陥によると言うことはできない．

この実験で注目すべきは，暗室群の学習の成績の範囲が，通常群の範囲と重なっていたということである．暗室で飼育された群の中には，通常飼育のラットの一部の個体と同じ速さで学習した個体がいたのだ．また予備実験では，2匹のラットは水平縞と垂直縞の弁別を素早くおこなったものの，完全に首尾一貫した結果は示さなかった．こうした事実は，ヒトの被験者についてゼンデンが集めた報告の事実とまさにぴたりと符合する．以上の事実は，ラットもヒトもともに，水平線と垂直線の違いについて，大まかな即時の知覚が生じるが，しかしこれらの知覚についての識別性の認知は経験にともなって大きく向上する，ということを示している．

線とその鋭い屈曲がもつ原初的な意味を，これ以上生理学的に理解する必要はないのかもしれない．マーシャルとタルボット(1942)は，視力の問題に関して統計的なアプローチを

とるという興味深い研究をおこなっているが，その中で，17野における視覚的な興奮の投射領域の境界で生じる加重現象のメカニズムについて考察している．ほかの影響がない場合には，図形の縁(ふち)に対応して起こる活動の増強は，おそらくすべての過程を支配している可能性があると思われる．ウォーカーとウィーヴァー（Walker & Weaver, 1940）は，サルを用いて，視野周辺部を再現している視覚皮質部位を電気刺激することによって，眼球運動が直接制御されることを示している．この眼球運動は，そうした視覚皮質部位の活動を生じさせるような光刺激を注視する方向に起こるのである．ウォーカーとウィーヴァーの研究を考慮に入れると，マーシャルとタルボットの考察は，対象の輪郭のさまざまな部分を次々と注視する傾向があるということを示唆している．また線が交差するところではおそらく境界効果がいっそう加重されるから，視野内のパターンによって引き起こされた活動が最大となる点が，境界線の角(かど)と一致する結果になると思われる．

　注目すべきは，直線で構成されている図形が，不規則な曲線とは違って，特別な生理学的特性をもつという点である．直線上の1点を注視する場合，注視点の一方の側にあるすべての点は同じ方向への眼球運動を喚起し，他方の側にあるすべての点はその反対方向への眼球運動を喚起する傾向にある．時には2つのベクトルが平衡を保つこともあるかもしれないが，多くの場合，両者が釣り合うことはない．その結果，どちらか一方の方向へと，眼を直線に沿って動かそうとする強

力な傾向が生じる．そして，この線に沿う動きが，ひとつの角(かど)に到達したちょうどその瞬間に，交差している線の刺激作用は最大になる．というのは，まさにこの瞬間にその第二の線の中のすべての点が，新しい方向への眼球運動を生じさせるための同一のベクトルをもつからである．このように考えると，眼は図形の輪郭を探し出して，それらをたどろうとしているように思われる――なるほど，その動きは不規則で，逆戻りすることもあり，ほかの出来事によって妨害を受けることもあるが，このような傾向が存在することは間違いないだろう．

同じく注目すべきは，理由はなんであれ，視野の中のどこに光点があっても，単一の方向に向かう眼球運動はどれも，直線の投射に対応する17野内の活動の"隆起 ridge"を喚起する，ということである．視野が均一な平行の縞からなるような特別な場合を除けば，注視点が1点からほかの点へと変化するたびに，17野内の細胞の列が一緒に興奮したり，興奮しなかったりする．まえの章で設定した仮定からすれば，初めての視覚学習は，その大部分が，有線野(17野)におけるそのような細胞列の活動による効果の，傍(ぼう)有線野 peristriate region における統合なのだろう．これが，知覚における直線の重要性をいっそう強調することになる．さらにこのことは，すでに私が(3章で)論じておいたように，瞬間提示による成人の視覚の特性が，そうした絶え間ない長期にわたる訓練の結果として――つまり学習過程によって――説明され

る，といった仮定を立てることを可能にしている．

　線と角とは，それゆえ，知覚的な要素として——すなわち，完全に生得的ではないが，一部は生得的で，学習を経て多少複雑なパターンとなったと考えられる知覚要素として——あつかうことができる．以下のアナロジーはきわめて不十分なものではあるが，知覚学習に入り込んでくるさまざまな過程の存在を心にとめておくための一種の記憶術として，ここでは役に立つだろう．いま，線と角とが，形の知覚を作り上げている煉瓦であるとすると，図形の原初的単一性 primitive unity は，モルタル（漆喰）と考えることができる．一方，眼球運動は，作り上げようとしている人の手とみなすことができる．だが，このアナロジーはあまりよくない．というのも，煉瓦はモルタルを含み，それらの煉瓦は使っているうちに成長し，家は，建築中に見違えるほど変化してしまうかもしれないからである．それでも，次の2つの事柄を心にとめておく必要がある．第一に，ゲシュタルト心理学者が力点をおく原初的な図-地関係は，たとえそれが知覚におけるすべてではないと言う者がいても，それのもつ基本的な重要性になんら変わりはない．第二に，眼球運動の活動そのものは，知覚の体制化を説明できそうにないといったラシュリーやゲシュタルト心理学者の主張に同意する者がいるかもしれないが，それでも彼らは，眼球運動が欠くことのできない役割を担っていることは認めている．煉瓦だけでは家を建てるのに十分ではないし，さりとてモルタルだけでも用をはたせない．

したがって，三角形は知覚における複雑な存在であって，原初的なものではない．2章であげた心理学的な証拠が示すように，多くの受容器の調整活動——頭部-眼球運動——がおこなわれる長期の学習期間を経てはじめて，三角形は全体として弁別され，認知されるようになる．現在われわれが達している観点に立つと，パターンの等価性に関する実験的な事実を説明する時に直面する難点は，大幅に軽減されている．大きさの異なった類似した2つの三角形，白抜きの図形および輪郭線図形としての三角形，さらには付加図形のない白抜きの三角形と円で囲まれた三角形(Lashley, 1938b)までもが，いくつかの同一要素——同じ方位の線と角というような——を含んでいる．("同一要素"ということばに引っかかる読者もいるかもしれない．繰り返しになるが，これらの要素は，古典的な論争の的となった感覚要素のことではない.)

もちろん依然として，これらの要素，つまり図形の部分が，知覚においてどのように統合されるかを明らかにすることは必要である．次に，できる限り簡単な例を用いて，この問題の解明を試みてみよう．知覚と知覚学習に関する本書の中では，注視の変化やなんらかの移動行動が自由に生起する場合だけをあつかっている．そこで問題は，そのような運動から生じるさまざまな刺激作用が単一の効果，すなわち単一のはっきりとしたパターンの知覚を，どのようにしてもたらすのかを明らかにすることである．

知覚の統合過程における運動

　三角形を知覚する場合，そのパターンの中には3つの交点があって，そこが何度も注視されると思われる．まえの章で知覚的統合について論じた時には，ひとつの注視点だけを仮定していた．そこで次には，眼球の運動と，網膜上に投影される刺激パターンの大きさに変動をもたらす動物全体の運動とについて，きちんと対処できるような理論図式を詳しく検討することにしよう．

　さてここで神経の統合を説明するために，次の3点を吟味しておく必要がある．(1)傍有線連合野，側頭連合野とそのほかの皮質連合野における活動．これは，三角形 ABC（図11）の3つの角のいずれかひとつに向けられる注視によって引き起こされる活動だが，それはつねに，ほかの角への注視の変化を制御する運動過程をともなっている．(2)このような変化が生じるために，18野とそれ以降の領野における活動の統合が，17野における興奮状態が一定でなくても生じる——たとえば，B が注視される時，18野におけるどの細胞群が興奮するかは，一部は18野での先行活動によって規定される．つまり先行の注視が A におかれていたか，C におかれていたかに応じて，これは変化する．(3)最後に，三角形の角への注視によって引き起こされるそれぞれ3つの網膜上の興奮パターンそれ自体も，動物と刺激対象との間の距離の変化に応じて変動する．

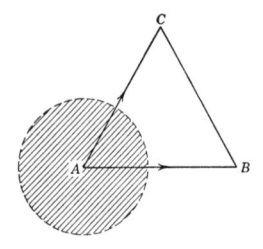

図 11 三角形 ABC を，点 A を注視している状態で見ているものとする．黄斑部は斜線を付けた円で表わされている．点 B と C とは，周辺視の領域にある．矢印は，B および C からの刺激作用によって解発されると思われる眼球運動の方向と強度とを示している．

これら3つがどのようなことに関連してくるかを，できるだけ簡潔に示すため，いま動物が，それ以前には視覚経験をもたず，同時に与えられるほかの刺激は存在しないといった条件下で，三角形を繰り返し見ているとしよう．すでに述べた注視の変化によって誘導される変化は別として，脳内の背景的な活動のどのような変化も無視することにする．最後に，もうひとつ単純化を加える．すなわち，図11の3つの角 A，B，C を，そこに含まれる唯一の知覚要素としてあつかうことにする——つまり，三角形の辺を注視して，線を区別のつく存在として知覚するといった活動は，無視しよう．さてこうして，この理論図式の中でおこなわれる3つの変化を，ひとつひとつあつかうことができるようになる．

1. まず第一に，随伴する運動性の興奮についてとりあげよう．たとえば図11に示したように，A を注視すると，B

と C とは黄斑部から外れることになり，B と C によるこの周辺部の刺激作用が，2つの運動反応を同時に引き起こすことになる．注視はしばしばある程度の時間持続するが，とくに A を注視した時の最初の瞬間には，運動性の興奮は，もちろん閾下かもしれない．B と C によって喚起される興奮の運動成分の相対的な強さは，確率的に見て，同じであると仮定してよい．このことは，図 11 の中でベクトル（矢の長さ）によって示されている通りである．どこか一瞬をとれば，興奮性は一方が他方よりも強くなるような変動を示すと思われるが，平均すればそれらは等しいと仮定することができる．A を見たあと B を見るか C を見るかは，ほぼ同じ頻度で起こるだろう．

　成長した健常な動物の場合には，少なくとも眼球運動の方向とその大きさとは，ごく狭い限界内で正確に制御されていて，大まかな眼球運動を次々とおこなって正確なものに近似させてゆくといったものではない．これは，運動中枢に到達する神経活動が，眼球運動の開始前に確定されていて，周辺部の刺激の位置に正確に対応していることを意味する．したがって，A の注視は2つの効果を生じさせる．すなわち，ひとつは"中枢性"の効果（つまり，傍有線野と側頭野における特定細胞群の活動の喚起で，直接の運動という意味をもたないもの）であり，もうひとつは主として運動性の効果（すなわち，まだ知られてはいないが，視覚皮質から発し，おそらく前頭眼野 frontal eyefields を含む伝導路における特定線維群

の活動の喚起[Clark & Lashley, 1947])である.

中枢性と運動性のこれら2つの効果は,17野における興奮全体のそれぞれ半分ずつに,大まかに対応している.中枢性の効果は,視力が最高で,運動成分が最小である黄斑部に入る興奮によっておもに規定される.一方,運動性の効果のほうは,視力が低く,視角の大きさに対する皮質細胞の数の比率が最小で,運動に対する閾値がもっとも低い周辺部での興奮によって規定される(Walker & Weaver, 1940).

A を注視することによって喚起される18野とそれより上位の領野の細胞群を文字 a で表わすとすると,a の構成成分 composition は三角形全体によって決定されるが,角 A は,中心視の領域に入るという理由で圧倒的に大きな影響力をもつことになる.ミリメートル単位の大きさで見ると,黄斑部に入る三角形の部分は,より多くの皮質細胞群を興奮させる.したがって,A を注視する場合の中枢性効果のおもな決定要因は,角 B や C というより,角 A それ自体である.神経構造 a の機構化におけるこの A の影響は,もしこの三角形をさまざまな距離から見るとすると,いっそう増大するということもわかるだろう.だが,この場合に忘れてはならないのは,もともと a は,A が注視される時に,A だけでなく三角形全体によって活動が喚起されるような,皮質の連合野内の細胞群からなるものとして定義されている,ということである.

同じ表記法で表わすと,b と c は,B と C を注視すること

によって喚起される．aとbとの相違は，同一の図形が網膜上に2通りの像を投影することにともなって生じる興奮の違いである．要するに，角Aは構造aのおもな決定要因ではあるが，唯一の要因というわけではない．一方，BとCは，Aが注視される時にそれに続いて起こる運動反応のおもな決定要因である．

　a，b，cの統合が進行するにつれて，三角形の3つの角が繰り返し注視され，それにともなって3つの拡散性の不規則な細胞集成体(4章)が徐々に形成されていく．そしてそれぞれの集成体は，一時的にひとつの閉鎖系として活動することが可能になる．こうしたことが進行するにつれ，それぞれの構造の活動は，その発達のあらゆる段階で2つの特定の運動性興奮をともなうことになる．aにおける活動は，眼球を右に動かそうとする(Bを注視する．図11)か，あるいは右上に動かそうとする(Cを注視する)閾上の(あるいは閾下の)興奮がたえず存在する場合に生じる．まえの章の仮定からすると，これは，aと問題にしている運動性活動との間の，なんらかの相互促通 mutual facilitation ということになる．心理学的に言うなら，理論図式の特定の限られた条件下では，ひとつの角を注視して三角形を知覚するということは，ほかの2つの角のうちのひとつを見ようとする構え(aによる運動反応の促通．それはBとCからの運動性促通を強める)を含むことになるだろう．そしてAからBへの，感覚的に引き起こされる注視の移動は，Bを注視して三角形を見るという期

待(運動性活動からの促通で,これが b における活動を喚起するか,ないしは強める)を生じさせるだろう[*1].

[*1] つまり,動物が A を見たあと B を見る時には,集成体 b は2通りの仕方で興奮する.すなわち,中枢的には,a からと運動性活動からとの促通によって,そして感覚的には,B それ自体によって興奮する.このような状況では,2通りの促通は,時間的にほぼ一致することになる."期待"というのは,中枢性の促通が,感覚性の促通よりも確実に先行していることを意味する.それゆえ,ここでは**注意**(感覚過程の中枢性強化)と呼んでおくほうがよいだろう.だが,感覚性強化が遅れる場合には,この同じ過程が期待と呼ばれる.

感覚性促通と中枢性促通との相互作用の問題,および両者にコンフリクトが生じたり,期待が感覚性強化を受けられないような場合の行動におよぼす妨害効果の問題については,あとの章で考察することにしよう.熟知した環境内では,2種の促通は,以下の本文で論じる中枢性の"位相連鎖"における運動性のリンクがおもな理由になって,同期して作用することになるだろう.a の促通は,b へも c へも等しくおよぶから,a はいずれか一方を喚起する可能性をもつ.しかし,A から B へと注視を移動した結果生じる中枢性の運動性活動は,b に特有のものだ.そのため動物は,点 C を見ようという"期待"はもたないだろう.

これらの関係は,ここでの理論図式の枠外ではそれほど厳密ではないが,その原則は適用可能だ.中枢過程と感覚過程は,よく知っている環境では多少とも同期性を保つだろう.それは,ひとつには,中枢性の連鎖には運動との連結があるからである.もうひとつには,もし過去に知覚 X のあとで,つねに知覚 Y が起こっていたという経験——たとえば,支えのない物を見て,次にすさまじい音を聞くというような——をしていなければ,知覚 X の促通がもうひとつの特定の知覚 Y に対して,特有のはたらきをもつとは考えられないからである.しかし,自分自身の眼球運動によって体制化されないような視感覚の系列 a sequence of visual sensation は,行動に大きな混乱を引き起こす.映画を見ていて,時たま船酔いの状態に見舞われることがあるのは,そうした例である.また,特別な期待を抱かないような見慣れ

2. 第二の点(まえの章で提出された理論図式は，この点で修正されなければならないが)は，刺激パターンのさまざまな点を注視することによる超感覚性の(中枢性の)効果 suprasensory effects 間の干渉に関係している．

最初の視覚刺激によって 18 野のどの細胞群の興奮が引き起こされるのかは，偶然にもとづく解剖学的収斂によって規定されている，という提案を先にしておいた．確率的には，角 A を注視している時に活性化する細胞群は，B または C を見る時に活性化する細胞をいくつか含んでいるはずである．共通の収斂数は，(A から B，または C へと視線を動かすことによって)ひとつの図形が網膜上で重なり合うようなことがあれば，それによっても増加することになるだろう．したがって，A と B，または B と C が時間的に重なって注視される時には，傍有線野では，一方の活動による次の活動への影響が認められるに違いない．B が注視される時に，もしその直前に A が注視されていたとすると，18 野のある細胞群は活動を起こすだろうが，もし C が注視されていたとすると，そうはならない．すなわち，A の注視のあとではほかの細胞群は抑制されるか，あるいは不応期の状態にある．視覚発達の初期段階では，a, b, c の間で相互作用が生じるに違

ぬ風景の中で，広々とした静かな水面を見ても，なんら混乱しないが，いつも見ていた乾燥地のあったところに，頭と眼を動かすと広大な水面を見たとすると，はなはだしく混乱することになるだろう．これらの点については，7 章でさらに詳しく論じることにする．

いない．それがこの理論図式における干渉に相当する．知覚学習の通常の経過では，当然ながら眼は，この理論図式に示されている人為的な限界などなしに，日常の複雑さに満ちた部屋に向かって初めて開かれるので，最初の知覚的活動の間で生じる干渉の総量は，はるかに大きなものになると思われる*2．この理論図式を今後理論的に価値のあるものにしていくには，このような干渉があることを十分認識しておく必要がある．

こうした干渉は，知覚発達の最初の段階でのみ起こり，あとになると消失してしまうようだ．とは言え，そのような干渉があると認めておくことは重要である．なぜなら，それは統合がたどる経過に影響をおよぼすからである．先の表記法を用いると，構造 a（A を注視することによって興奮する）の機構化は，A を注視する時には，いつも確実に興奮を引き起こす細胞群（伝達の有効単位）においておもに進行し，B あるいは C を直前に注視していたか，あるいはどちらも注視していなかったかには関係ない．先に強調したように，個々の

---

*2 その結果生じる知覚の般化もまた，より大きなものとなるだろう．ここでの理論図式では，視覚学習の条件を極端なまでに単純化しているが，そこから出てくる考えは，もっと自然な事態での行動にまで適用することができる．a, b, c の3つの初歩的な視覚習慣の間の初期における干渉は，実際の知覚発達における，はるかに多数の習慣の間の関係を典型的に示している．習慣の数が多くなるほど，それぞれの習慣がより抽象的になり，一方，特定の状況下での特定の角（または線）についての知覚は減少していく．

閉じた細胞集成体が生理学的に機構化されていくにつれ，分割と補充，または成長が起こるはずである．視覚的な刺激作用がさまざまに変動する背景条件下で成長が起こる場合には，そのような変動の影響を受ける細胞群は，その集成体を興奮させる特定の刺激が反復提示されるたびに，一貫して活性化するようなことはないだろう．そのため，それらの細胞群は，その集成体の一部とはならないだろう．言いかえると，一定の注視が先行した場合にだけ活動を起こす要素や，どんな注視のあとでも活動を起こさないような要素は，成長が a, b, c において進行するにつれて，分割によって排除されていくだろう．したがって，a における活動は，これらの集成体の統合が完成してしまえば，b や c とは独立に生じうる．

一般的に言うと，いま論じたことは，感覚事象がランダムな順序で短い時間間隔で起こる場合に生じる——注視が生じる場合もそのような状況を考える必要がある——が，これとは別に，感覚事象が一定の決まった順序で起こる場合がある．もちろんこれは，通常の知覚発達でも起こることだ．これら2つの場合の違いを考えておくことは，有益である．

A, B, C をつねに同じ順序で見る場合には，どのような結果になるか，同じ表記法を用いて考えてみることにしよう．（ここで，A は B に対する"信号"で，B は C に対する"信号"である．ただしこれは，条件反射で用いられる信号と同じ意味をもつものではない．すなわち，ここでの理論図式で仮定した条件下では，B は A が起こったあとにだけ起こるの

である．一方，古典的条件づけの手続きでは，B は，条件刺激 A の提示に続く摂食のような事象であるが，この事象はほかの時にも起こる．）刺激が一定の順序で与えられると，集成体 b における活動は，つねに同じ環境条件の中で，つまり a における活動の残存効果が存在する状態の下で，起こることになる．したがって，構造 b は，とりわけ a によって活動が促通される伝達単位を含むことになるだろう．それに対して，刺激がランダムに作用する時には，b は，先行する活動とは無関係な単位によって構成されるに違いない．また，a, b, c における活動がつねにその順序で生起する時には，a における反響性活動は，b における活動と無関係に並存しているとは考えられず，それゆえ b の活動と融合しているはずである．感覚の流入が変化しても失われることのないなんらかの反響性活動の残存効果は，b の生理的な統合の期間中つねに存在していて，b との区別はつけられないだろう．

しかし，すでに見てきたように，A, B, C の間をランダムに注視する時には，初めから分割によって，構造 a, b, c をそれぞれ別個のものに保つ傾向がはたらいて，a からの先行した促通効果がなくても，b における活動を可能にするだろう．このことは，3つの集成体が一度統合されても，以下に述べるような相互促通をさらに発達させるという可能性を残している．と同時に，その3つの集成体は，ひとつの集成体がほかの集成体とは別個に活動するという意味で，あるいは2つの集成体が同時に活動するという意味で，独立してい

る.

3. 第三の点は,刺激対象と動物との間の距離が変化することによる効果についてである.この点については,まえの章で展開した理論図式をさらに洗練する必要がある.距離の変化にともない,パターンの中心視領域に入る部分の重要性は,いっそう大きくなるに違いない.

動物が,正方形や三角形など直線で構成されたパターンに向かって移動する間に,そのパターンのどの部分かを見ているとしよう.その時に見ている部分は中心視の状態になっていて,それによって引き起こされる興奮は,一定に保たれている.それ以外の周辺領域における興奮は,たえず変化する.もし注視する点が,たとえば図形の一辺の中点に向けられているとすると,その線分の網膜での投影部位は,両端で広がることを除けば,変化しない.かりに,図11に示されているように,三角形のひとつの角が注視されると,2本の線分とそれらの交点とは黄斑部に投影され,動物が図形に近づくような動きをしても変化しないが,第三の線分と残りの2つの交点とは,ますます視野の周辺部へと移動する.

ラシュリーの跳躍台(訳註2-8参照)で正方形と三角形の弁別を学習するラットは,提示図形を一定の距離から見るわけではない.網膜に対して張る視角の変動範囲は,50%にまでおよぶ可能性がある.その変化の程度は,ヤーキズの弁別箱 Yerkes box(訳註5-1)の場合にはもっとずっと大きくなる.この弁別箱の中では,動物は刺激図形がおかれているドアに向

かって走ったり、そこから後ろに下がったりするからである。いま、まえと同じ表記法を用いると、集成体 a の構成（図11の点 A を見ることによって喚起される脳の連合野における機構化された構造）内では、角 A の影響は、B と C に比べると、ずっと著しいものになる。角 A をなす2本の線とそれらの交点とは、さまざまな距離から注視しても一定の効果をもつが、ほかの2つの交点はさまざまな結果を生じさせ、18野における同一の細胞群を反復して興奮させるようなことはない。黄斑部からはずれた図形部分によって興奮するような大部分の細胞群は、a, b, c が成長する間に分割によって排除されていくだろう。この興奮は、もちろんたえず機構化された集成体の活動と共存すると思われるが、その興奮は機構化されないままだろう。一方、機構化された活動は、黄斑部の興奮によって左右されると思われる。そして**この黄斑部の興奮は、適切な注視をおこなう場合には、刺激対象の視角の大きさが変化しても変わることはない**。このような結論は、刺激の等価性の問題を理解する上で明らかに重要である。それは、ラットが小さな三角形を選択することを学習したあと、大きな三角形を選ぶという行動によって例証されている。

空間仮説と場所の知覚

私の考察は、神経の機能に関して実際に知られている事実からは、すでにかなり離れたものになりつつある。絵空事にならないようにするためには、少なくとも、あらゆる点で行

動の事実に密着して考察していかなくてはならない.ここでしばらく本筋を離れて,よく知られていながら説明のついていない一群の事実について,考察してみることにしよう.というのは,それが現在の理論化の確認として使えるからである.

いままでの考察には,同一の対象からの刺激作用がさまざまに変動すると,被験体がそれを新たに知覚するための学習の進度に,遅れを生じることになるという意味が含まれている.網膜に対して張る角度で表わされる大きさの違いは,学習にさほど大きな影響をおよぼすことはないかもしれない.しかし一方,不規則な対象を種々の方向から見る場合に生じるパターンの違いは,それに比べてずっと重要と考えられる.この点については,これまでのいくつかの考察の中で示唆しておいた.特定の対象をさまざまな側面から見る時の刺激パターンは大きく異なってくるが,それらのパターンそれぞれは,いくつか別々のセットの細胞集成体を形成する必要がある.次の節での論議の展開を予想して,以下の点をつけ加えよう.こうしたことが起こる場合には——すなわちひとつの角度から対象を見たあとに,それを別の角度から見るということが何度かあれば——,さまざまな集成体のセットはしだいに相互促通を獲得するだろう.それゆえ,ひとつのセットの集成体の興奮を引き起こすことは,そのほかのセットの興奮を喚起することを意味し,必然的に同一の全体的活動がそれぞれの場合に喚起されることになると思われる.

個々の知覚は，このようにして概念的活動 conceptual activity（すなわち感覚過程によって**直接**制御されないような活動）を含むことになる．子どもの描く絵や成人の遠近法的な絵における誤りの中には，ある対象を眺めている時，実際に見ているよりももっと多くのものを見ていると思い込んでいる，ということを示す多くの証拠が見出される．その時に見えている対象だけでなく，その対象について知っていることも，絵の中に描かれるのだ．子どもであれ，大人であれ，通常は自分の絵が感覚器官に実際に与えられているものとどこが違っているかを言えないという事実は，重要である．

　ひとつの対象をさまざまな視点から見る場合は，その認知には，いつも同じ方向と同じ距離から見る場合よりも，ずっと複雑な学習が必要になる．そのような学習はどうしても長くかかることになる．皮質細胞の数が少なくて，別々の機能をもつシステムとして組み立てられる集成体の数に大きな限界があると仮定すると，下等動物にとっては，刺激作用が変動する対象を識別する学習は，刺激作用が一定である対象を認知するよりもずっと難しいはずである．

　ところで下等動物の場合，その視覚活動が場所の知覚によってもっぱら左右される，といったことが起こる．このことは，遠くの対象からの手がかりのほうが，近くにある対象からの手がかりよりも優位であるということを示す実験によって，明らかにされている．つまり遠く離れた対象は，動物の環境の中でもっとも安定した，一定の刺激作用を提供してい

るのだ．

　弁別訓練で，クレチェフスキー（Krechevsky, 1932）が"空間仮説 spatial hypothesis"と名づけている"位置習性 position habit"は，動物実験ではつねに邪魔になる．訓練の方法は，動物を2つの走路，ないしは2つのドアまたは窓のうち，餌があるほうを選択させるというものである．動物はどちらに餌があるかを示す標識も与えられている．たとえば，正しいドアには黒いカード，あるいは円がつけられていて，正しくないほうには白いカードあるいは正方形がつけられている．餌とその存在を示す標識とは，時には右側，また時には左側におかれる．ところが，ラット，イヌ，あるいはチンパンジーが見つけ出そうと固執するものは，なにか別物である．動物が知ろうとしているのは，餌がつねに右側にあるか，それとも左側にあるかであって，さもなければ窮余の策として，今回が右側なら，次は左側といった具合に，それが交替するかどうかを知ろうとする．実験者がドアにつけた標識を手がかりにするといった純粋に知的な課題などには，まるで関心が向いていない．位置習性——つまり，餌をあるひとつの**場所**で見つけ出そうとする試み——によって，何度も落胆を経験したのちに初めて，動物はなにかそれ以外のことを学習するようになるのである．

　時に，このことが視覚の欠損によっているとか，あるいは下等動物では視覚以外の感覚のほうが優位を占めているからだといった指摘がなされている．だが，この解釈は2つの理

由で正しくない.第一に,目を見えなくした動物に触覚的な手がかりを弁別させようとしたり(Smith, 1939),聴覚的な手がかりを弁別させようとした場合(Pennington, 1938)にも,まったく同じように位置習性によって混乱するからである.第二に,場所の知覚は,それ自体視覚的であると同時に運動感覚的,あるいは触覚的だ.遠方の対象の視覚的手がかりが利用できる場合には,それらが行動を支配する.それゆえ,下等動物と高等動物の間の種差は,下等動物では環境の刺激作用の中でもっとも変化が小さいものによって,より多く支配されているという点であり,視覚一般の影響力が比較的少ないという点にあるのではない.

このことは,ラットではっきりと立証することができる.ラットはまず,なにもおかれていないテーブルの上で餌を食べるように馴らされる.それから,決められた出発点からテーブルの反対側のいつも同じ場所におかれている餌皿に向かい,テーブルを横切って走るよう訓練される.次に,テーブルを90°回転させるが,それ以外はなにも変更を加えない.つまり,ラットはテーブル上の同じ場所に降ろされ,餌は依然としてその反対側におかれている.ラットは,もはや餌も餌皿もおかれていないのに,部屋を基準にして,それまで餌がおかれていたテーブルの側に向かって,少なくとも一度は走る.

方法を少し変えると,テーブルの手がかりよりも部屋の手がかりのほうが優位であることがいっそうはっきりする.4

つの小さな衝立を用意し，テーブルの4辺それぞれの中ほどに配置する．衝立のひとつに餌を隠し，目印としてその衝立を白く塗り，ほかの衝立よりも大きくしておく．ほかの衝立には餌をおかず，餌のある衝立だけに向かって走るようにラットを訓練する．そのあとで，テーブルを90°回転し，4つの衝立すべてに餌をおく．明瞭な目印のついた衝立に向かって走るように訓練されたラットは，それを選ぶことなく，**部屋を基準**にして，回転前に餌のあった位置にある目印のついていない衝立のほうを選択する(Hebb, 1938a, 1938b).

もっと顕著な例がラシュリー(1938b)によって報告されている．それはさらに，クイーンズ大学の数名の研究者たちによって検討されている(Hebb & Williams, 1941, およびそのほかの未発表の実験)．ラットを小さな台から近くの別の台に跳ぶように訓練する．この第二の台は，ラットがちょうど安全に跳びつくのに十分な大きさで，その上に餌をおいておく．10回跳んだあと，第二の台をはじめの位置から90°方向へ移動させる．するとラットはためらい，困惑した様子を示すが，結局は跳ぶのだ——まえに餌があった方向の空中に向かって．

反応が視覚的な手がかりによって制御されていることを示す実験を，最後にあげておくことにしよう．その実験は，方向に対する聴覚的な手がかりが一切得られない静かな建物の中の小部屋(縦，横，高さがどれも6フィート)の内部でおこなわれた．四方のどの壁もすべて同一で，それぞれにドアが

ひとつついている．天井は均質になっている．4つのドアのうちひとつだけが開けられていて，そこには薄いカーテンが掛けられ，光がそこから入ってくる．そのカーテンがあるため，ラットは外を見ることはできない．さて，この小部屋の中で，ラットはひとつの台から別の台へと跳ぶ訓練をふたたび受ける．跳ぶことを学習し終わると，次にいままで開けられていたドアが閉じられ，90°の角度にあたる隣りのドアが開けられて，まえと同じようにカーテンが掛けられる（外が見えないようにするため）．多少離れたドアの視覚的な手がかり以外には，一切変更が加えられていない．近くの台はもとあった場所にそのままにしておく．ところがラットは，目標から90°の角度に相当する空中に向かって跳ぶのだ．

なぜだろうか？　どうして位置習性にそれほどまで固執するのだろうか？　ラットはその環境の中で変化がもっとも小さな対象，すなわちもっとも遠く離れたところにある対象をおもに知覚して，それに反応しているように見える．これが上の疑問に対する答えであるように思われる．

どの対象から受ける刺激作用も動物の動きにともなって変化するが，その対象の距離によって重要な差が生じる．動物が身体の向きを変える場合には，近くにある対象によって生じる興奮も遠くの対象からの興奮も同じように変化するが，動物がひとつの場所からほかの場所へと移動する場合には，同じような変化にはならない．その刺激が遠く離れている時には，動物が位置を変えても網膜上の部位，広がり，強度に

およぼす影響はごくわずかであるが,それが近くにある時には,影響はきわめて大きい.身体を回転させる場合でさえも,近くにある複数の対象の見え方の配列は,動物がつねに正確に同じ地点で回転しないと,一定不変にならない.しかし,遠く離れた複数の対象の見え方の配列は,動物が実験装置の中のどこにいようと,変化しない.

したがって,これまでの章で述べた理論図式が要請しているように,**ある対象からの刺激作用が一定であればあるほど,それはいっそう容易に識別され,反応の対象になる**,ということは正しいように思われる.このことは,系統発生のレベルが上がるにつれて,特別な訓練をしなくても対象を視覚的に弁別する傾向がしだいに増していくように見える,という事実とも関連している.ラットは,人間の区別や,視覚的に提示された動かない対象の間の区別をしているといった兆候を示さない.だがイヌは,視覚で多くの対象を,そしておそらく何人かの人間を区別している.チンパンジーとなると,大多数の対象に対するその行動はきわめて選択的で,数多くの(たびたび見ている)人間と見知らぬ人間とを,明らかに区別することができる.

それゆえ,実は,近くの,もしくは動きうる対象についての固有の視覚的特性を知覚することは,その場所の知覚に比べると,原初的と言うにはほど遠い,より困難なことである.これはまた,サルやチンパンジーでは空間的遅延反応 spatial delayed response の学習は容易だが,空間的でない遅延反応

となると，最大限の困難をともなってようやく可能となる，という事実とも関連している(Riesen & Nissen, 1942)．

ここで展開した私の説明は，三角形，あるいはほかの図形や対象についてヒトの一般化した概念を提供するまでには，明らかにまだ長い道のりがある．だが，ラットの知覚はまたヒトの知覚とはかなり異なる，という点に留意する必要がある．ラットは，識別できるまで訓練された三角形を60°回転して提示されると，もはやそれを識別できないし，また黒地の上の白い三角形を学習したあとで白地の上の黒い三角形を提示されても，それを識別できない．実際にラットは，底辺が等しい時には三角形と正方形の相違を見分けることがかなり困難である．ヒトは通常，簡単な規則的図形を一瞬で認知することができるが，ラットの場合，そのようなことができる見込みはまずない．訓練に用いる図形を少し大きくするといったような多少の変化があっただけで，ラットの行動は明らかに混乱する．ヒトの場合には，そのような変化にさえ気づかないかもしれない．ラットはまた，三角形のような単純な図形のごく一部だけを弁別することがよくある．

ラットとヒトのこのような差異のどれをとっても，今日の知覚理論では説明がつかない．批判者は，ここで提唱されている知覚の説明に不満なようだ．というのはこの説明が，視覚経験が限られていると，知覚般化がほとんど生じないということを意味しているからである．しかし，臨床や実験に基づく証拠は，このような異議を支持しておらず，三角形につ

いてのヒトの特色ある知覚が，長い経験の産物であることを示している．したがってこの理論図式は，この点で事実と合致するだけでなく，それに加えて，少なくとも場所と方向の知覚が，動物の行動ではなぜそれほど優位を占めているのか，という疑問を解く鍵を示唆する長所をもっている．

上位知覚の発達

さてここから，図形のいくつかの部分が，特徴的な全体へと統合されるという問題に入っていくことにしよう．この全体は，最初期の視覚で知覚される無定形の全体とは著しく異なっている．

こうした上位の統合を説明するためのもっとも直接的な方法は，次のような方法である（ただし，率直に言って，まだ概要程度のものだが）．三角形のひとつの角 A を注視することによって喚起される集成体 a の活動は，b や c とは独立に起こる．A，B，C が順序はどうあれ，次々に，ただし短い時間間隔で注視した場合，2つの構造では反響作用によって活動が持続し，もうひとつの構造では感覚によって活動が引き起こされる，ということが考えられる．先天盲の患者は，開眼手術後，正方形や三角形の角を数えることを学習して，それがしだいに速くできるようになって，やがてひと目で図形を識別できるようになる．ゼンデンによって記述されたこのような行動とは，まさしくそうした一連の注視の結果なのだろう．こうした状況のもとでは，おそらく，3つの集成体

a, b, cの活動が同時に何度も起こっているはずである．これらの集成体は，大脳のほぼ同一の組織を形成し，その中で互いに絡み合った状態で存在している．そしてまえの章で述べた仮定によれば，そこで生じる同時的な活動は，この3つのシステムの統合という結果をもたらすことになるだろう．

この3つのシステムは，同じ神経組織内に存在してはいるが，関連する感覚性興奮の2つは一側性であり，そのうちのひとつはもっぱら一方の有線野に，もうひとつは反対側の有線野に属しているということを思い起こしてもらう必要がある．超感覚性(中枢性)のシステムはすべて，並行して両方の半球で発達するに違いない．17野以前と17野を含む部位の純粋な感覚性活動は，刺激図形が完全に注視点の片側に投影される時には，一側性である．しかし，18野をストリキニンで興奮させると，それは同側の19野と20野だけでなく，それらと並行して反対側の18野にも発火活動を生じさせる(von Bonin, Garol & McCulloch, 1942)．一側性の感覚事象に端を発する超感覚性の統合は，両側性であり，2つの半球におけるそれぞれ半分の事象から成り立っているに違いない．たとえ脳梁やほかの皮質間交連線維 cerebral commissure による協調作用の関与がなくても(反対側の半分の**発達**は交連線維に依存するが)，超感覚性統合のそれぞれ半分は，同一の機能的意味——すなわち，同じ知覚を媒介し，同じ反応を促進するという機能——をもっている．このことは，脳梁の損傷による効果が少なかった(Bridgman & Smith, 1945)とか，

連合野を一側について除去してもその影響が見られなかったといった臨床報告や実験報告と明らかに合致する．さしあたり重要な点は，集成体 a（右側の同名視野に完全に入る図形によって興奮が引き起こされる）と集成体 b（左の視野から興奮が引き起こされる）とは，脳のほぼ同じ神経組織内で発達する構造だということを，明らかにすることである．

　先に立てた仮定によれば，a，b，c における同時的活動は，それらの偶然に生じる解剖学的相互結合とシナプス小頭部の拡大とを通して，a，b，c 相互間の促通を形成することになる．ひとつのシステムから別のシステムへの効果的な促通によって，促通を受けるシステムの頻度特性は変化することになる．したがってそれは，そのシステムを構成する単位に，ある種の分割と補充を生じさせるということを意味している（4 章 pp. 191-192）．規模の大きい3つのシステムが含まれている場合には，それぞれがほかの2つのシステムの活動を促進し，その結果これらのシステムの成長変化は，かなりの程度になるに違いない．その結果形成される上位のシステムは，本質的に新しいシステムとなるはずである．それは，a，b，c の合計とか，a，b，c の結合というようなものではない．新しい構造を表わす記号としては，そのような加算といった考えを示唆する abc のような記号の代わりに，t の記号を用いたほうがよい．すなわち，この理論図式では，この新しい構造である細胞集成体 t の活動は，ひとつの個別の全体として三角形を知覚することである．これは，ゲシュタルト心理

学者たちが言うように，部分の総和とは異なるなにかである．しかしゲシュタルト理論とは違って，この理論図式では，全体のもつ個別性が，部分の知覚から引き出されたものと考えている．

ここで，このような定式化における不備な点をとりあげておこう．一般的な考え方は正しいとまず仮定しよう．だが，a, b, c から t への統合が徐々におこなわれるとは言っても，ただひとつのステップでおこなわれるとはどうしても考えにくい．ひとつのステップだとしたら，それは3つのシステムの同時的な活動に依存することになるだろう．したがって，その三角形の3つの角を矢継ぎ早に何度も注視することが必要になってくる．3つのうちの2つの角を見るだけでは，統合に寄与することにはならないだろう．

そこでもっと納得のいく考えとして，ひとつ以上の中間段階が生じて，"ab" と c とが統合されるまえに，a と b とが統合される（ここで簡単に ab が用いられているが，上の abc と同じく誤解を招くかもしれない），と考えてみることにする．このように考えると，一度に2つのシステムだけで同時に活動が起こることが不可欠になるだろう．ac よりもむしろ ab を第1段階として提示したのは，水平線（図11における AB）がヒトの知覚において基本的に重要だと思われるからである．また，ラットの場合にも，通常のテスト条件では確かにそうなるからである．この理論図式では，ほかと区別される存在としての線の知覚は，面倒な議論を避けるため考慮の外にお

いてきた.だが,すでに見たように,線の知覚は,角(かど)ないし隅(すみ)の知覚と同じく原初的である.そうすると,三角形は,この理論図式であつかってきた3つの知覚要素ではなく,6つの知覚要素をもつことになる.これは,"要素"だけの知覚と個別的な全体図形の知覚との間に,いくつかの中間段階が介在する可能性があることを示すものと考えられる.

ここまでの議論を概括すると,次のように要約できる.(1)ひとつの図形の数個の部分をそれぞれ注視することは,ひとつの特定の構造を喚起するような,明確な効果をしだいにもつようになる.(2)これらの構造は,それぞれが繰り返しおこなわれる注視と対応して,解剖学的に拡散していて,ほぼ同一の大脳組織内で相互に絡み合っている.そして,(3)いくつかの活動が共存し,どのような順序であれ,興奮を喚起することになる.以上の3つについては,いくつかの確かな理由をあげてきた.このことから,以下のことが推論される.(4)これらの明確な活動のうちの2つは,同時に,特定の伝達単位を興奮させるという明確な効果をもち,これらの単位の活動は,以前に確立されたシステムが機構化されたのと同じ仕方で機構化する傾向にあると考えられる.それゆえ,**上位の構造**(この場合には t)における活動のもっともよい定義とは,初期に発達した(もしくは下位の)構造における反復活動によって生じる,機構化された限定的な活動のすべてである,ということになる(この場合には,a,b と c,あるいは "ab" と c であって,発達における2段階を仮定す

ると，まず初めに a と b とが統合されることになる）．

知覚における位相連鎖

次に，これらのさまざまな構造における活動の時間関係について，考えてみることにしよう．先に見たように，集成体 a, b, c が発達する間に，a の活性化には 2 つの運動性の活動をともなっている．これらのうちのひとつは，b または c が感覚によって興奮するまえに，つねに閾上に達する（注視の変化を引き起こす）．連続して生じる事象の順序は，次のように図式化できる．すなわち，

$$a\text{-}b\text{-}c\text{-}b\text{-}a\text{-}c\text{-}a\text{-}b\text{-}a\text{-}$$

といったように．これらの事象は，それぞれ 2 つの特定の運動性興奮と連合している．それらのうちのひとつは，少なくとも閾下であるが，ひとつは，たとえば a と b の間，あるいは c と a の間に介在する事象として閾上になる．

運動要素をともなったこの "観念的 ideational" 系列を，"位相連鎖 phase sequence" と呼ぶことにしよう．

集成体 t が機構化されるようになった時，その活動は，下位の集成体 a, b および c の活動の間に介在するが，それらにとって代わることはない．このことは心理学的な証拠が示している．そこでその系列の順序は次のようなものになる．

$$a\text{-}b\text{-}t\text{-}a\text{-}c\text{-}t\text{-}c\text{-}t\text{-}b\text{-}$$

単純な知覚がこれほど込み入ったものだということは，理論構成上重要な意味をもっている．単純なパターンの知覚が，外界の事象によって終結される単一の持続状態ではなく，状態または過程の連鎖だと考える理由を，少し思い出してみよう．先天盲の患者は，開眼手術後初めて図形を見せられた時には，どれも無定形なかたまりとして見るが，やがて苦労の末，その角を数えることができるようになる．その場合，全体の知覚とその部分の知覚とが，かわるがわる生じることになる．図形が個別的な全体となってもなお，図-地関係が同じように変動する——注意は，時には全体に，また時にはその部分に向けられるのだ．これは，2章で述べたように，知覚においては(また，対象について考える時のように，"概念"においても)，よく観察される出来事として，つねに経験される現象だ．ただしその事実は，図-地関係に関する現在の議論の中では認められていない．ラットは反応するまえに，ひとつのパターンのいろいろな部分を次々に分離している(すなわち，図として見る)というラシュリーの推測は，まったく同じようなことを意味している．

この理論図式から言えば，全体の知覚と部分の知覚との交替は，a, b, c と t との間の活動の交替であり，それは注視する方向と対応している(ただし，明確な眼球運動をまったくともなわない t を除く．三角形の3つの部分の知覚と関連する6つの眼球運動のベクトルの**平均値**は，合計するとゼロになるが，一瞬一瞬で変動しており，その結果，方向も量も

変化して,視線の固定も生じなければ,予測可能な注視の変化も起こらないと思われる).

　当然の結果として,個別的な全体図形としての知覚の基礎となる t の統合は,本質的に,運動成分をともなう皮質事象の連鎖を含むことになる. a における活動は,介在する適切な眼球運動によって, b と c の両方の興奮の喚起を促進し, b あるいは c の活動は同じように a の興奮の喚起を促進する. a に続いて b と c のどちらが活性化されるかは,その時の興奮可能状態に依存している. a における活動はまた, t の活動も促進するだろう.知覚発達の初期の段階では, a, b, c の活動が繰り返し生じたあとではじめて, t の興奮が引き起こされるのかもしれない.しかしその後(システム内のシナプス小頭部が広範囲に発達し,その結果促通の強度が増大すると), a だけの感覚性の活動に続いて t の興奮が引き起こされるようになるだろう.そのため, A をひと目見て三角形を認知できるようになるのだと思われる(図11).しかし,すでに見てきたように,そのようにして引き起こされた活動は,一過性の活動に違いない.全体を全体として知覚するのは一時的で,さまざまな部分の知覚との交替が生じるのである.システムの外部のなんらかの事象によってしか中断されないような,永続的な反響性活動とは違って,集成体 a, b, c や t のうちのひとつにおける興奮は,たやすくほかの位相に移行する不安定な平衡状態にある.

　ここまで展開してきた理論図式では,これらの構造のどれ

かひとつ(a, b, c, または t)における反響が，別の構造の活動と時間的に重なるのに十分な長さだけ持続することが必要であるとしてきた．心理学的な証拠は，反響性活動は短命であるという，生理学的な証拠にもとづく考えに強い支持を与える．もし，ひとつの観念またはひとつの知覚の持続時間が，閉鎖システム内の反響性活動の持続時間だとするなら，活動のパターンが1秒もの間変化しないまま持続することはほとんどないと言ってよい．知覚の安定性は，脳の活動が単一の持続するパターンの状態の時に生じるのではなくて，短い間隔で不規則な周期の位相が繰り返されるような状態の時に生じるのだ．

次の章では，思考の流れもまた同じような"位相連鎖"であること，しかももっと広範囲の位相周期の系列からなっているということを提案するつもりである．ここでの考察は，知覚についてのものだが，それにとどまらず，時間的に体制化された思考過程をあつかうための基礎を準備しておくという意図をもっている．

理論図式の特性

以上で，理論図式の構築の作業は完了した．残る作業は，この図式がどのような理論的意味をもつか，そしてその考え方を通常の状況下の行動発達の問題にどのように適用できるかを問うことである．

事実，この本の残りの部分は上の問いに答えることにあて

られるが,初めにまず,収支の試算表を作って,なにがすでになし遂げられているかを見極めておいたほうがよいだろう.以下の章で用いる主要な概念についてはすでに述べた.理論図式とこのあとの章との関連は,それが心理学とどう関わり合うかをさらに明らかにしていけば,いっそう容易に理解できるようになるだろう.

個々の神経細胞を心理学的現象に関係づける概念体系については,解説が必要な範囲内で詳しく述べてきた.そこでは,神経生理学の微視的な細部と心理学の巨視的な概念との間の大きなギャップにひとつの架け橋を急遽かけておいた.この橋は確かにその中央では不安定だが,それぞれの端ではしっかり固定されている.われわれは心理学的な橋頭堡(きょうとうほ)を手にしているわけで,それはさらに拡張の見込みがあり,すでにいくつかの戦略上の拠点を含んでいる.言いかえるなら,この理論図式は,ある種の理論的価値をすでにもっている.それは,多少なりとも,次のいくつかの課題に対処できる方策を示している.すなわち,(1)単純な知覚の発達において,原初的な図-地の分凝,眼球運動,そして学習(ここではシナプスの変化という意味でのみ用いる)という3つがどのような共同作業をするのかを考えること,(2)知覚過程における(生理的にも定義された)構えや注意や期待の作用について考える手立てを講じること,そして同時に(3)ゲシュタルトの補充現象,類似性,般化ならびに抽象——これらは,注意も含めて,本質的には同じ過程の異なった側面であり,連合その

ものと密接に関連している——についても考える手立てを講じることである．

1. 眼球運動，図-地分凝，および学習の相互関係が，この図式の中で明確に示されている．知覚は，初めに対象のいろいろな部分をはっきりと見る学習，すなわち一連の注視を含む過程に依存している．そして，いくつかの焦点(角)を含む無定形なかたまりとして見ることに始まって，ほかと区別される図形をひと目で見る段階へと進んでいく．この最終段階でさえも，全体の知覚は，最大限はっきり見るには眼球運動に依存しているということがわかっている(2章参照)．この理論図式によれば，知覚は，超感覚性の(すなわち連合野の)複数の構造における活動の時間的な連鎖によって構成されていて，それらの機構化はシナプスでの変化によっている．その連鎖は，対応する感覚刺激作用がなくてもしばらくは持続しうるが，感覚刺激によって，また適切な眼球運動によって，補強されるような循環的事象の不規則なサイクルである．

2. 構え，注意，期待については，この図式を発展させるにあたってすでに論じておいたが，ここではそれらをさらに精密なものにしよう．"注意"という用語は，文献を見ても多義的で，いくつかの意味をもっている．すなわち，それは(a)注意を向けている状態またはその最終結果——注意が向けられているものの主観的な明瞭さ，ないしは必要な受容器の調整を指す．または，(b)そのような過程の選択性，(c)選択性を生み出す仮説的作用因ないしは過程を指す．さらにま

た，(d)はっきりとは定義できない，あるいは理解できない"心"の種々の特性を指すこともある．ここでは第三の意味，つまり(c)の意味でこの用語を用いている．この理論図式では，注意とは知覚活動における中枢による促通と定義しておけばよいだろう．そのような意味で用いるなら，"注意"は，"知覚的構え"，すなわちあるものをほかのものよりもいっそう容易に見えるようにする過程とまったく同じ意味をもつことになる．この促進の効果が，対応する感覚過程に先んじて生じる場合には，期待が生まれる，と言うことができる．

この章の表記法で表わすと，細胞集成体aの活動は，集成体bとcとの活性化を促通し，それと並んで，BまたはC(図11の三角形ABCの点)を注視する2種の運動反応を促進する．この促進には，いろいろな仕方で，連合(この理論図式全体が連合を明らかにしている)，注意および期待という概念がもともとその中に含まれている．bにおける活動は，2通りの仕方で，すなわち感覚的にはBを見ることによって，中枢的には"観念の連合"によって，喚起されるだろう．Aの直後にBを見る場合，bの活動は，**両方の仕方で喚起される**が，aからの中枢性の促通が注意の例，つまり特定の感覚事象についての中枢性の強化の例である．

注意の生理学的な意味に関するこのような説明は，論理的には完璧であるが，その過程の選択性を明示していないから，とりたてて有効とは言えない．われわれの仮想動物は，さまざまなパターンを見る機会をこれまで与えられていなかった

ので，それらのパターンを選択する機能を用いてこなかった．だが，この点はすぐに，抽象作用について考察する際にもっと明らかになるだろう．同じく，A から B への眼球運動も，B からの感覚刺激によるか，a から運動系への促通によるかの 2 通りの仕方で引き起こされるだろう．ここでは，中枢性の促通の選択性ということがさらに明瞭になってくる．眼球運動は A から B へ向かうかもしれないし，A から C へ向かうかもしれない．そしてこれらのいずれの向きがとられるかは，中枢の事象に依存することが明らかに多い．a による 2 通りの運動性の促通の相対的な強さが，時々刻々変動することについてはすでに見た通りである．一方，促通が閾上に到達すると——つまり，いずれの眼球運動がとられるかを決める上で決定的になると——"運動の構え motor set" の選択性が実際に現われてくる．

3. いま，われわれの仮想動物がその限られた環境（"限られた" というような控えめな言い方をするのは，その動物はたったひとつの三角形を，距離は変わっても，つねに同じ角度から見るという経験しか与えられていないからである）に十分に習熟したあと，図 12 と図 13 に示してあるような 2 つのパターンでテストされるとしよう．まずその動物に，図 12 の，見慣れている三角形のようだが，頂点の欠けた三角形を見せるとする．その結果，われわれの理論図式によれば，一体どのような神経過程が生じるのだろうか？

その図形の頂点近くを注視したとしても，機構化の効果は

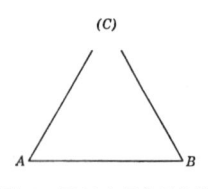

図 12 図 11 と同じ三角形だが，頂点を欠いた図形．

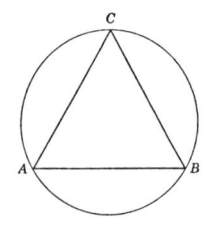

図 13 図 11 と同じ三角形だが，円で囲まれた図形．

なにも現われないだろう(われわれの理論図式では，線の交点だけを議論の対象とし，ほかと区別される存在としての線の知覚を無視したことを，思い出してほしい)．しかし，動物が A と B を眺めるならば，集成体 a と b とが興奮して，相互の，そして c と t への促通が生じる．t の一時的な興奮，すなわち三角形全体の知覚が，その際に生じることになるだろう．これこそゲシュタルトの補充現象の例である．しかしそれは，連合過程によって生じるのであって，場の力などによるものではない．この理論図式によると，補充現象は，簡単なよく見慣れた図形(ないしは，複雑な，見慣れない図形の中のよく見慣れた部分)についてのみ起こるもので，この点は実験事実とも合致する．全体の統一性を否定することなしに部分の知覚に対応することができてしまえば，そのような補充現象が，連合からの簡単な帰結として生じることは明らかである．

類似性，抽象，般化についてもまた同様である．かりにパ

ターンのいろいろな部分あるいは性質が，別々に知覚され，これらの部分の知覚が，全体の知覚と連合する可能性があるとしよう．その場合，2つのパターンがあったとして，全体としてそれらがもつ特性の多くが異なってはいるが，ひとつまたはそれ以上の特性に関しては共通であるような場合には，その2つのパターンに対して同じひとつの反応が起こる可能性がある，ということをすでに示しておいた．もちろん，これは新しい提案ではない．この理論図式に新しいところがあるとすれば，おそらくは，部分の知覚と全体の知覚とがどのようにして相互に関係し合い，神経細胞とシナプスの変化とがどのように関連をもつことができるかを示した点にある．抽象や類似性といった用語は，行動を記述するのに必要であるが，これまでは，少なくとも控え目に言っても神秘感を漂わせていた．いま述べた理論図式は，これらを生理学的な用語として明確に記述する可能性を生じさせたという点で，さしあたり役立っている．

　ここまで仮想の動物の知覚過程を図式化して示してきたが，ここでこの動物が，図13の点C，すなわち見慣れた三角形の頂点を見ているとしよう．この場合，2つの直線の交点は，機構化された神経活動を生じさせるが，それに加えて，三角形を囲む円という見慣れない存在にもとづいた，機構化されていない神経活動を引き起こす．この理論図式の表記法で言うと，cが活性化されると同時に，18野とそれより上位に位置する領野内の細胞群の，新しいランダムな活動もまた活性

化される．18野におけるこのランダムな発火活動がどんな効果をもつかを解釈するには，まえの章で示した確率の考え方に戻らなくてはならない．機構化された細胞構造 c に，この新しい活動が収斂する数は，動物の個体ごとに変動するだろう．それは偶然が支配する事象だからである．そしてそれは，どの個体においても，個々の伝達単位の興奮性の変動とともに瞬間ごとに変動すると思われる．したがって，集成体 c における機構化された活動は，時には中断され，時には中断されないこともあるだろう．そしてまた，三角形のほかの角が注視される時の a と b の活動についても，同様のことが成り立つはずである．

機構化された活動が生起する時に，三角形が"認知される"——すなわち，この図13の図形と，付加図形のない見慣れた三角形（図11）との**類似性**が知覚され，動物はこの全体の複合体から**抽象**をおこない，知覚の**般化**が生じるというわけである．ここでも，**注意**の選択性がさらに明らかになる．すなわち，いったん c が活性化されると，すぐあとに A が注視されれば a という機構化された活動が引き起こされる可能性が高くなる——つまり，c からの促通によって三角形の感覚的効果は選択的に強められるが，円からの感覚的効果は強化されないことになる．

この理論図式の目標は，できる限り生理学的事実に近づき，脳による行動の制御，ならびにその時間的統合の問題をあつかえるような概念に到達することであった．この到達地点か

ら先は，上行システムにおけるどれか特定の発火活動の組み合せが反復して生じた結果として，細胞集成体のようなある種の構造が確立されること，そしてそれらの集成体は，この理論図式の中で提唱されているようななんらかの仕方で相互作用すると仮定しておこう．

次の試みは，すでに立てられた仮定を用いて厳密な説明をすることよりむしろ，これまでの2つの章(4章と5章)で展開した考え方を一般化してみることである．とは言え，これらの仮定に含まれている2つの意味を明確にしておいたほうがよいかもしれない．なぜなら，それらはこの理論図式を実際の問題に適用できる幅を広げてくれるからである．

1. 単一の感覚事象がもっている種々の性質は，中枢に別々の効果をおよぼすと考えられる．このことは，次のように考えてみることができる．いま，乳児の手がいくつかの物体に次々に触れるとすると，その手を閉じた時に皮膚に受ける圧の程度のようなひとつの側面を除けば，乳児の手は，それらの物体からさまざまな刺激作用を受けるだろう．この章で述べた理論図式では，環境内にたったひとつの刺激物体だけがあると仮定していた．だが実際には，乳児の環境内には，刺激として数多くの物体が存在している．そして**これらの物体のいくつかが共有している性質**によって，刺激作用の**累積**効果がきわめて急速に確立されていくものと思われる．そのように考えると，最初期の学習においては，抽象のはたらきが基本をなすものだということがわかる．それゆえ，一群の

刺激物体があるという状況では，ベビーベッドの金属枠の棒は，たんに**堅**さの知覚の発達に役立つこともあるかもしれないが，また一方で，別の物体の組み合せに断続的に触ることによって，同じ棒が(触覚的な)**丸**さの知覚に役立つことになるかもしれない．

2. 刺激条件の時間的連鎖という，感覚過程のもうひとつの側面を考慮に入れることができる．たとえば，視野内の**黒**の知覚の問題について考えてみよう．この問題は，黒の知覚がたんに視野の部分的な光の欠如だけによって規定されるような静的な知覚ではなくて，一過性の知覚であり，十分な効果をもたらすには時間的ならびに空間的な対比を必要とする，という事実から生じる．視覚系においてひとつの状態が何度も繰り返されると，外側膝状体を含めてそこに至るまでの活動の低減が起こる．そのような低減が生じる間に，それが規定因となって，17野と18野の細胞の組み合せに予測可能で選択的な活動が起こるものと思われる．ただし，この同じ組み合せの17野と18野の細胞は，刺激が平衡状態にある時や強さを増している時には，活動しない．そのような特定細胞群の活動が繰り返されることによって，ひとつの集成体が発達してくる．その集成体の活動が，黒の知覚にほかならないと考えられる．

そこで一般的には，刺激作用の変化が感覚投射野あるいは隣接する連合野に，一過性ではあるが選択的な(すなわち，ある細胞群だけの)活動を引き起こす時にはつねに，細胞集

成体の形成に必要な条件が整えられていることになる．そのような集成体こそ，対比の知覚ならびに刺激作用の相対的な特性の知覚，たとえばより冷たい，より大きい，音がより高いなどの知覚の基礎となると思われる．それらが起こるのを規定している条件そのものによって，そうした知覚は一過性で，一時的ではあるが，それらが持続している間は，はっきりとした特色をもったものになる．

6章　学習能力の発達

　知覚の理論図式の説明では，眼球運動の重要性を強調したので，すでに運動学習の一部については述べていることになる．そこでは，眼球運動が感覚との間に多様な関係をもつものとしてあつかわれた．こうした眼球運動は，(1)直接的刺激，すなわち網膜周辺部への刺激作用によって，あるいは(2)それほど直接的ではない刺激，すなわち中心窩への刺激作用(この刺激作用が集成体の活動を生じさせ，さらに眼球運動を起こしやすくする)によって，あるいは(3)それよりもさらに間接的に，位相連鎖——集成体活動の連続的生起——によって引き起こされる．刺激は，集成体 a を活動させ，集成体 a はさらに集成体 c を活動させる．この c では運動の閾値が低いため，c の活動が目に見えるかたちで眼球運動を生じさせる．

　以上が運動学習についての考察の要約である．感覚-運動の制御が，感覚から運動へと直接結びつくものから，いくつかの介在過程を経るものまで，かなり多様だということについては，行動上の証拠がある．成熟してからも，反射の特性をすべて備えながらも学習される反応があることも知られている．また，刺激の知識だけからはまったく予測できない反応もある．この場合には，感覚の刺激作用と大脳の自発的活

動(構え)との相互作用によって，反応が決定される．

ここで注意しなければならないのは，学習には，構えによって影響されるものとされないものの2種類がある，ということである．学習には，いったん形成されると構えの影響をほとんど受けず，強化の必要もないように見える種類の学習がある．このような学習は，これまでほとんど注目されてこなかった．というのは，初期には配電盤説や結合説に対する反動があったし，現在のドグマでも，学習が特殊な動機づけの条件下でのみ起こるとされているからである．

成熟した動物では，たとえば急接近してくる物体に対してまばたきが起こるが，この反応は，実際には脊髄反射の一種である．通常の実験的アプローチで研究される学習性の反応とは違って，この反応は，消去や妨害("外制止 external inhibition")に対する抵抗がきわめて強い．ヒトの被験者では，あらかじめまばたきをしないように言われても，まばたき反応を抑えることはかなり難しい．しかし，リーセン(1947)は，それが実際には学習される反応だということを示している．暗室で20か月間育てられたチンパンジーでは，まばたき反応が見られないが，その後視覚経験をするにつれて徐々にこの反応が現われるようになる．正常状態で育てられたチンパンジーでは，この反応が約3か月目に現われる．こうした学習は，基本的には感覚-運動の結合によるものと考えなければならない．この結合は，おそらく特定の受容器と特定の効果器とをつなぐ結合ではなく，上行性システムと下行性シス

テムとを直接結びつける結合であるに違いない．というのは，この反応が自発的な中枢過程(たとえば構えや注意)の影響をほとんど受けることなく起こるからである*1．

しかし，こうした特性をもつ反応は，発達の初期に獲得されるように見える．つまり，一般的学習の典型例ではない．

もうひとつの極端な例は，半ばあるいは完全に成熟した動物によって習得される動作で，学習された"随意的"動作(この用語についてはあとで定義する)とも言える例である．それらの動作は，確実に消去可能であり，しかもどんなに完全に学習されても，構えと動因とに全面的に依存する．この場合には，感覚-運動の直接の結合といった可能性はない．このような行動や学習を理解するには，まずそれらを制御している皮質の活動の機構化を理解することから始める必要がある．

学習過程の性質は，発達とともに大きく変化すると考えら

---

*1 つまり，まばたきの学習というのは，哺乳類の学習がS-R(刺激-反応)結合を形成し始めるようになる段階の学習にかなり近いということである．このような反応の実験的基準は，2つある．ひとつは構えや注意が関係しないということ，もうひとつはパヴロフの言う意味での消去に対する抵抗をもつということである．このことは，基本的には，ひとつの理論的基準に還元される．すなわち，このような特定の刺激作用に対する反応は，物理的に両立しえないほかの反応が同時に喚起されないかぎり，どのような場合でも予測可能である．これこそ，感覚-運動性結合が意味していることである．しかし，反応が特定の実験装置においてのみ予測可能であったり，言語教示に従ったりする場合には，別の種類の行動があつかわれていることになる．

れる．成長にともなう学習能力の変化を考察するには，実験で観察される実際の行動に知覚図式の考え方を適用するのがもっともよいだろう．

　仮説的な知覚学習については明確なことが言えたが，成熟した動物の運動学習の場合はそういうわけにはいかない．知覚の場合は，知覚を生じさせる刺激条件を知ることができ，先行条件を特定できる．しかし，成熟した動物の運動学習の場合，その条件となる皮質の活動がまったくわかっていない．とは言え，私があげた理論図式を出発点にして，見過ごされがちな行動の特性を考察していけば，成熟時の学習についてある程度の説明を提示することができるだろう．

初期学習とその後の学習

　この節では，動物の幼時期の学習と正常な成熟期の学習との関係について，行動上の証拠を総合的に検討してみよう．そして次の節で，神経メカニズムの問題に戻ることにしよう．

　ここでは，次のことを主張する．まず，学習の特徴は，動物が成長するにつれて重要な変化をこうむる．とくに高等哺乳類ではそうである．さらにすべての学習は，それ以前になされた学習におきかわるのではなく，それを利用し土台にして形成されることが多い(Mowrer, 1941)．その結果，多くの初期学習は永続的なものになる傾向がある(Tinbergen, 1942; Hunt, 1941)．最終的には，成熟した動物の学習は，それ以前におこなわれたゆっくりとした非効率的な学習のおかげで効

率的なものになるが,また同時に,その先行学習によって限定され,水路づけられる.

〈一般的仮定〉 当然のことだが,学習は,それに先行する学習の影響を受けることが多い.こうした"学習の転移"の存在は,これまで数多くの実験によって示されてきた.Aの学習は,それ以前にBを学習したことによって促進されたり,妨害されたり,質的に変化したりする.論争になっている問題は,すでに学習したことが(特定の習慣がほかの特定の習慣に影響をおよぼすのとは違って)一般的な行動発達にどれほど大きな効果をもたらすのか,そしてそれをどのように理論にとり込むかという点である.

たとえば,マギュー(McGeoch)は次のように述べている*2.

 幼い頃から多少の学習はしているのだから,どんな学習の事例も,それまでにその人が学習した内容の影響を受けている.すなわち,学習はすべて転移の影響を受ける.……
 複雑で抽象的な有意味材料の学習,そして概念による問題解決(推理)は,学習の転移によってかなりの程度決まる.被験者が問題の基本的関係を"見抜いている"場合,すなわち洞察をもっている場合には,転移は,主要な影響を与える条件であるように思われる.同様に,独創的で創造的な人が,自分の知識を新しい問題状況に適用する点で非凡な感受性をもっている場合のように,転移は独創性においても基本的な要因である.どのレベルの知覚

---

*2 *The psychology of human learning*, Longmans, Green & Co., Inc., 1942, pp. 445-446. 出版社より引用の許可を得て転載.

作用も,おそらくこの影響を必ず受けている.複雑な心理事象の中で,転移の影響を受けないものはない.

　力強い文章だが,私は,これを文字通りにとる必要があると思っている(おそらくマギューもそのつもりで書いている).この文章を,たんに口先だけの論理として,あるいは行動に関して知られた事実として読むのでないかぎり,この文章が言っていることは,一般的な心理学理論に重大な影響をおよぼすものであるに違いない.もし,成熟した動物において知ることのできる,そして研究することのできる学習に,多くの転移効果が入っているとするなら,こういう効果をもたらす原学習の特性とはどのようなものなのだろうか? 成熟した動物のデータだけにもとづいて,一般的な学習理論を構築することは,どうすれば可能になるのだろうか? そこには,学習のように見えていても,実際にはその半分が転移によるという大きな危険性が潜んでいる.われわれは,どの学習が転移し,どれが転移しないかがわかっているとは言えない.というのは,転移の範囲についてのわれわれの知識は,成熟時の行動から得られたものであり,また幼時期の経験からの転移は,これよりもはるかに大きく,より広範囲におよんでいる可能性があるからである.

　学習理論にとって重要性をもつ例をひとつ紹介しよう.この例も,転移に関して成人の行動を乳幼児の行動にまで一般化することが,危険であることを示している.かつて,ある

学生が私に，ジェイムズ(James)の有名な記憶実験が重要な論点を避けている，と指摘したことがある．ジェイムズは，記銘 memorization における練習が記憶力を高めるかどうかを見ようとした．彼は，そうした練習は効果がないという結果を得て，その後ほかの研究者も同様のことを見出した．その結果，練習そのものには転移効果がほとんどないか，あるいはまったくないということになったが，練習にまさる学習方法については，なにもわからなかった．しかし，これらの研究はどれも，すでに長い間練習をおこなってきた成人についてなされたものであり，私のところの学生は，転移効果は**実験が始まる以前に完了していたはず**であり，その効果は，それらの実験で用いられた方法では明らかにすることができない，と指摘したのである．実験では，ジェイムズ(1910)は，被験者に高等教育を受けた成人を，ウッドロー(Woodrow, 1927)は大学の2年生を用いていた．それまで記銘をまったくしたことのない被験者を用いたなら，どんな結果になっただろうか？　これについてはなんとも答えようがない．しかし，転移効果があると期待するだけの理由がなにもないような場合に，それを示す証拠が見つからないからといって，特定の目的のない練習がまったく転移効果をもたないと結論するのは，確かにおかしい．なによりもおかしいのは，そのような証拠をもとに，幼時期の偶発学習がのちの学習に無視してよいほどの効果しかおよぼさないと結論することである．

　知覚が過去経験の影響を受けるということは，これまでも

強調されてきた（Gibson, 1929；Carmichael, Hogan & Walter, 1932；Leeper, 1935；Zangwill, 1937；Krechevsky, 1938）．なにが学習されるかは，なにが知覚されるかによっており，知覚されないものを覚えているということはありえない．コフカ（1935）は，"過去の痕跡システム older trace system" に興奮が起こることによって，パターンが見えたり記憶されたりする，と主張している．ウッドワース（1938）も，知覚作用はすべて "修正をともなう図式 schema with correction"，つまりそれまでの知覚習慣によるものである，と述べている．これらの習慣は，最初にどのようにして形成されるのだろうか？ 助けとなる先行の習慣がなにもない最初の段階で，学習の"過去の痕跡システム"を作り上げるのは，学習のどのような特性なのだろうか？ これらの疑問に対しては，いまのところ完全には答えることができない．しかし，いまあるわずかな証拠からでも，学習の問題全体を再検討してみることは可能である．

〈霊長類の最初期の学習はきわめてゆっくり起こり，成熟期の学習とは大きく異なる．〉 学習には2つの種類がある．ひとつは，新生児の学習，暗室で育てられた動物の視覚学習や，先天性白内障の成人患者の開眼手術後の視覚学習であり，もうひとつは，健常な成人の学習である．これまで何度か引用してきたように，先天盲で，運動（および言語）の発達が十分進んでから開眼手術を受けた患者の行動は，身体的成熟が完成しているにもかかわらず，観察しうる行動への影響を見

るかぎりでは，初期の知覚学習がきわめて非効率的であることを示している(Senden, 1932)．この研究をここで再度もち出す理由は，発達初期の非効率性が動機づけの乏しさのゆえではないことを示すためと，ヒトとほかの動物種とを比較するためである．

ゼンデンの報告によると，学習のある段階では，ほとんどすべての事例で，動機づけが極端に阻害されていた．しかし，これは，学習の遅さのおもな原因ではない．そう考えるのは以下の2つの理由による．

1. 動機づけは，眼を使い始めたばかりの最初の段階では阻害されていない．最初，(とくに色に対して)喜びを感じ新しい経験に心を奪われる時期がある．

やがて，患者は，パターン視を効果的に用いることがいかに難しいかがわかり始める．それに続いて，動機づけの"危機"が起こる．この時点までは，興味ももつし，パターン視を用いようとする．学習が容易なものは習得し，忘れない．色の名前などはすぐに覚えるが，パターン視において有効な，あるいは明瞭な学習が起こるようになるには，長い実習期間 apprenticeship を必要とする．

この期間中，患者が眼を開いて努力を続けるうちは，学習は明らかに進行しているのだが，のちに効率が増すということでどうにか知ることができる以外は，学習の進行は，はっきりとわかるかたちでは姿を現わさない．

2. 最初期の視覚経験における患者の貧弱な学習が，動機

づけの弱さの点から説明できるということを否定する第二の理由は，リーセン(1947)の観察から得られる．彼が暗室で育てたチンパンジーは，明らかに動機づけられていた．飢えによっても，檻から出された時には世話係を見つけてしがみつこうとする強い動因によっても，十分動機づけられていた．だが，こうした飢えや，しがみつこうとする欲求による動機づけをもってしても，40時間から50時間にわたる視覚経験では，白衣を着た世話係を，環境のほかの部分から弁別するようになることはなかった．驚くべきことだが，チンパンジーは，実験のこの段階では，ものがまったく見えていないようであった．

さらにその後のテストで，目立った大きな刺激物体を回避する反応を形成させるために，強い電気ショックが与えられ，12試行がおこなわれたが，反応は形成されなかった．同じ年齢の健常なチンパンジーは，同じ状況では，たった1回の試行だけでも，この痛みをもたらす物体を激しく回避しようとする反応を示した．最初期の視覚学習が遅いという点では，ヒトもチンパンジーも同じである．ヒトの場合の学習の遅さは，動機づけが欠けていることによるものではなく，霊長類における学習過程のある基本的な特性を反映している．

〈学習と系統発生の関係〉 最初期の学習がのちの学習とは根本的に異なるという結論は，次のようなもっとも重要な限定条件，すなわち，その差異が系統発生レベルに依存するということを必要とする．

これまでにあげた証拠は，高等な霊長類に限られていた．3章で，暗室で育てられたラットでは，パターン視の訓練が健常ラットよりも時間がかかるが，その差はチンパンジーやヒトの場合ほど大きくないということを述べた．暗室で育てられたラットは，15分弱の視覚経験をするだけで選択的視覚弁別ができ，初期学習が成立した(Hebb, 1937a, pp. 113-115)．これらのラットは，縦縞と横縞の弁別学習に健常ラットの6倍の試行回数を要し，正立三角形と倒立三角形の弁別には2倍の試行回数を要した．ところが，1時間ほどのうちに，その行動は健常ラットと見分けがつかないほどになった．すでに見たように，霊長類の場合には，こうなるには数週から数か月かかる．

　ほかの動物種については，これと比較できるほどのデータはないが，昆虫類のある種の行動は，無脊椎動物の初期学習がラットの場合よりさらに迅速で，最大効率にすぐに達することを強く示唆している．実習期間がほとんど必要でないか，あるいは全然必要でないのだから，その学習能力は，十分に発達した状態にあるように思われる．ミツバチを例にとれば，ミツバチは，真っ暗な巣からはじめて出てきて飛び去り，戻ってきた時に自分の巣の入口を見つけることができる．これまでにわかっているところでは，巣を見つけるのには視覚に頼っている．この行動から，昆虫の学習は，最初から学習効率が成熟レベルにあるということがわかる．(**時間のかかる学習というものは昆虫には見られないのだから，われわれが**

本能に帰しているものの多くは，その完成に2,3秒とはかからないような学習によるのかもしれない．形成される連合は，神経系が特別に適応している特定の連合に限られるのだろう（Tinbergen, 1942, p. 82）．つまり，遺伝はなお圧倒的な重要性をもっているが，学習は，見かけ上本能のように見える一部の行動にとって，不可欠なのかもしれない．）

　系統発生のレベルが上がるにつれて，成熟した個体では，複雑な関係を学習する能力は増してゆく．しかし驚くべきことに，幼時期の学習速度は遅くなる．

　これはたんに，高等な動物ほど身体の成熟に時間が長くかかるという事実を指しているだけではない．ラットは成長するにつれて，成体のラットのもつあらゆる能力を3か月で発達させ，イヌならこれに6か月かかる．これに対し，チンパンジーは10年，ヒトの場合は20年もかかる．一般には（もしこの問題がこれまでとりあげられたことがあったとすれば），高等動物では行動の発達にこのように時間がかかるのは，たんに霊長類では，成熟に要する時間が長いということ，そして本能が少ないため多くのことを学習する必要があるということを意味している，と考えられてきた．しかし，臨床的・実験的証拠が示すところによれば，もうひとつ別の要因がある．感覚のほんとうに新しい，初めての組み合せが運動反応と選択的に結びつく場合には，最初の明確で決定的な連合は，ヒトよりもラットで速やかに生じ，さらにラットよりも昆虫で速やかに生じるように見える．

速やかな学習は，一般には高等動物の重要な特質だとされている．確かにある条件のもとでは，それは事実である．われわれは，ほかの人の顔をちょっと見ただけで何年間も覚えていることができる．チンパンジーのビンバは，ある時ランセット(外科手術用のメス)で皮膚を突いたことがあったが，それからはけっしてランセットに近寄ろうとはしなかった．しかし，同じ大きさや似た形状のほかの物体を避けることはなかった*3．このようなことは，ラットでは起こりえない．われわれは，それを知的学習として，霊長類の脳の生得的な特性であるかのようにみなしがちである．しかし，リーセンの証拠が示しているように，それは生得的なものではない．顔を覚える能力の場合にも，同じことが言える．たとえば，マイナー(Miner, 1905)の先天性白内障の患者は，並外れて聡明な女性であったが，開眼手術後2年経って，ようやく4,5人の顔がわかるようになったにすぎなかったし，また1か月間2人の人間と毎日顔を合わせていたが，視覚だけではその人たちがわかるようにはならなかった．見ただけで親しい相手かそうでないかを見分けられるようになるには，ヒトの赤

---

*3　Dr. Glen Finch: Diary of Bimba, Yerkes Laboratories of Primate Biology, 1940. 高等動物における学習の性質を論じる上で参考になるのは，ハーロー(Harlow)が長期にわたる一連の実験において示しているアカゲザルの驚くべき学習能力である(*Psychol. Rev.*, 1949, 56, 51-65)．ハーローの議論そのものは，どのように学習能力が長期の経験によってまったく変化してしまうことがあるかを示しているが，その議論は，いまここで私がとっている立場を強力に支持する．

ん坊では生まれてから6か月，チンパンジーでは4か月かかる．明らかにこの期間は，成熟する期間であると同時に，学習する期間である．つまり，一定の神経構造が十分に成長して初めて，大人の典型的速度の学習になるというわけではない．

　学習速度に関しては，これまで一般に2つの異なった考え方があった．洞察の重要性を強調するゲシュタルト心理学者は，学習は一足飛びに起こり，不連続のステップで進行する悉無律的(全か無かの)事象だと考える傾向にあった("不連続説")．他方，その反対論者は，学習は段階的であり，たえず少しずつ増えながら形成され，通常は洞察といった特別な要因からは独立していると考える傾向にあった("連続説")．

　しかし，結論は，両方のタイプの学習が起こるということ，そして一方のタイプの学習は成体の動物に特有であり，もう一方のタイプの学習は，主として幼体に特有だということにならざるをえない．洞察による1回の試行での悉無律的学習は，高等動物の成体には確かに見られるが，幼体にはまったく見られない．幼体の学習は，洞察の要素がまったく入り込まない漸増的学習であり，成熟した動物でも，暗室で育てられて，その後視覚を用いて学習をおこなう場合には，このタイプの学習になる．状況の経験や遂行課題の経験が少ないほど，漸増的学習がより重要になる，と考えたほうが理にかなっている．しかし，まったく経験したことのない状況を設定することはまず不可能なので，成熟した動物で洞察の効果が

ない学習の例を見つけることはきわめて難しい.

ここで,学習能力と系統発生レベルの関係を明確にしておこう.高等な動物ほど学習**全般**が(成熟期においてさえ)速いという考えを支持する証拠はない.もっとも高等な動物の幼体では,成熟がゆっくり起こるということとは別に,最初期の学習にはもっとも時間がかかるという決定的な証拠がある.高等動物の学習の際立った特徴は,複雑な関係をあつかうことができ,それを下等動物がもっと単純な関係をあつかうのと同じ速さでおこなえる,という点である.留め金はずしを覚えるのに,ヒトはチンパンジーよりも速く,チンパンジーはラットよりも速い.しかし,それぞれの動物種がもっとも効率よくおこなえる学習をとりあげて比較するなら,一方の動物種が他方の動物種より学習が速いと言うことはできない.

ラシュリー(1929b)は,この点を明確に論じている.ペクスタイン(Pechstein)の実験では,ラットとヒトの被験者とが同じ構造の迷路を学習したが,両者を比べると,ラットのほうがすぐれていた——ある点でラットの成績がヒトの被験者の成績を上回っていた.ラシュリーは,この実験について論じた後で,ごく簡単な習慣 habit の学習では,下等動物でも知的に障害のある者でも,健常者とほぼ同じ速さで学習することを指摘している.このような習慣は,広範囲におよぶ脳損傷を受けても,その形成の速さに遅滞を生じない.また下等動物では,即時的な偶発記憶 immediate incidental memory が生じると考えられるだけの理由もある.ラシュリーは次の

ように結論している.「異なった動物種における学習の比較研究では,進化が,簡単な習慣の形成の速さになんらかの変化をもたらしたという証拠はほとんど得られていない.他方,系統発生のレベルが上がるに従って,訓練の限界が引き上げられ,複雑な習慣の形成にも一定の進歩が見られる」.

以上のことを要約すれば,学習能力における系統発生的な違いは,次のようになる.(1)より複雑な関係は,高等動物では成熟期に学習される.(2)単純な関係の学習の速さは,高等動物でも,下等動物でも,ほぼ同じである.(3)最初期の学習は,下等動物に比べ,高等動物では**時間がかかる**.

〈学習の基礎となる概念の発達〉 最後に,神経メカニズムの問題に移るまえに,学習能力が成長とともにどのように変化するかを明確にするため,行動上の証拠のいくつかをまとめておこう.一般に,そうした変化とは,多くの特定の運動反応の精密化ではなく,概念の発達である.知覚的体制化もその中に含まれるが,知覚と概念とは密接に関係し合っているので,"概念の発達"という用語に両者を含ませることにしよう.

一連の経験が,新たな刺激と反応からなる新たな習慣の形成をどのように促進するかを示すよい例は,すでに紹介した例——チンパンジーの顔を見分け,それらの顔を覚えるということを学習する例(あるいは,西洋人は,多数の中国人を見るという経験がないと,特定の中国人の顔を見分けるのが困難であるという,よく知られた例でもよい)——である.

いまいるチンパンジーをパン，ジャック，フランク，ドンというような名前で呼ぶ学習ができていれば，新しいチンパンジーをバルトと呼ぶことがすぐできるようになる．何頭かの個体を何度も見ることによって，ある種の概念タイプが形成され，それからの新しい個体のずれが目立って，わかりやすくなるのだ．

　学習におけるこの種の促進は，とくに材料が有意味の場合のいわゆる知的学習（機械的学習（暗記学習）と区別してこう呼ぼう）では，ごく一般的であるように思われる．こうした促進が，知能テストの成績に影響をおよぼすということは，脳損傷後の行動や老年期の行動のある側面を説明するのを可能にする唯一の解釈であった(Hebb, 1942a)．あとの章では，盲目のラットの行動が，発達初期の視覚経験によってまったく違ったものになるという証拠を紹介しよう．ジャクソン(Jackson, 1942)とバーチ(Birch, 1945)はそれぞれ独立に，若いチンパンジーの洞察に経験が影響することを示している．バーチは，だからと言って，洞察が機械的学習に還元されるわけではないが（したがって，ケーラーの行動の分類はいまも価値があるが），洞察が初期経験に依存するものだという点を明らかにしている．

　では，初期経験はどのようにはたらくのだろうか？　リーセンの実験やゼンデンがまとめた資料から判断するなら，初期経験は，最初の段階では，5章で述べたような知覚要素を確立するようにはたらく．これらの知覚要素が，より複雑な

知覚を作り上げる．複数の感覚様相におけるこのような要素を体制化することが，その後の，環境に対するあらゆる反応の基礎になる．次の段階では，簡単な連合が形成され，その連合をもとに，概念の連鎖が形成される時期がある．意味が最初に姿を現わすのもこの時期だ．最終段階では，成熟した動物に特有の学習の特性が姿を現わす．

　この後期の学習は，基本的に概念の学習である．ラットでさえも，迷路学習は，概念的活動を喚起するものとして刺激についての理解を必要とし，概念的活動がラットの動きを制御する（Lashley, 1944; Tryon, 1939）．ラットに比べ，ヒトでは，概念的活動は，はるかに重要で明確な役割をもつ．心理学においては，言語を条件反射——特定の刺激が特定の反応を直接制御する——の集合としてとらえるという理論的な試みがいくつもなされてきた．しかし，ヒトの学習では，以下にあげる特殊性を考える必要がある．

　幼児における言語発達の特徴のひとつは，とりわけ示唆的である．2歳から4歳ぐらいの幼児では，**上-下** up-down，（家の）**裏-表** back-front，**中-外** in-out，**左-右** left-right といった対になる語には，きわめて興味深い混同が見られる．（もちろん，**左-右**の混同は，成人でもしばしば見られる．これに対して，**熱-冷** hot-cold，**黒-白** black-white のような対語が，混乱を生じさせることはない．）また，**上**という語はその対語とだけ混同され，"内"や"黒"と混同されることはない．このことは，この語が一連の明確に限定された概念的

対応物との連合をまず獲得している,ということを意味している.観察によると,この混同は数か月は続くようだ.この期間,上という語は垂直次元と緊密で明瞭な結びつきをもつが,手をあげるとか,空や天井を見上げるといった特定の動作とは結びついていない.このような事実から言えるのは,ヒトでの概念発達をもっぱら言語的連合からなるものとして説明しても,意味がないということである.

(a)刺激,(b)中枢的活動(あるいは概念),(c)運動反応という三者間の関係は,12歳児に"右向け右"という命令に即座に従うようにさせてみるとよくわかる.**左-右**の選択がきわめて困難なのだ.この場合には,一定の聴覚刺激,すなわち**右**という語と,それに連合すべき一定の動作とがある.この連合が即座に生じるとか,あるいは少なくともほんの数回の試行で条件反射として成立する――子どもは幼児期からそういう訓練をされてきているのだから,その可能性が高い――とか思う人もいるかもしれない.ところが,ご存じのように,そのようなことは起こらない.明らかに,**左-右の弁別は上-下の弁別よりもずっと困難であり,さらに上-下の弁別は黒-白の弁別よりも難しい**.子どもは3歳頃には"右"と"左"がそれぞれ身体の片側を指すものだということがわかるようになる.ところが,どちらの側を指すかまではわからないのだ.

実は,この左右の弁別は,成人の学習の典型例である.最初に成立するのは概念的体制化である.6歳になる頃には,

子どもは"右"という語が自分の身体の片側を意味するということをはっきりと，即座に理解する．それまですでにかなりの概念的精密化がなされており，刺激はその構造を効果的に喚起はするが，すぐに特定の反応を引き起こすことはない．反応の形成には時間がかかり，しばらくは安定せず予測不能な状態が続く．

　人間の思考におけるアナロジーの役割，そして科学的研究でも用いられる比喩表現についてさらに考えてみよう．脳の解剖学の用語である**橋 pons，島 island，水道 aqueduct**，物理学や気象学の用語である**音波 wave**，太陽黒点の**周期 cycle**，生理学の用語である血糖**レベル level** の**上昇 rise**，刺激についての**閾 limen** など，こうした用語はすべて，子どもの左右の混同と同様に，学習や知能の特質を浮彫りにする．このような比喩表現は，少なくとも記憶を助け，まったく新しい対象を指す場合でさえ，熟知している語であるがゆえに，新たな造語よりもよく思い出せる．したがって，比喩表現を用いるのは，言語の節約以上のものである．既知の対象に結びついた基本的アナロジーは，思考の節約——学習や理解における労力の節約——をもたらすのだ．

　この事実は，少なくとも奇妙である．というのは，意味の正確さは科学的思考の基本だからである．それにまた，学習の法則から示唆されるように，熟知している語に与えられる古い意味と新しい意味との間には，ある程度の干渉が起こるに違いないからである．つまり，**用語が思考に対応し，かつ**

新しい概念が古い概念のたんなる変容であるというのでないかぎり，干渉が起こるはずである．

　実験室の研究者は，アナロジーの助けを借りて報告したり執筆したりするだけでなく，そのように思考もしている．原子は，かつては小さな丸く硬い粒子とされていた．その後，鉤(かぎ)のついた粒子とされたこともあった．ついこの間までは，太陽系のようなものとみなされていた．光の性質に関する物理学の古典的論争も，光は降り注ぐ小石のようなものか，それとも水槽の中のさざ波のようなものかを実際に問題にしていた．最終的な答えは，両方だというものだが，これは受け入れがたいものであった．その理由は，その答えが既存の概念の枠にはまるものではなかったからである．波は波であり，小石は小石であり，日常の経験では両方の特性を備えているものはない．ご存じのように，科学思想は少しずつ進展する(訳註6-1)．個々の学者が同時代のほかの学者たちよりもはるか前を行くことはないし，彼の考えも既存の考えから生まれる．ウッドワースの言う"修正をともなう図式"のように，新しい概念は，すでにある概念からおもに構成されるに違いない．新たな学習は，古い学習によって促進されるのだ．

　しかし，光の理論の歴史が示しているように，新たな学習も限定され，水路づけられているのかもしれない．視覚学習のところで，私は実習期間のアナロジーを用いた．ある職業における実習は，ほかの職業にも役立つかもしれないが，そのものを直接学んだほどではない．どんな学習も，成人して

からほかの学習を促進するかと言うと，そういうわけでもない．

　たとえば，ニッセン，マコーバーとキンダー(Nissen, Machover & Kinder, 1935)は，子どもの頃の視覚学習がその後どのように選択的な効果をおよぼすかを示している．西アフリカの原住民は，知能テストの中の形態盤テストの得点が低かった．このテストでは，被検者は，一連の簡単な幾何学図形の積木を同じ形の穴にできるだけ速くはめ込むよう求められた．ニッセン博士の話では，原住民の得点が低かったのは運動の遅さのせいではなく，形の識別の遅さ，つまり知覚の遅さによるものだという．

　同時に，博士は，原住民にとっては一目瞭然である藪の中の物体を見つけることでは，自分のほうが劣っていることを発見した．かりに原住民と都会に住んでいる科学者とが，同じ場所で未知の動物の通った足跡を見せられたとしよう．それは，原住民にとっても科学者にとっても見慣れないものだが，一体どちらがよりよくそれを記憶し，次に見た時に，それだとわかるだろうか？　原住民が幾何学の教科書から学びとることのできるもの，あるいはわれわれが動物の足跡をたどることから学ぶことのできるものは，それぞれの脳の遺伝的特性よりも，それまでの学習に大きく関係しているに違いない．

　もちろん，幼時期の経験がその人間や動物の態度，興味，能力にまで永続的な影響をおよぼすことは，よくあることで

ある．ローレンツ(Lorenz [Tinbergen, 1942 の引用による])は，その影響を鳥類で実験的に示している．哺乳類では，飼い慣らすのは幼時期がもっとも容易であり，その影響がその後も持続することはよく知られている．反対に，銃声をこわがるイヌは，情動的適応の失敗が持続するという一例である．こうした障害は必ずしも幼時期に形成されるとは限らないが，最初の経験が修正しにくい影響をおよぼすということを示している．ハント(Hunt, 1941)は，ラットで，生育初期の飢えがその後の貯食行動 hoarding に影響をおよぼすことを示している．能力や知能に関して，人種や民族を遺伝的能力の点で比較できないことは，現在広く認められている．なぜなら，低い得点は文化的背景に起因するものかもしれないからである．つまり，幼時期の経験が，成熟期における問題解決能力のレベルに恒久的に影響をおよぼす可能性があるということは，広く認められた心理学的原理である．ところが，理論家の中には，黒人の低い IQ がそのように説明されると考えながら，貧困層の白人の低い IQ も同じ理由で説明できるということに気づいていない者もいる．

　この問題には，知能の性質を議論する時にまた戻ることにしよう．この節では，最初の学習と後の学習との一般的な関係を，行動上の証拠の点から明確にしようと試みた．次に，この関係を説明する生理過程と，一次学習 primary learning あるいは原生的学習 aboriginal learning の特殊性の問題をとりあげよう．

一次学習の段階

　以上の議論ではとりわけ，高等動物の初期学習が非効率的であることをどう説明すればよいかという問題を提起した．この問題をあつかうには，知覚の理論図式に再び戻って，先に故意に省略した点について補足しよう．知覚の理論図式では，大脳皮質の連合野における自発的発火についてほとんど触れていなかった．この点を考慮に入れると，きわめて重要な問題が浮上する．それはさしあたって，次のように表現することができる．すなわち，どのような状況なら，特定の刺激が2つの異なる時に同一の効果を中枢におよぼし，その結果累積的学習が可能になるのだろうか？

　すでに述べたように，上行性の興奮は，活動していない組織に興奮を引き起こすことはないが，すでに進行中の活動には興奮を送り込む．刺激が反復される場合，つねに一定の結果が生じるためには，上行性の活動が影響をおよぼしている連合野の自発的活動が，一定の恒常的状態にある必要がある．これまでの章で図式化された知覚学習は，刺激の反復によって生じたなんらかの一貫した中枢活動に依存している．この図式の条件を満たすには，背景的活動の恒常的なパターンがつねに生じていることを必ずしも仮定する必要はないが，少なくとも同一の活動パターンが頻繁に生じている必要がある．もし刺激が累積的な作用をもち，最初の学習を構成する細胞"集成体"を形成すると仮定するなら，このことが必要とな

る.

　この問題に対する答えは, なぜ高等動物では最初の学習にかなりの時間がかかるのかを説明しているだけでなく, あとの章で見るように, 間接的ながら, 成熟半ばの, もしくは成熟した動物における動機づけと情動の問題のいくつかも明らかにしてくれる.

　異なった時点で連合野の活動に一貫性を生み出すおもな要因として, 次の2つが考えられる. ひとつは, その活動の内在的機構化であり, もうひとつは, 生育初期の環境がおよぼすたえず増大しつつある影響である.

　前者の要因を皮質活動の**内在的機構化** intrinsic organizationと呼ぶ理由は, それが感覚事象によって引き起こされる機構化とはまったく異なっているからである. この内在的機構化は, 出生時の乳児に特有の大きなゆるやかな脳波に現われ[*4], 成人では睡眠時や昏睡時に現われる. すなわち, 出生時には, 内在的機構化が完全に優位を占める. 心理学的発達が進むにつれて, この優位性は弱まっていくが, 一般には1日周期で定期的に出現し続ける. 行動面で見ると, この内在的機構化は, 感覚刺激に対する閾値の上昇として現われたり, われわれが随意的とか意図的と呼ぶ方向性をもった持続的活動の著しい欠如として現われたりする.

　このことは, 覚醒時の成人の行動と, 乳幼児の行動や睡眠とを分ける明瞭な境界線があるということではない. また, 両者に対応する脳波の間に, 明確な区別があるということで

もない．しかし，皮質活動の機構化には，まえの節で述べた学習能力の両極と明確に対応する2つの極があるように思わ

---

*4 すなわち"生得的"だということだが，それは学習される可能性も，されない可能性もある．具体的には，次の2つの可能性が考えられる．(1)もともとほかの神経細胞を支配し，同期する発火を生じさせるような本来的なはたらきをもつペースメーカーが存在している．(2)同期的活動が"学習"される，つまり神経活動自体の結果として子宮にいる時に確立される．乳児の脳波のパターンが成人のパターンへとかなりゆっくりと変化していくこと，またその両極のパターンの間に明確な不連続性が見られないということから，第二の可能性が示唆される．かりに中枢の細胞の発火がもともとはランダムであるとすれば，前述したシナプスの変化が発火の同調を増加させ，大規模な自己興奮系 self-exciting system を形成するのかもしれない．これらは，最初は比較的単純な閉回路かもしれないが，徐々にほかの細胞を，そしてやがてはほかの回路を巻き込むようになる．これが知覚の発達を論じた時に(4章 p.192)述べた"成長"ということである．覚醒している動物の運動活動によって生じる感覚の定常的な妨害がなければ，成長は局所的統合と過同期をもたらすが，そのような妨害があれば，統合は解剖学的に見て広い範囲のシステムで生じ，局所的同期を減少させる．

　以上の議論では，脳波による多くの証拠が，生きている正常な脳における生理的機構のもっとも直接的な指標とみなされている．しかし，この指標はきわめて大ざっぱなものだと考えておいたほうがよい．私はここでは，乳児に見られる脳波の徐波と成人の睡眠時と昏睡時に見られる同型の脳波とが，同じ意味をもつとみなしている．ある点では，すなわち皮質ニューロンにおける発火の局所的同期を示唆するものとしては，これらは同じものかもしれない(1章 p.77で立てた仮定を参照)．しかし，ほかの点では，顕著な違いがあるかもしれない．というより，違いがないはずがない．脳波の記録技術の今後の進歩は，それを明らかにしてくれるだろう．とりあえず重要なことは，覚醒時の健常成人の皮質活動とは対極にある乳児期，睡眠時，精神病状態における皮質活動が，脳波記録においても，目的的行動の持続の有無においても，ある点において同一だということを理解することである．

れる．その一方の極にある機構は，初期に確立されるもので，いったん代わりの機構が現われ始めると，感覚活動の変化によって支持されるよりも，逆に妨害される．またそれは，大きな電位の脳波として現われ，筋組織の不活性，目的性や指向性のない活動，そして時間のかかる非効率的な学習といったものと相関している．もう一方の極にある機構は，ゆっくりと獲得されるもので，それがある程度の期間維持されるためには，感覚入力の定常的な変化が必要である．またそれは，振幅の小さな不規則な脳波を生じさせ，健常な成人の覚醒時の行動や成人段階の学習にとっての前提条件となる．

　注意していただきたいのは，ここで議論しているのは皮質における**機構化された**活動の変動だということである．あとで恐れと神経症について論じる時に機構崩壊 disorganization という概念を紹介するが，この機構崩壊は，穏やかな状態も目的的活動も生み出さず，代わりに協調運動障害 incoordination や自律神経系の活動 autonomic activity を生み出す．内在的あるいは原初機構化と機構崩壊とは，はっきり区別しておく必要がある．

　内在的機構化を背景として，乳幼児の最初の視覚学習は，ゆっくりとではあるが，途切れることなく着実に進行する．最初の感覚性興奮が，大きな細胞集団の中で多くの細胞が律動的に発火しているような機構化された活動（私はこれを乳幼児の大きな振幅の脳波が意味していることだと考えているが）へと流入するとすれば，この図式の議論は，依然として

有効である．ただしこの場合，17野からインパルスが届く時に18野の細胞がつねに発火できるような状態にあって，不応状態にはない場合よりも，視覚学習は時間がかかるはずである．この図式における唯一の変更点は，高等な霊長類では，最初の学習に時間がかかることの理由をさらにもうひとつ示している点である．

同時に，下等動物との差異の説明も明確になる．知覚学習のプロセスは，感覚事象による連合野の活動の制御の確立として考える必要がある．連合野の面積が，絶対的にも，（感覚投射野に比較して）相対的にも大きくなるほど，制御の確立には時間がかかるようになるが，それは最終的にはより柔軟性をもち，より複雑なものになるに違いない．

視覚以外の感覚様相における中枢の機構化の原理も，視覚における原理と違わないと仮定しよう．そう仮定しても，まず間違いはなさそうである．異なる感覚系の解剖学的な差異は，弁別の複雑さに，また弁別の精度や感度などにも影響するだろう．そうした差異は，たとえば聴覚と視覚のように，ある感覚では時間的統合がより重要であったり，別の感覚では空間的統合がより重要であったりという違いを生むかもしれない．しかし，これらの解剖学的差異は，視覚と聴覚で，あるいは触覚と嗅覚で，中枢の神経統合の原理が異なるということを意味するわけではない．

ここでの問題は，基本的には，中枢の自発的活動にもかかわらず，特定の感覚事象が違った状況で起こっても，中枢に

同一の効果をもちうるのはどうしてかを理解することである．もし，われわれが，エイドリアン(1934)やワイス(1941a)のように，刺激を受けていない神経細胞が最終的には自発的に発火するに違いないと結論するのなら，たえず刺激の集中砲火を浴びている細胞では，こうした自発的発火活動が起こらないというエイドリアンの結論も，受け入れなくてはならない．したがって，受容器の表面が刺激されている間はつねに，皮質の感覚投射野は，完全に環境の制御下にあるに違いない．

　感覚野から連合野に達する神経線維も環境の制御下にある．知覚の理論図式に従えば，この制御は，シナプスからシナプスへとしだいに拡張されていく．連合野が伝達単位の集合からなると考えると，これらすべての単位が制御されるのにかかる時間には，2つの要因が影響しているに違いない．ひとつは，感覚野から連合野に達する制御役の線維の数であり，もうひとつは連合野自体の伝達単位の数である．

　皮質の大きさが一定であるとすると，この2つの要因は，感覚皮質全体の大きさと連合皮質全体の大きさにほぼ比例すると考えることができる．したがって，一次学習の期間の長さは，次の比にほぼ比例する．

$$\frac{連合皮質全体\ \text{total association cortex}}{感覚皮質全体\ \text{total sensory cortex}}$$

この比を A/S 比と呼んでおこう．感覚投射野は環境の直接の制御下にある．もし感覚投射野が連合野に比べて大きく，

それゆえ多数の線維を連合野に投射しているとするなら，その制御は速やかに形成されるはずである．もし感覚投射野が小さくて，連合皮質が大きければ，制御にはもっと時間がかかるだろう．すなわち，"一次学習"の期間が長くなるだろう．

しかし，さらにもうひとつ別の要因も考える必要がある．A/S比が同じであっても，脳の絶対的大きさが違っていて，連合野における伝達単位の絶対数が多ければ，大きな脳ほど，最初の学習には時間がかかる傾向にあるだろう．伝達単位の数が多くなるということは，感覚が制御しなければならないシナプス結合の数もそれだけ多くなるだけでなく，連合野の自発的活動の変動もそれだけ大きくなるということを意味する．注意してほしいのは，ここで問題にしているシナプス数は，上行性の興奮が運動皮質に到達する際に通ると考えられる最小限のシナプス数ではない，ということである．問題にしているのは，再帰性回路と複雑な閉鎖系である．連合野における伝達単位の絶対数が多ければ，おそらく初期の自発的活動の変動も大きく，最終的に機構化もより複雑になる．この両者が意味していることは，たとえA/S比が一定であっても，脳が大きくなれば，それだけ感覚による制御の確立には時間がかかるということである．

それぞれの感覚投射野は，その効果を最大にするかのように，脳の中では互いに離れたところにある．霊長類では，前頭極にのみ（また多少は側頭極にも），感覚投射野から遠く離

れて皮質組織が存在する．したがって，**一次学習の段階は，連合野に対する(つまりは間接的には行動に対する)環境による最初の制御が確立される時期とみなすことができる**．こう考えれば，大脳と A/S 比とが大きい霊長類では，なぜ最初の学習に時間がかかるのかについて，そして霊長類の究極的なレベルの学習能力についても，説明することができる．

もちろん，細かな神経構造や代謝など，考慮すべき要因はほかにもあるので，この比率だけを強調することはできない．しかし，連合皮質の大きさと A/S 比が細胞数で表現できるなら，脳の重さ/体重の比よりも，行動レベルのすぐれた形態学的指標の基礎を提供するかもしれない．もちろんいまのところ，これは検証不能である．細胞数はわかっていないし，心理学でも，異なった動物種間で十分な知能の比較はおこなわれていない．さまざまな動物種での感覚皮質の大きさに関する正確なデータもない．

しかし，系統発生のレベルがかなり異なった場合には，"知能"（あるいは心理的複雑さ：McBride & Hebb, 1948）の階層を仮定することができるだろう．この階層は，(1)大脳の大きさ，(2)上行性の神経組織と介在性の神経組織の比率という2つの大きな違いに対応している．下等脊椎動物では，大脳は小さく，上行性システムが介在性システムに比べて大きい．哺乳類の種間では，連合皮質の大きさが絶対的にも相対的にも異なっており，その違いは，"下等"な種のほうが環境への選択的反応の学習において学習速度が速いことにも，

また十分に発達した時の行動が比較的単純であることにも関係している(正確なデータはないが)と考えてよいだろう.

これらの解剖学的考察は,もうひとつの点にも注意を向けさせる.成熟した高等動物の学習能力はたんに,より多数の連合を形成する能力や,より精密な感覚的弁別のための連合を形成する能力なのではない.行動も,その時の直接的環境からの刺激による制御を,それほど直接には受けなくなる.連合野が大きければ,中枢性の位相連鎖も,それだけ複雑になる可能性がある.言いかえると,位相連鎖は依然として機構化し続け,最終的には相対的により小さな感覚投射野によって制御されるようにはなるが,位相連鎖がその直接的な制御を頻繁に免れることになり,その時間も長くなる.連合野が大きいということは,直接的な結果に関するかぎり,ヒトの最初の学習が驚くほど非効率的であることを説明するだけでなく,成熟期の学習が驚異的なほど効率的であることも説明している.

成人の学習メカニズム

脳の連合野の活動が連続的でかつ変化に富むなら,どのようにして刺激作用の繰り返しが,時を隔てても中枢に同じ効果をおよぼし,累積的学習を可能にするのかということが問題になる.この問題については,乳幼児では答えが得られており,その答えは高等動物の最初の学習に時間がかかることを説明するのに役立った.さらに,成人の場合にもこの問題

に答えることは可能である．

　幸いにして，連合野の**独立した**活動の上に重ね合わせられる刺激作用の累積効果は，もう説明しなくてもよい（というのも，この活動は覚醒状態にある成人では非常に変化に富むに違いないからである）．連合すべき事象が，皮質活動の機構化された連鎖を制御できる段階にある時に，学習が起こる．言いかえれば，環境が連合野を繰り返し制御すると，中枢の活動はランダムで**はなくなり**，訓練状況が繰り返されると，この刺激作用が同じ中枢のパターンに影響をおよぼすことが**可能になる**．

　私は，2つの中枢事象が同時に起こることが学習の必須条件であるとした．しかし，これは必ずしも十分条件ではない．まえのところでこの問題について論じた際に（4章 pp. 192-193），私は，2つのシステムが同時に活性化することによって相互に促通し合うようになるという可能性を考えた．理論を展開する中で言及したシステムは，新たに機構化されたシステムであり，一次学習の際に，一方のシステムともう一方のシステムとの間で**最初**に起こる連合を問題にしたのである．その結論は，2つのシステムが脳の同じ領域内で互いに絡み合っている場合でも，連合は容易なものから困難なものまで，さまざまであるに違いないということであった．一方の極では，速やかにひとつにまとまるだろうし，もう一方の極では，長い期間にわたって同時に活動することが何度かあっても，連合しないかもしれない．さらにもうひとつの結論は，もし

2つのシステムが十分に機構化されているならば,つまり一方のシステムの一部が喚起されることによって全体が喚起されるとすれば,システムが大きくなればなるほど,ほかのシステムとの効果的な相互促通が形成される確率は高くなる,ということであった.

しかし,いま問題にしているのは,成熟期に形成されるはるかに複雑な過程間の連合である.成熟期に学習されるパターンや出来事は,少なくとも部分的には既知であり,すでにほかとの連合を多数もっている.このことが問題の性質をかなり変えている.つまり,この場合の学習は,まったく無関係な過程間の連合ではない.それは,細胞集成体の複合体と,(私の図式の用語で言えば)精密な位相周期に関係するに違いない.そして最終的には,まったく無関係の活動間に新たな結びつきを作り上げるのではなくて,すでにある促通を強めることになる.

成人に特徴的な(心理学実験でおこなわれる以外の)学習は,数回の試行で,あるいは1回だけの試行でも起こる学習である.そのような学習はつねに,既知の対象の知覚や慣れた筋運動のパターンの再結合を含んでいるように見える.たとえば,新しい名前は,その名と姓が聞き慣れたものである場合にはよく記憶できるし,初対面の人の顔は,その人が見慣れている人種の人である場合にはよく記憶できる.これらの条件が変わってしまうと,繰り返し努力してもなかなか記憶することができないかもしれない.新しい名前と新しい顔を同

時に覚えるようにすることで課題を複雑にすると,それに応じて困難さも増す.名前を復唱しながら顔を見るということを短い間隔で何度も繰り返さないかぎり,通常は無理である.このように,成人の学習は,典型的には2つか3つ程度の機構化された活動の相互作用である.活動が機構化されると,それらを引き起こした刺激作用がなくなった後も,活動が続くことが可能となり,これが永続的学習の構造的変化が起こるのに必要な時間を与えることになる.**ここで私が展開している理論では,刺激作用が十分に機構化された位相連鎖を開始させる場合には,迅速な学習が可能であるが,そうでない場合は不可能である**.連合野のこの機構化された活動は,環境の制御を受ける.その制御が効果的で,連続する試行において中枢の同一の活動パターンを回復させるなら,累積的学習が起こりうる.

このように,成人の学習は,別々の刺激作用による中枢効果どうしの関係の変化であり,それを引き起こす刺激とも,あるいは本来は中枢の活動によって調整される運動性反応とも,直接は関係しない.

別のアプローチでも,同じ結論が得られている.学習実験では,*tob, del, rec, til* といった無意味綴りを記憶するほうが,*tobacco, delights, recommend, heartily* といったより複雑な項目を記憶するよりも難しいし,さらに "I recommend the delights of tobacco heartily(タバコを楽しむことを心からお薦めいたします)" といった文を記憶するよりもはるかに難し

いうことが，繰り返し示されてきた．意味をもった出来事は，もっともよく記憶される．さらに言えば，記憶されるのは，意味を喚起した刺激作用そのものよりも，むしろその意味である(McGeoch, 1942)．つまり，感覚が中枢に与える効果は，比較的単純な感覚事象そのものによるというより，むしろ連合による効果である．このことはとくに，もっとも効率的な学習——もっとも容易に形成され，もっとも長く持続するような種類の学習——について言えるように思われる．

このような学習は，図14のように図示できるかもしれない．それぞれの円は，概念的活動を表わしている．対象や場所の概念は，不規則な周期であり，その周期の各位相が大脳の細胞集成体の活動である．この位相周期の十分な大きさの部分が喚起されると，全体が活動するようになる．このように，図14では，概念 A はもとは聴覚，触覚，視覚の相互作用によって機構化されている．いったん機構化されてしまえば，聴覚だけによっても，あるいは聴覚と触覚によっても，概念 A が喚起される．しかし，同時に活動する結果生じる A と B 間の基本的連合は，A, B それぞれが視覚によって喚起された場合でも，あるいは一方が聴覚によって他方が触覚によって喚起された場合でも，同じになる．

このように，学習はどんな特定の感覚の手がかりからも"自由"でありうる(Tryon, 1939)．ラットは，視覚，嗅覚，触覚，運動感覚の手がかりを頼りに迷路を学習するかもしれない．迷路をいったん学習してしまえば，これらの手がかり

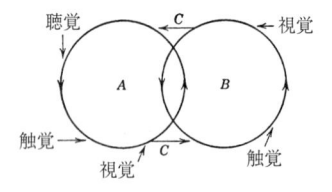

図 14 A と B は2つの概念的活動を表わしている．2つの C は，A と B との間の可能な連絡である．これらは"位相周期"であって，神経の単純な閉回路や，より複雑な"集成体"ではない．それらは，いくつかの活動が時間的に統合され，不規則な周期で再帰する傾向をもつ集成体のシステムである．A は，最初は聴覚，触覚，視覚の刺激作用によって機構化され（すなわち，これらの個々の感覚様相の細胞集成体を含んでいる），B は視覚と触覚の刺激作用によって機構化されている．これらの周期が十分に機構化されると，その活動は，もとの刺激作用の一部によって——たとえば A が聴覚，触覚，視覚のいずれかによって——開始させられるようになる．A と B が同時に活性化すると，それらは，図の中で2つの C で示されているような相互促通を獲得するかもしれない．この学習は，どの特定の刺激作用からも独立である．2つの視覚刺激作用によって形成された連合は，その後 A が聴覚によって喚起されるか，B が触覚によって喚起されるかした時にも，姿を現わすはずである．

のどれかが妨害されたり，とり去られたりしても，学習は持続し，残っている手がかりが利用される．あとの章で見るように，盲目のラットの行動は，発達期に視覚的な経験をしている場合には，その影響を永続的に受ける．したがって成熟期に失明したラットは，生まれた時から盲目のラットには解けないような問題を解決できる．概念 A の特性（図 14）はもとは視覚に依存しているのだが，ラットは，A を形成してか

ら失明した場合には,聴覚や触覚だけからでも喚起されるものとして,概念Aを保持し続けるだろう.

ここで,このような2つの概念間の連合の様式について考えてみよう.この2つの神経構造は,解剖学的にたまたま収斂して(4章),直接の相互促通が形成されるという可能性を十分に備えているかもしれない.これは,図14では2つのCで示されている.したがって,AとBとを喚起する刺激作用が一瞬だとしても,それらは,シナプス小頭部の形成に十分な時間,活動し続けるかもしれない.結果は,2つの異なる神経系が関係する1試行学習になるだろう.

しかし,こうしたことは起こりそうもないように思える.図14のように,新しい結びつきが形成される時には,おそらく多数回の試行が必要だろう.そしてこの図は,機械的学習(暗記学習)を示すものと考えたほうがよい.すでに論じた事実が示しているように,1試行学習が起こるのは,概念が"意味"と連合した時,言いかえれば,ほかの概念との連合がいくつもある時に限られる.図15は,それに対してもっと重要な,もうひとつの可能性を示している.知覚される対象は,多数の知覚要素からなっている(5章 p.204).異なった知覚において同じ要素が再帰する結果,連合すべき2つの概念が共通の位相(集成体活動)をもつようになるかもしれない.これら共通の位相は,すでに存在している複数のリンクであり,連合を形成するには強められるだけでよい.

しかし,これだけではない.実際の対象の知覚は,(ひと

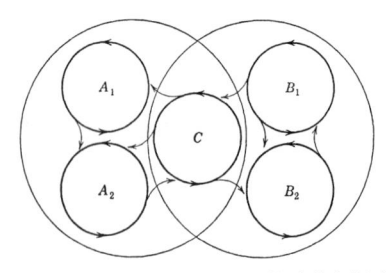

図15 下位システム C が2つのシステム（概念複合体）をつなぐリンクとしてはたらく可能性を図示したもの．一方の概念は A_1, A_2, C で，もう一方の概念は B_1, B_2, C で示されている．2つのシステムは下位システム C を共有しており，これが迅速な連合の基礎になる．

つ以上の側面を見ることができるし，また触り，聴き，嗅ぎ，味わうことができるといったように）いくつもの位相周期を含んでいる．それは位相，位相周期，そしてひとつの周期あるいは一連の周期といった階層をなしているに違いない．("周期"とはもちろん時間的な活動であり，解剖学的な閉鎖経路ではなく，一連の活動が不規則的に再帰する傾向を指している．) 連合される2つの観念や概念は，たんに位相だけではなく，複数の下位システムを共通にもつかもしれない．このことは，図15に示されている．これが，さらに効果的なリンクを与えるはずである．このような連合の様式は，複雑なシステムの間でのみ可能である．ここではもう一度，複雑な意味が，意味をもたない単純な知覚よりも容易に記憶されるということを思い出してほしい．

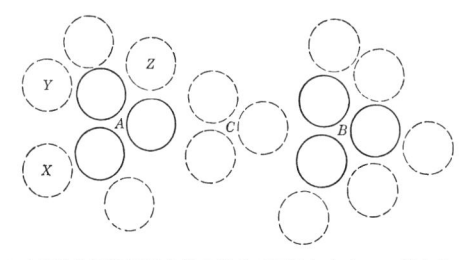

図16 図15と同じ原理を別の形式で図示したもの．複合体AとBは，感覚によって同時に喚起される．実線の円は，確実に喚起されるシステムを，破線の円は，隣接するシステムの活動によって促通されるが確実には喚起されないシステムを示している．すなわち，"周辺の"システム，X, Y, Z, Cなどは，Aから促通を受けるが，Aは，それらを喚起するほど十分でないことが多く，どれが活性化されるかは，その組織内において先行する活動とその時偶然に存在する付随的な刺激作用とに依存する．複合体Cは，AあるいはBの結果として喚起されるかもしれないし，喚起されないかもしれない．しかし，両方が同時に活性化されると，Cが喚起される可能性が高くなる．こうして，被験者は，対象Bと対象Aの両方が対象Cと連合しているので，BをAと連合させる．これは，学習実験で単語のリストや無意味綴りのリストを覚える時に，被験者のよくやる手である．しかし，過程A, B, Cすべてが大まかには同じ組織内——図のように近接している——で起こり，そしてCの活動によってAとBがともに活性化を持続させる時，AとBは，徐々に直接的な相互促通を形成する．その結果，最終的にはCが抜け落ちても，AとBとを直接つなぐ短絡的なリンクが残ることになる．
(Woodworth, 1938, p. 34; McGeoch, 1942, p. 166.)

図16には，これと同じ一般原理が含まれている．これは，被験者がはっきりした関係をもたない1対の語を記憶するよう求められると，なんらかの関係を考え出し，そうする際に

自分で別の語をつけ加えるという,よく知られた事実に表われている.被験者が *conceal*(隠す)と *above*(上)を連合しようとする場合には,*above*＝CEILING(天井)-*conceal* のように考えるかもしれないし,*marble*(ビー玉)と *punish*(罰する)の場合には,being *punished* FOR PLAYING *marbles* FOR KEEPS(ビー玉遊びに熱中してお仕置きされる)のように考えるかもしれない(Woodworth, 1938).この場合,被験者は2語ではなくそれ以上の語を覚えるようにして課題をより複雑にしているのだが,これによって,実は課題はより容易になる.このように,図16は2つの概念 A と B が,すでに両者が関係している第三の概念 C が喚起される時に,どのように連合するかを示している.

成熟期の迅速な学習は,新しい結びつきの形成ではなく,すでにはたらける状態にある結びつきの選択的強化である.しかし,この説明が従来の連合説と少なくともひとつの点——この理論を実験結果に適用する上でもっとも重要な点——で異なっている,ということに注意していただきたい.すなわち,**2つの概念は,被験者の過去経験において一緒に起こったことが一度もなくても,潜在的"連合"を獲得することがある**,ということである.それ以前の理論では,"類似による連合 association by similarity" がこのことを認めてはいたが,その説明は,同一の感覚要素という考えに依存していた.いまここで提案している理論は,同一要素というのが感覚要素ではなく,概念的要素だということ,すなわち,2

つの対象が，同じ受容器を刺激しなくても，似たものでありうるということを示唆している．

図 16 の概念 A は，C を喚起する(すなわち促通する)ことが可能である．しかしこの促通は，A の下位システムのひとつから C の下位システムへと生じることもあるので，A と C は，それ以前に一緒に活性化したことがなくてもよい．あるいは，図 15 に示したように，2 つのシステムは，共通の下位システムをもっていれば，即座に結びつくかもしれない．このことによって，以前には連合したことのない 2 つの観念をつなげるうまい比喩表現——表面的には関係のなさそうなものどうしほど，比喩は効果を発揮する——を説明することができるかもしれない．しかし，それが効果的なのは，もっぱら 2 つの観念の構造のなにかが同じだからという理由によっている．（この章のはじめのほうで論じた科学におけるアナロジーは，このような対(つい)になる観念の一例である．）

ここでは，学習を実験的事実に即して慎重にあつかっているが，当然ながらそれは，はじめに示した神経活動の理論図式にも従っている．いまここでは，学習においてすでに存在する連合を強調した結果，多少詳細に検討できる古典的問題，すなわち"意味"の意味についての問題をあつかうことになった．

以上で述べたことには，概念とはひとつにまとまったものではないということが暗に示唆されている．その内容は，その時々で変わるかもしれない．ただし，その中心にある核は

変化せず,その活動はシステム全体を喚起する上で支配的な役割をはたす.ヒトにおいては,この支配的な核に言語的なタグ(標識)をつけることができるが,このタグは必ずなければならないというわけではない*5.概念は,言語的タグなしでも機能し,タグがあったとしても,それは,"周辺的なもの"の一部にすぎず,支配的な下位システムによって喚起される時もあれば,されない時もある.わずかな刺激作用によっても喚起される概念的活動は,機構化された核をもつに違いないが,喚起の状況が違えば,その活動は,周辺的な内容や意味ももちうるのである.

したがって,図16では,Aという活動は,ある場合にはXという活動をともなったり,ほかの場合にはYとZという活動をともなったりするかもしれない.どちらが起こるかは不確定というわけではなく,その時点の個々の下位システムの興奮しやすさに,そしてその時点の感覚および中枢の,ほ

---

*5 ヒトの思考には,報告することのできない(したがって"無意識的"な)概念的活動も多く含まれているように思われる.中でも,直観的判断と呼ばれるものがそうである(Hebb, 1946a).たとえば,他者の情動を認知する場合,用いる反応が信頼度と予測度の高い言語反応であっても,被験者は,どんな理由からそのことばを選ぶに至ったかがまったく言えないことがある.したがって,ヒトには,動物の場合と同様に,言語的要素をもたない概念があるということになる.他方,多くの概念が基本的かつ本質的に言語的であることもまた確かだ.たとえば,"核 core"という語やそれを意味するシンボルは,それらのものなしでは,思考(神経系としての機能)における要素たりえない.もし非言語的な概念が存在することをまず認めるなら,次は,言語的でしかない概念が存在することも認めなければならない.

かの活動からの促通に依存する．

　ここで，被験者が単語のリストを学習する場合をもう一度考えてみよう．一連の思考の中で，Cという活動を促通する活動が起こった場合には(図16)，それに続いてAとBという活動が生じ(これらもCを促通する)，ただちにA-C-Bという連鎖が生じることになる．またほかの場合には，AとBは，最初は共通のシステムを興奮させたことがなかったかもしれない．このような状況では，被験者は単語を見て，それらについて"考えている"うちに(すなわちAとBとが，変動する周辺活動をともないながら活性化している間に)，周辺活動のうちのひとつからCへの促通が突然閾値に達し，A-C-Bの関係が"知覚"されることになる．

　明らかに，このような変化は，心理学では思考の"再構造化 restructuring"と呼ばれてきたものだ．最初は無関係であった2つの概念あるいは知覚表象間で効果的なリンクが突然活性化することは，"洞察"の単純な例である(7章 p.325)．この問題については，次の章で詳しく論じることにしよう．新しい関係を突然知覚するメカニズムこそ，いま論じたことを端的に示している，と私は考えている．

　しかしこの説明は，洞察にいたる位相連鎖の規則性，指向性，持続性といった特性を十分に考慮していない．こうした位相連鎖の特性は，大きな難題を提起しており(Humphrey, 1940)，後の章で態度，動機づけ，快について論じる時に考察しよう．私の理論との関連で言えば，洞察は，異なった位

相連鎖からの促通の"偶然"の組み合せである．しかし，この偶然は，限られた意味での偶然である．たえず一定の概念的活動に戻ろうとする位相連鎖がある場合には(問題を解決しようという動機づけがあれば)，最終的に洞察が生じることが当然予測される．予測できないのは，それがいつ起こるかであり，もちろんこれは行動的事実とも合っている．

迷 路 学 習

ここまでは，ヒトの被験者が第一の単語を与えられて第二の単語を再生する場合，学習がどのように起こるのかを考えてきた．次に，位相連鎖の理論と"概念"とが，ラットの迷路学習にどのように適用できるかを見ていくことにしよう．

スタート地点 A，3つの選択地点 B, C, D，そしてゴール地点 E からなる簡単な迷路があるとしよう．ラットが迷路を正しく走行すれば，環境ないし感覚の連鎖は，A, B, C, D, E のようになるだろう．ただし，こうした走行を決定する位相連鎖は，それほど単純ではない．というのは，中枢性の促通が感覚による喚起に先立って概念的活動を喚起するかもしれないし("期待 expectancy")，また同様に，すでに通過した地点の概念を喚起するかもしれない("回想 recollection")からである．これは，次のように書き表わせる．

$$A\text{-}e\text{-}b\text{-}B\text{-}a\text{-}c\text{-}C\cdots E$$

ここで，小文字は中枢によって喚起される複合体を表わし

(それぞれは迷路における地点の再認に対応する)，大文字は感覚によって喚起される複合体，すなわち実際の知覚を表わしている．

上に示した位相連鎖の中に先行項目 procurrent item (e, b, c)が存在することは，神経図式にもとづく推論でもあるし，期待に関する文献にもとづく合理的な推論でもある．再帰的項目 recurrent item (B のあとの a)は，おもに神経図式にもとづく推論だが，それは，単純な迷路で訓練を積んだラットが，来た道を引き返す場合があることからも示唆される．

複雑で長い迷路の課題について経験を積んでいないラットの場合，できるだけ速く餌にたどり着くための努力の点からすると，後戻りは，通常は誤りとしかみなされない．しかし，ヘッブとウィリアムズ(Hebb & Williams, 1946)の知能テストを用いると，ラットはこれとは別のことを示唆する行動をとることがある．すなわち，餌箱にたどり着いてから，向きを変えて行き止まりの走路を探索したり，あるいは迷路全体を逆にたどったりするのだ(1回の誤りもおかさないこともある)．そしてもう一度餌箱に戻る時には，通常最初の時より速く走り，餌箱にたどり着くと，夢中になって餌を食べる．行動は中枢の位相連鎖によって決定されるが，このことは，こうした連鎖が再帰的であるとともに予期的であるということを意味している．同様に，目隠しされたヒトの被験者も，鉄筆迷路(訳註6-2)を学習する時には，「心の中で逆にたどってみる」と報告している(Woodworth, 1938, p. 143)．

同様に，知らない町で道を探す時，あるいは羅針盤によって深い森の中や洋上を移動する時，われわれは，(1)目的地の方向と(2)自分が来た方向とをたえず意識している(たとえ実際にはどちらの方向も誤っていることがあるとしても)．動物の行動においても，ヒトの行動においても，全体を一度で見渡すことができない時でさえも，学習が，全体状況をまとめあげることに依存していることを示す証拠がある．そうした学習においては，状況の全体像を正確に知る必要はない(Brown, 1932)．唯一必要なのは，目標の概念が位相連鎖を支配し，正しい走行に対応する連鎖の中で，個々の特定の複合体が次の複合体を確実に喚起して，その結果次の選択地点の方向についての認知が生じることである．

一例をあげてみよう．私は，18マイル離れた隣町まで曲がりくねった道路(近代的なハイウェイで，ゆるやかなカーブがいくつもある)を車で走る時にはいつも，自分がいまいる地点のハイウェイが目的地にほとんどまっすぐに向いているように感じる．カーブが近づいてくると，目的の隣町の見かけの方向が変わる．2つのカーブが近接している時以外は，それぞれのカーブは，(矛盾しているが)目的地にまっすぐ向かうカーブとして記憶されている．通った道のすべての区間を記憶から正しい順序で思い出すことは，私にはできない．私が確実にできるのは，正しい時に正しく曲がるということだけだ．

この例は，私の方向音痴を証明しているだけかもしれない．

しかしこれは，一連の正しい反応が目標の予期の影響のもとに円滑な連鎖へと機構化されているということ，そしてその場合には，ラットもヒトも，状況全体の正確で詳細なイメージをもつ必要はないということを示している．そのような行動を決定する位相連鎖は，感覚の支持がなくてもうまく完走する程度に機構化されていればよい．私が車で出発する時，意識にあるのはせいぜい，出発地点，一定の方角にある目的地，ルート上の次の明確な地点くらいなものである．

　位相連鎖はどのようにして形成されるのだろうか？　この章のはじめのほうで紹介した事実からすると，次のことが明らかだろう．すなわち，成長半ば，あるいは成熟した動物が課題に直面する時には，複雑な概念的体制化をすでにもっているということ，またこの場合に，学習とは，新しい状況の特性に合うようにその体制化を変化させることだという点である．それゆえ，成体の学習について説明を試みる前に，行動の個体発生についてもっと多くのことを知る必要がある．以下の章で報告する実験は，そのような仕事の端緒を開くところまではいかないかもしれない．そうした研究がさらにおこなわれるようになるまでは，迷路学習の詳細に関する議論は，推測の域にとどまらざるをえない．引用した実験は，たとえば，迷路を走るというラットの学習の多くが，迷路に入れられる前にすでに飼育ケージの中でおこなわれている，ということを示している．この章とあとの数章では，私の理論に含まれている**アプローチ**の輪郭を示し，そのアプローチが

提起する研究課題を明確にしよう．

飢えの発達と制御も，こうした問題のひとつである．あとで紹介する実験的証拠(8章 pp.44-45)は，飢えには学習の重要な要素があることを示している．動物に摂食行動をとらせるためには，欠食させるだけでは十分ではない．さらに，モーガン(1943)の摂食行動の制御の分析によると，単純な学習の公式では既知の事実を説明できないことも示されている．したがって当面は，この問題は脇においておかざるをえない．ここでは，次のような基礎的条件がすでに整っていると仮定しよう．すなわち，装置の中におかれたラットは，餌を見つけるとそれを食べるし，餌が見つかるまで動き回る，そして予備訓練によって一般的な状況にすでに慣れており，実験室内の手がかり——位置の知覚を規定する遠くの対象——も構造化して知覚している，と仮定しておこう(5章 pp.219-220)．

図17に示したのは，ラットの"知能テスト"で使われる簡単な問題のひとつである(Hebb & Williams, 1946)．この問題をラットに課すと，学習には1試行から5試行かかる．この方法では，餌箱はいつも同じ場所におかれているが，柵は移動可能でテストごとに変えられるので，ラットは通常，毎日異なったルートによって餌を見つける．図に示されている課題なら，利口なラットだと誤りの区画 BC に一度か二度入ると，それ以上の誤りをおかさずにルート A-D-F を一貫してとるようになる．

A 地点での最初の試行におけるラットの行動は，先行する

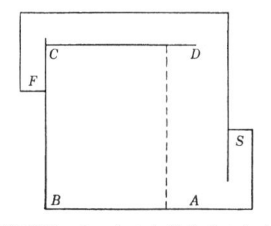

図 17 簡単な迷路課題．ラットの知能をテストするために用いられた方法の中で，もっとも簡単な課題．これについては，11 章で簡潔に述べてある．S は出発箱．F は餌箱．A, B, C, D は迷路内の地点．このテスト課題では障壁がひとつだけ使われ，線 C-D がそれを表わしている．これに先行する課題では，4 つの障壁が異なった場所におかれ，ラットにとってはより難しい課題であった．破線を越えた場合には"誤り"とされた．

課題の経験によって決まる．ラットは，B に向かい右に曲がると餌が見つかることもあれば，D に向かい左に曲がると餌が見つかることもあったが，餌はつねに C と F のあたりで見つかった．したがって，A では，位相連鎖は可変的である（どの時点でもただひとつだが，"意味"が変われば，そのつどそれも変化する．p. 286 参照）．それぞれの位相連鎖では，B か C か D に頭と眼とを向ける運動を決定する上で，運動系への選択的影響がある．さらに位相連鎖は，予期的概念，すなわち餌に到達するという期待と，迷路内の現在いる位置の知覚との 2 つによって支配されている．これら 2 つの概念複合体はそれぞれ，頭の動きと移動運動との両方を促通する皮質の運動系の活動によって結ばれている．後者の促通は必

ずしも閾値を越えるわけではないが,閾値に達した場合にはラットは走り,その走る方向は,そのまえの頭と眼の動きによって決定される.

ラットが A に到達する時,事象の連鎖は,A の知覚-餌の期待と C への定位-走行-C の知覚-F に通じる走路に対する期待,のようになる.走路が見当たらなければ,結果的に次の2つのうちどちらかが起こることになる.

1. 第一の可能性は,制御役の位相連鎖が強固には形成されず,異なった方向の動きを決定する別の位相連鎖とすぐに交替する,というものである.期待がはずれたため,もともとの位相連鎖は,対応する感覚の連鎖によって強められることはなく,ラットが次に A に到達する時にそれが起こる確率は,よくてもとのままか,でなければ減るだけである.第二試行では,D に行くかもしれない.D の先に走路があるという期待が,今度は感覚によって強められる.位相連鎖における個別の位相は,感覚と中枢との両方による促通によって喚起され,位相間の促通を強め,その結果,第三試行で A から直接 D に向かう確率を高めることになる.

2. ラットが最初の走行で C 地点に近づく場合,第二の可能性は,この行動を決定する位相連鎖がすでに強固に形成されており,運動を強力に促進するというものである.袋小路の端は,位相連鎖に対して感覚による強化を与えないだけでなく,それを破壊もする.最初の位相連鎖と,袋小路の端——これはまえの経験では方向転換することと連合していた

——にぶつかることによって喚起された新しい位相連鎖との間には，コンフリクトが生じる．このコンフリクトは，情動的混乱として現われることがあり(情動については次の章で論じる)，位相連鎖の再帰的機構化の連鎖の中にあるリンクを破壊するにいたる．その後の試行で，ラットが迷路中の A 地点に到達する時，位相連鎖は，まえのように，A の知覚-餌の期待と C への定位-C の予期という順序になる．しかしこの場合，C の予期的概念は，皮質の機構化の破壊と結びついている．そこで周期系列 A-C-F-A-C-F…… は解体され，(最初はそれほど強固に形成されていなかった)別の周期 A-D-F が代わりに現われるようになる．

　以上が，位相連鎖仮説から示唆される，成体の学習へのアプローチの概略である．前述のように，証拠にはまだ大きな隙間がある．それが埋められる時には，この仮説は，大幅に修正される必要があるだろう．この仮説では，動機づけや洞察を，位相連鎖から独立した特殊な過程として用いていない．その理由は，情動とともに，動機づけや洞察もすでにこの仮説に組み込まれているからである．以下の章では，これらの過程をどこまで詳しくあつかうことができるかを示すことにしよう．

7章　学習に関係した高次と低次の過程

　学習の経過において，運動技能が着実に増加したり，あるいは学習が進むにつれて環境内の特定の事象と反応との関係がますます緊密になったりすることは，まれにしか起こらない．動物の場合，それぞれの個体の学習曲線(学習の進み方)は，日によって変動し，後退したかと思えば一気に前進したりする．練習にともなって着実な改善を示す単純な学習曲線は，試行ごとの多数の個体の結果を平均してはじめて，描くことができる．

　このような変動は，通常は学習に無関係な，相互に独立したいくつかの要因に由来するとみなされている．ただ，それがどんな要因かは，研究者ごとに，そしてその理論的立場によって異なる．一般にそのような要因に含まれるのは，(1)学習を誘導し強める過程，すなわち(ある理論では)生理的欲求と動機づけ，(別の理論では)注意，期待，洞察など，(2)学習を弱めたり妨げたりする過程(たとえば情動的混乱)，さらに(3)学習の代わりをすると考えられる本能の生得的過程などである．

　動物種の違いによる学習の差異の問題は，すでにとりあげたが，この問題についてさらに詳しく述べることによって，これまでの章で概説してきた学習の説明の重要な細部を埋め

ることができるだろう．そのため，この章では意識や洞察的行動といった"高次の"過程を，本能という"低次の"要因とともに論じ，これらの過程と情動や動機づけとの関係にも簡単に触れることにしよう．情動や動機づけの過程そのものについては，あとの章で詳しく解説する．

中枢活動の持続的選択性――態度

動物の行動でひとつの重要な側面は，方向づけられた行動がある期間生起し続けるという点である．この期間には，1種類の活動しか現われなかったり，1種類の刺激にしか反応しなかったりする．この選択性は，注意の選択性と一見似ているが，それよりも持続時間が長く，それほど特定化していない．したがって，これを態度，興味ないしは意図と呼ぶこともできるかもしれない（もちろん，これらの用語については異論もあるだろうが）．この選択性は，(1)持続時間のより短い注意から区別すると同時に，(2)安定した選択性――生得的に(もしくは本能的に)もっている，あるいは緩慢な学習によって形成される，日ごとに変わることのないような選択性――からも区別する必要がある．ここで問題にする行動は，同じ環境の中で，反応がある刺激に向けられたかと思うと，次には別の刺激に向けられるというような行動である．

動物種間の差異を問題にしようとすると，純粋に記述的なレベルでは，どうしても行動のこの側面を考えざるをえない．まず第一に，選択性の持続時間――1種類の活動に継続的に

費やされる時間の量——は，高等動物と下等動物とでは異なることが多い．たとえば，自発的な遊びの時期は，ラットではイヌより短いし，ヒトに比べればさらに短時間である．一時的な刺激が引き起こす情動的混乱の持続時間も，系統発生のレベルが下がるにしたがって，短くなるように思われる．第二に，特徴的な行動様式の数も，その多様性も，高等動物ほど多い．つまり，はっきり区別できる態度や興味の数が多い．第三に，反応に多くの選択肢があるような場合の活動の多様性も，高等動物ほど大きい．たとえば，チンパンジーでは，攻撃的態度の表出がイヌよりもはるかに多様である．

さらに，理論レベルでは，特定の方向性をもった活動を維持する中枢神経の持続的影響に言及せずに，哺乳類の学習や問題解決を説明することは，まず不可能であるように思われる．ラットでさえ，学習は，たえず環境の一面または一部に対して，このような選択的反応性 selective responsiveness を示す．期待の存在がもっとも明瞭なかたちで現われる高等動物では，学習は，特定の報酬への期待，すなわち目標への期待によって機構化されているように見えることが多い．明らかに，これは感覚性の過程ではなく（感覚がたえずこの過程に寄与しているには違いないとしても），概念的過程である．

環境に対する反応の中で，中枢の持続的影響が明らかな一連の反応を説明するには，視床-皮質系の反響 reverberation が長期にわたってほかの大脳皮質系に特定の仕方でたえず影響をおよぼすということを仮定できれば，都合がよいかもし

れない．とは言え，このような可能性はきわめて低い．たとえ，そのような系が外部からの妨害にさらされることはないにしても，上行性神経の支持のない単純な反響が，1秒の数分の1以上持続することはないだろう(Lorente de Nó, 1939)．私の理論のもとにある神経活動の理論図式から言えるのは，行動を決定する恒常的で継続的な活動は存在しない，ということである．つまり，ニューロンの発火パターンは持続的ではなく，たえず変動している．この理論をこの点まで認めるとすれば，数分またはそれ以上持続する行動の選択性は，皮質ニューロンの発火パターンの変動性を制限するなんらかのほかの条件が関係しているはずである．これはどのようにして起こるのだろうか？

　まず考えられるのは，大脳皮質には皮質活動が連合してできる複数の"組"があるかもしれないということである．たとえば，A, B, C, D……というひとつの組における個々の神経活動は，それが何度も一緒に起こったために，L, M, N, Oという別の組よりも同じ組のほかの活動を，よりいっそう促通する．その結果，どれかひとつの神経活動，たとえば A が起こると，ほかの活動を B-C-D-A……のように誘発するが，L, M, N, O にはその効果がおよばない．ここで，それぞれの文字は細胞集成体の活動ではなく，概念的活動，すなわち位相周期を表わしている．それぞれの位相周期の持続時間は数秒程度であるとすれば，それに対応して周期系列（概念系列）はもっと長く持続することになる．以上が，おも

に大脳内に起源をもつ,持続的態度を生み出すひとつのメカニズムとして考えられる.その維持には,感覚も寄与しているかもしれない.したがって行動は,結局特定の刺激作用だけを探し求めるものになり,それらの刺激作用は,さらに次の反応の選択性を強めるようにはたらくものと思われる.

しかし,第二に考えられるのは,もしこれらの長く続く選択的な概念系列のひとつの活動の開始が,食物の欠乏といった持続的な身体状態——それは特定の環境であれば摂食への期待を形成することになるが——をともなうならば,この期待が,概念系列を支配し,機構化にいっそうの影響力をもつということである.(ここで仮定されているのは,空腹,すなわち血中の栄養分の低下が,摂食行動を引き起こす概念的活動の閾値に選択的効果をおよぼす,ということである.この仮定については,あとで飢えの問題との関連で論じる.)ここで,A が食べることの期待を表わし,B, C, D が摂食と連合した概念的活動を表わすとすれば,概念系列は A-B-A-C-A-B-D-A……と続くことになり,A が支配的な役割をはたす.このように,ひとつの持続的な身体状態が,ひとつの概念的活動を繰り返し引き起こし,その概念的活動が頻繁に再帰することによって,特定の概念系列が機構化され,その内容も限定されるようになる.この第二のメカニズムは,第一のメカニズムだけの場合よりも,態度を長時間持続させることを可能にする.

このような自己維持による活動の持続時間は,感覚によっ

て頻繁にもとに戻るような活動と比べると，その活動が起こるシステムの複雑さに依存している．単純な閉回路では，おそらく 0.001 秒から 0.05 秒程度の間反響が生じることになるだろう．一方，（神経伝達の不応期を迂回することによって）交替性反響が可能になる細胞集成体では，0.5 秒程度の間，活動できると仮定されている（4 章 p.187）．位相周期，すなわち集成体の再帰的活動の連鎖はさらに，1 秒から 5 ないし 10 秒ほど続くこともあるかもしれない（ヒトでの概念的過程は，この程度の時間は持続するように思える）．上で仮定したように，このような周期系列や概念系列は，数分かそれ以上も持続し，一過性の態度を形成することがある．複雑さが増せば，システム内の自己維持活動の持続時間が必ず長くなるわけではないが，その可能性は高まる．また同時に，この複雑さは，特定の内容が時々刻々変化するという変動性を拡大するとともに，その変動性にも依存する．A, B, C……という概念群では，A が B と C と D を促通する．A が活動する時に，B の閾値が一時的に高まっていても，選択的行動の持続は妨げられない．というのは，B が活動しなくても，A によって C や D が活動するからである．要するに，A-B-C-D-A-B-C-D……という概念系列は，その最大限では，A-B-C-A-B-C……という系列よりも長く持続することになるかもしれない．

　したがって，高等動物の脳では，学習によって機構化される細胞集成体の数も多く，より変化に富んだ組み合せが生じ

るから，中枢による選択的な影響はより長く持続し，選択性は，どの時点でもそれほど特定化していない．この場合の解剖学的要因は，連合野の絶対的な大きさとA/S比である（6章 pp. 272-273）．このことにもとづいて，(1)系統発生のレベルと(2)態度や興味の複雑さや持続時間との間に観察される関係について，理論的説明が得られる．ここであつかった問題は，もちろん解決はついていない．これについては9章でもう一度とりあげることにしよう．

　さて，制御にこのような選択性が見られる行動は，意識的あるいは随意的行動と呼ばれる．意識的，随意的というこの2つの用語は，現代心理学では確固とした地位を占めているわけではないが，心理学的にある重要な区別（意識／無意識，随意／不随意）を指している．その区別は，臨床の分野では基本的なものだが，それにとどまらず実験室においても重要である．たとえば，随意反応の条件づけと不随意反応の条件づけの違いは，よく知られている．心理学の議論において意識的，随意的という用語を使い続けるべきかどうかは，それほど重要な問題ではない．重要なのは，それらの用語の指す区別が明確であるということと，その区別を理論的にあつかうことができるという点である．

　まず，その区別が非連続で無関係な2つの状態の区別ではなく，連続した次元の両極の間の区別だということを認めることから始めよう．重要なのは，この連続したものを定義することであって，両極間のどこに線を引くかを決めることで

も，それを二分することでもない，ということである．

　態度に関する以上の議論は，"随意的 voluntary"と"意識的 conscious"という語の理論的定義を可能にし，それと同時に理論とはまったく別に，これらの用語の経験的意味と思われるものにも注意を向けさせることになる．私の理論では，随意的行為とは，ある程度の持続時間をもつ位相連鎖ないし概念系列によって規定されるものであって，これには感覚性の促通と中枢性の促通とがたえず関与している．このような連鎖は，予期的であると同時に再帰的であり，それゆえ随意的行為は，未来への期待——とくに行為の直接的結果への期待——からだけでなく，即時的記憶や構えからも影響を受ける．この理論的定義はまた，"目的的 purposeful"という形容詞とも重なる部分がある．**メカニズム**の観点から言えば，"随意的"と"目的的"を区別する明確な根拠はない．（使い方の区別は，実際には，単一の種類の過程が生起している状況間の区別なのかもしれない．）

　経験的には，随意的行為は，反応に選択性がある時に出現し，それ以前の刺激作用(構えとして知られる影響)と現在の刺激作用の両方に左右される．現在の刺激作用の影響は，つねに明らかというわけではない．というのは，随意的行為は必ずしも環境内の出来事によって開始されるわけではないからである．しかし，環境の変化の効果を変える行為をしている間に環境の変化が生じる時にはつねに，現在の刺激作用の影響が明らかになる．さらに，一定の最終結果を得る上で，

筋運動パターンは多様なものになりうる．ラシュリー(1942a)は，このように筋運動がさまざまであっても単一の結果をもたらすことを，"運動等価性 motor equivalence"と呼んでいる．これは，随意的行為の基本的な指標である(そしてそれが基本的に"目的的"という形容詞の唯一の意味である)．

不随意的な種類の行為は，その性質上，構えや，教示などによる被験体のなんらかの準備状態などによっては規定されない(Hilgard & Marquis, 1940)．それは，その時の刺激作用と被験体の生理状態全般によって規定され，運動等価性を示さない．不随意反応の**生起**や**強度**は，たとえば幽霊の話が驚愕反応を促進するといったように，構えの影響を受けることもある．しかし，この驚愕は，特徴的な決まりきったパターンを示すという点では，不随意的である．この区別は，もちろん連続体の両極についての区別であって，まったく異なった2種類の行動に分けようとしているわけではない．不随意的行為の中には，"目的的"運動の変化を示すもの，すなわち構えに従って運動パターンが変わるものもあるかもしれないが，そうした場合が多くなるほど，この分類の確かさは低くなる．

したがって意識は，理論的にはある程度複雑な位相連鎖とみなすべきだろう．この位相連鎖においては，中枢性の促通と感覚性の促通とが混じり合い，中枢性の促通は感覚刺激作用群を次々に強めるように作用する．皮質の機構化は，連続して生じる複数の細胞集成体の活動(もしくは位相)における

拡散性の発火からなる．細胞集成体の活動は，まず位相周期（概念的活動）として機構化され，次にかなりの期間にわたって行動に選択的影響を与え続ける一連の位相周期として機構化される．しかし，いまある機構が，異常な感覚事象によって変えられたり，壊されたりする可能性もつねに存在する．すなわち，異常な感覚事象に対する閾値はつねに低いままである．意識をもつ動物は，ある種の刺激に対して反応性を示さないという性質をもつが，そのような刺激は，つねに環境のよく知った特徴をもっている．最後に，この機構化は，幼時期や睡眠時における内在的機構化(6章 p. 268)とは反対に，運動活動による感覚の絶え間ない変化によって維持されているように見える．変化しない感覚パターンが長く続く場合には，このような機構化がほとんど不可能になる（このような場合には，睡眠やカタレプシー（強硬症）が引き起こされやすい）．

経験的には，行動における意識のもっとも重要な指標は，よく知った環境のさまざまな側面に対して，選択的反応性がたえず変化すること，珍しい事象や予期しなかった事象に対しては，反応性が変化しないこと，さらに"目的"や"手段-目的-準備性 means-end-readiness"(Tolman, 1932)，あるいは"運動等価性"が存在し続けることである．"オペラント operant"行動(Skinner, 1938)，つまり環境の変化によって始動されるのではない活動が起こるというのも，もうひとつの指標かもしれない．しかしこれらの指標は，幼時期の初期にも，

原始的な生物にも,そして睡眠時にも見られるので,意識的な動物と無意識的な動物とを明確に区別する指標にはならない.

感覚-中枢の相互作用の様式

態度に関して,すなわち中枢の活動の持続的選択性に関して,ここまでの議論で残されている大きな問題は,感覚性促通と中枢性促通における相互作用をさらに詳細にあつかうことである.すでに述べたように,位相連鎖は,感覚による直接的支配をたえず逃れる.しかしこれは,感覚の影響がどんな時にもまったくないということなのではない.感覚の"直接的"支配とは,連合野の活動が直前の感覚刺激のパターンによって決定されるということである.この活動が行動を決定するのだから,直接的支配は,一定の感覚刺激が与えられると,動物はひとつの仕方でしか反応しないということを意味する.ご存じのように,よく知った環境におかれた高等動物では,このようなことは起こらない.それと同時に明らかなのは,感覚からもつねになんらかの影響があるということである.

このような感覚のさまざまな影響を明確にすると,いくつかの問題が浮彫りになる.神経活動の理論図式では,一時的な興奮に関して感覚-中枢の相互作用の様式を明確にしたが,持続的な中枢性の活動や一連の感覚事象をあつかう場合には,新しい問題が姿を現わしてくる.その中のいくつかは,位相

連鎖仮説でかなりうまく説明できるが,ほかの問題には実験的研究が必要である.ここではこれらの問題を明確にし,少なくとも,一般的なやり方で位相連鎖仮説に関係づけてみよう.

概念系列の中のそれぞれの点において,後続する活動は,その時の感覚の全体的パターンと,先行する中枢性活動から受ける促通や抑制の効果の総和とによって決まる.大ざっぱに言えば,感覚性促通と中枢性促通との間の相互作用には3種類の可能性が考えられる.(1)両者はコンフリクトを生じさせ,相容れない位相連鎖を生み出す.(2)両者は互いに無関係な効果をもち,相互に独立した位相連鎖を並列的に形成する.(3)両者は互いに作用を強め合い,後続の同一パターンの皮質活動を促通する.

この第二と第三の可能性が,この章における以下の議論のテーマである.まず注意と学習との関係をとりあげ,次に習熟した運動遂行における期待の役割をとりあげよう.第一の可能性,促通のコンフリクトのほうは,情動的混乱の問題に関係している.

情動的混乱と学習の関係

情動 emotion という概念は,もとをたどれば,おそらく通常の行動を時折妨げる悪魔 demon を指していたのだろう.悪魔(魂も含む)は,ほとんどの人には容易に見えるものではないから,たとえそれが悪魔であろうとなかろうと,情動は

行動から推論されたものであったと考えておこう．

ずっと後の時代になって，それとはまったく異なった考え方が現われ，現在はそれが受け入れられている．すなわち今日一般に，情動は一種の意識状態 awareness であり，知的過程とはまったく別の特徴的な意識過程として考えられている．しかし，こうした考え方はかなりの混乱を招いている．というのは，そのような明確な意識状態は存在しないということが，しだいに明らかになりつつあるからである（この点に関して心理学的な見解が驚くほど一致していることについては別の論文で考察した：Hebb, 1946a）．このような理由で，情動という用語は，その意味の大部分を失っている．さらに，情動を一時的な筋肉や内臓の反応として考えるのも，無意味である．この場合も，これといった顕著な反応パターンは見出せないからである（Dashiell, 1928）．

しかし，情動的混乱が存在すること，そしてそれが動物の正常な行動からの長期にわたる逸脱と認められているということには（Hebb, 1946a），疑いの余地はない．情動的混乱の原因となるなにかがあるのは確かである．ここでは，以前の行動的解釈に戻って（ただし，悪魔の代わりに神経事象を用いて），情動を，意識に言及せずに，情動的行動から推測される神経過程として，そしてまたその行動の原因となる神経過程として，定義することにしよう．しかし，情動そのものについては 10 章で考察するので，この章では，**情動的混乱** emotional disturbance だけを問題にしよう．

まず，メカニズムについて考えてみよう．怒り(Hebb, 1945a)と恐れ(Hebb, 1946b)の原因は実にさまざまだ．独立した神経メカニズムをもったいくつかの情動だけでなく，互いに独立した何種類もの怒りや恐れもあると仮定するのでないかぎりは，これらのさまざまな原因が共通にもちうるものはなにかを問題にしなければならない．

この疑問に対するひとつの答えは，すでに示唆しておいた．情動は，皮質の機構の破壊なのかもしれない．その破壊はいくつかの方法で起こりうる．たとえば，相容れない位相連鎖の生起，位相連鎖につねに寄与していた感覚性促通の欠如，皮質活動を基本的に破壊すると考えられる"痛"刺激作用(8章の痛みの箇所を参照)，そして血液成分の化学的変化——これは個々のニューロンの発火頻度を変え，その結果，基本的にタイミングが重要な皮質の機構を破壊するように作用する(8章の飢えと中毒の考察を参照のこと)——などである．

これに関係する問題のうちいくつかについては，あとの章にまわすことにしよう．ここではまず，感覚による位相連鎖の妨害が，学習に影響をおよぼす可能性をとりあげよう．神経活動の理論図式では，伝達単位として機能するひとつのニューロンやニューロン群は，細胞集成体が別々の時点で機構化される場合には，必然的に複数の細胞集成体へと組み入れられると結論した．したがって，2つの集成体が同一の伝達単位のいくつかを含んでいる場合には，同時に活動することはできないだろう．一方の活動は，他方の活動を妨害するこ

とになると思われる.

　同時に頻繁に活性化する複数の細胞集成体においては,ほかの伝達単位から活動の干渉や制御を受けている伝達単位が,それぞれの集成体から分割され,とり除かれる(5章 pp. 212-213).したがって慣れた環境では,そのようなコンフリクトは通常は起こらないだろう.新しい刺激の組み合せが初めて提示された場合には,コンフリクトが起こるが,これも同じ過程によってしだいにとり除かれる.この刺激の組み合せが繰り返されるにつれて,コンフリクトを起こしている集成体の一方あるいは両方の構成が,分割によって変化し,機構崩壊が減少することになる.こうなれば,この新しかった刺激の組み合せは見知ったものになり,もはや行動を妨げることはなくなる.

　位相連鎖においては,ある位相から次の位相への中枢性の促通は,感覚事象がさまざまな順序で起こるので,通常は一定したものではない.このような理由で,ある位相周期ないし概念的活動からの促通は,必ずしも一定せず,続いて起こるいくつかの活動のうちどれかを引き起こす傾向にある(6章 pp. 287-288).位相連鎖はこのように柔軟性に富むので,感覚事象の連鎖がかなり変化しても,妨害効果は生じない.このように考えると,学習された行動にはっきりした妨害効果が生じるには,どの程度の環境の変化がなければならないかは,問えなくなる.しかし,皮質の機構の崩壊がその範囲と持続時間との**両方**においてさまざまであると仮定すると,

そして崩壊が一時的ではなく長期間持続する場合には効果器群がなんらかの調整不能に陥ると仮定すると，環境の変化が十分に大きい時には情動的混乱が生じるということも理解できる．私が仮定しているのは，期待と知覚との間に対応関係がないことが，あるところまでは刺激的("快の")効果をもたらすだけだが(9章)，そこを越えると破壊的("不快の")効果をもたらすようになる，ということである．

　行動を妨げる変化の中には，習慣的刺激作用の欠如も含まれるに違いない．位相連鎖は，中枢事象と感覚事象との絶え間ない相互作用である．そして感覚による恒常的な促通から受ける背景的促通が，機構化の過程において細胞集成体の構成に影響を与え，それ以降の興奮のひとつの要因になっているに違いない．習慣的刺激作用の欠如は，"常ではない strange"ことであり，興奮を引き起こす．しかしこの場合にも，この状態が繰り返されるなら，集成体が再機構化されて集成体の相互促通に変化が生じ，その結果，関係する位相連鎖がふたたび安定をとり戻す．さまざまな経験をするにつれて，動物は，自分の環境の恒常的特徴でないような特定の刺激作用に依存することが，しだいに少なくなっていく．

　これが，情動におよぼす学習の効果，すなわち常ではないものに対する適応メカニズムである．この逆の場合が，学習における情動的混乱の決定的な影響であり，まえの章でとりあげた問題である．そこでは，成熟期の迅速な学習が，再帰的機構化 recurrent organization をともなう位相連鎖によって

いると結論した．この連鎖内のどのリンクが崩壊しても，全体の崩壊がもたらされる．仮説的には，妨害の程度はさまざまだ．つまり，妨害が広範囲におよぶ場合には，代わりとなるほかの位相連鎖にも支障をきたすことがある．極端な場合には，驚愕麻痺 paralysis of terror が起こることもある．妨害がそれほどでなければ，いま現在の位相連鎖の活動が妨害されるだけで，別の統合された連鎖がそれにとって代わる．この場合には，妨害効果が反応の方向の変化に影響を与えることになるが，行動には情動の徴候はほとんど現われないだろう．

以上のようなことが，情動的混乱が学習を方向づけるやり方であると考えられる．ここに示した考えをより明確にするために，例をひとつあげてみよう．いま1匹のラットを，電気ショックによって，暗いほうのドアを避け，明るいほうのドアを通過すれば餌を見つけることができるように訓練中だとしよう．ラットが選択をする時には，ラットの知覚は，右側のドアとその向こうの環境との関係についての知覚であり，ドアの相対的明るさが概念的活動を引き起こすのではない，と仮定しよう．ラットは右側のドアのほうに行き，電気ショックを受けるとする．この場合，**現在の場所の知覚-ドア A -餌の期待-ドア A** ……という概念系列に破壊的効果がおよぶことになる．選択地点に戻されると，ドア B の知覚を含む別の系列が最初の系列にとって代わり，ラットはドア B を通過して餌を見つける．この1回の試行の効果は，ラット

に左側のドアを通過するように教えることである.2つのドアの明るさの違いによって引き起こされる概念的活動がないかぎり(5章 p.242),この試行が暗いドアを暗いがゆえに避ける傾向を形成することはないだろう.

それ以降の試行では,暗いドアが右側にきたり左側にきたりすることによって,どちらの"空間仮説"に対しても破壊的効果が累積することになる.しかし,概念内容がドアの明るさや暗さによって決定される位相を含む試行であれば,暗さと電気ショックとの連合が形成され始める.このようにして,**選択地点における現在の位置の知覚-明るいドアの知覚-餌の期待**という系列と,**現在の位置の知覚-暗いドアの知覚-餌の期待**という系列との間で位相連鎖が交替するだろう.前者の系列は,その影響のもとでラットが走行するたびに,それに対応する感覚事象の系列によって強化されるが,後者の系列は強化されず,やがては破壊される.この段階に達すれば,課題の最終的な学習まではあと少しだ.

以上のことと,まえの章で述べたコンフリクトに関する議論(6章 pp.294-295)は,情動的混乱がはたす役割をおおよそ示している.というのは,実験的研究によると,情動的混乱が学習に影響をおよぼすことがあるからである.情動障害と学習の間の特別な関係については,10章でとりあげる.そこでは,どのようにして学習が(もとは)たんなる機構崩壊から,機構化された明確な反応パターンをもった典型的な怒りと恐れを生じさせるのかを示すつもりである.

学習の要因としての意図と注意

ここで,感覚事象が,進行中の中枢過程に関係する第二の仕方について考えてみよう.上に述べた第一の可能性は,両者がコンフリクトを起こすというものだったが,第二の可能性は,両者がコンフリクトを起こしたり,相互に強化しあったりするのではなく,相互に独立した位相連鎖を決定するというものである.一般には,学習しようという意図がなければ学習は起こりえないし,感覚事象が起こっている時にそれに"注意を向けて"いなければ,その記憶もありえない,と考えられている.第二の可能性は,この見解に直接関係している.

注意はまた,驚くほどひとつにまとまったものとして考えられることが多い.たとえば,どちらか一方のものに注意を向けることはできるが,2つをひとつの単位としてあつかって全体として反応しないかぎり,同時に2つに注意することはできないとされている.しかし,こういう結論には但し書きが必要だ.

注意の助けなしには学習が起こらない,と一般には言われているが,これが正しいという証拠は実際にはどこにもない(以下で述べる私の議論では,これがある意味で正しいと仮定しているが).被験者が注意を向けていなかったことは記憶されないということ,また注意していなかったことよりも注意していたことのほうがより多く思い出せるといったこと

は，これまで繰り返し示されてきた．しかし，注意を向けていなかったことも，ある程度は思い出せることがある．注意を向けていたとは思われないような状況の細部——その細部が自分の考えていることに後から関係してきた時など——が思い出されることは，日常よく経験する．同様に，読書をしている時，隣でだれかが言ったことばに注意を向けたり反応したりしていないのに，30秒か1分経った後で，そのことばに気づいて返答するというような場合もある．それは記憶されていたのだ．この事実を説明するためには，"無意識的"注意を仮定すべきなのだろうか？　だとすれば，この問題をそのようにあつかうことにはほかに異論がないとしても，注意は単一のものとは言えないことになる．

　この点で，注意や意図といった理論的概念は，もはや十分な明確さを備えていないように思われる．まえのところでは，注意の概念を，ひとつの位相(または細胞集成体の活動)から後続の位相への即時的促通と定義した．ただしそれは，このような2つの過程が同時に起こらないということを意味しているわけではない．注意という用語を有益に使おうとするのなら，このきわめて短時間の中枢性促通だけに限定して使うべきである．"意図"のほうは，さらにとらえがたい用語であり，"態度"という用語とも関係するが，重要な要素として運動的要素を含んでいる．この意図という用語が，神経のはたらきと明確な関係をもっているとすれば，それは，まえのところで論じた中枢活動の**持続的**選択性にほかならない．

この活動にはある種の単一性があるとは言え，それは少なくとも，これまでの文献の中で注意に与えられてきたような絶対的単一性ではない．連合野には，複数の位相連鎖が同時に存在するかもしれない．まえの章で意味を問題にした際にも，位相連鎖は，ちょうどアメーバのように，たえずいくつもの方向に分枝を伸ばす傾向にあるということを示唆しておいた．分枝のいくつか(あるいはひとつを残してほかの全部ということもあるが)は，位相連鎖の向かう全般的方向を規定する"態度"のような，全般的な背景的促通がないために，最終的には消滅する．私がそこで強調したのは，位相あるいは位相連鎖の運動性促通が閾下だということである．そして，注意が想定されているような単一性をもつと言う時には，その単一性は，2つ以上の位相連鎖が並行してはたらいてはいるが，ひとつの位相連鎖だけによって運動系が制御されることからなると考えられる．その場合でも忘れてはならないのは，慣れた活動であれば，同時に2つをおこなえることが多いという点である．議論しながら自動車を運転することなどは，そのよい例だ．どちらの活動も"注意"なしでは不可能だろう．このようにこれまでは，注意が単一だということが，あまりにも強調されすぎていたように思われる．少なくとも位相連鎖仮説が示唆するように，注意は多重である場合が多い．

したがって，偶発刺激 incidental stimulation についての記憶は，刺激が第一の支配的な位相連鎖を妨害することなしに，

第二の位相連鎖を興奮させたために起こるのかもしれない．このようなことが起こるのは，慣れた活動や知覚に限られ，さらに位相連鎖が問題の刺激によって興奮させられる場合に限られる．しかも，学習においては意味が重要だということを考え合わせると，それは，偶発的位相連鎖がある程度の複雑さと持続性をもつ場合に限られる．したがって，これまでの実験報告が示してきたように，"注意していなかった"事象を覚えていないということもよく起きるだろう．

　構えが知覚におよぼす効果についても，同じことが言える（知覚的構えは，注意と密接に関係する位相連鎖のもうひとつの側面だ）．これまで示されてきたのは，特定の状況においては，見えると期待しているもの，つまり見る構えのできているものが見えるということである．しかし，これは一般原則ではない．そうだとしたら，期待していないものが見えるということは起こりえなくなる．刺激作用が十分に強く，背景から際立っていて，全体が見慣れたものか，あるいは見慣れた部分から構成されているような場合には，その時にほかのどんな位相連鎖が起こっていようと，それとは関係なく，それ自体の位相連鎖をはたらかせ始めるだろう．（もし新たな位相連鎖がすでに存在する位相連鎖と矛盾するならば，驚きや情動が引き起こされるかもしれない．）中枢活動がある感覚事象を犠牲にして，別の感覚事象を強めることができるのと同じように，そうした感覚事象は，中枢活動を制御することができるのである．

運動の等価性

　ここまでは，感覚-中枢間の相互作用の2つの様式について論じてきた．第一の様式は，感覚過程と中枢過程とのコンフリクトであり，これを情動の源だと考えた．第二の様式では，感覚事象は，先行する中枢過程を支持することも，それとコンフリクトを起こすこともないような中枢性の効果をもち，ある種の偶発学習 incidental learning，あるいは非意図的学習 unintentional learning を説明するものとしてあつかわれた．

　第三の様式は，感覚過程によって位相連鎖を積極的に支持して方向づけるもので，少なくとも第一と第二の様式と同程度に重要である．そのもっともよい例が，運動等価性の現象である．これは，特定の筋の反応が状況によってさまざまに変化するが，単一の結果を生じさせるという現象である．トールマン(1932)，ハル(1934)，ラシュリー(1942a)らは，この現象，およびこの現象の学習理論にとっての重要性を強調している．しかし同時に，理論的には，この問題をあつかうのにそれほど成功してはいない．動物の反応をその最終結果の点から定義するのは有用であり，また実際上必要である．たとえば，ラットが餌箱に到達して中に入るとか，チンパンジーの手が刺激板に触れて，それを動かすといった場合である．そのような事象をもたらす一連の実際の筋収縮を記録することは，事実上不可能だ．しかし，最終結果が共通するか

らといって,それが単一の筋収縮パターンを意味すると考えてはならない.

実際,"学習された反応"を,一定の**効果器**反応として確立するためには,きわめて特殊な訓練条件を用いる必要がある.餌を得るのにレバーを押すよう訓練されたラットは,どの位置からでもそれができる.この場合,筋運動パターンは位置ごとに異なっている.たとえば,レバーの上に載ったり,左足で押したり,右足で押したりするかもしれないし,足の代わりに歯を使うかもしれない.多くの場合,学習された後に予測できる反応は,レバーを下げるということだけである.ここではこうした行動の例を列挙する必要はないだろう.動物やヒトがおこなう学習反応の観察に関心をもつ人にとって,これは自明のことだ.動物は時には,長時間の過剰訓練によって,特定の筋運動パターンを使い始めて,試行のたびにまったく同じ運動を反復するようになるかもしれない.しかし,このようなことが起こっても,実験者は難なくそのパターンを変えさせ,しかも依然としてほぼ同じ最終結果を生じさせることができる場合が多い(ただし,タイミングは妨げられるかもしれないが).

一般に,空腹の動物が餌に近づく時の運動パターンのこうした可変性は,もしその行動が,個々の運動に対する直接の結果についての期待によって,またその反応の各段階で自分の位置と姿勢についての連続的な知覚によって決まると仮定すれば,容易に理解できる.この問題は時には,刺激条件が

一定に保たれていても運動の可変性が生じるかのように論じられることがある．確かに，効率の等しい複数の解決法がある場合には，時としてそのようなことが起こるかもしれない．しかし，可変性が顕著に現われるのは，動物の最初の姿勢，目標に対する自分の位置，あるいは間にある障害物などが変化する場合である．

　動物は，自分の姿勢と目標に対する自分の位置とを知覚しているに違いない．そして動物の行動は，これまでに餌を見つけたような状況の予期，期待や予見からと同じように，この知覚からも影響を受けるに違いない（ここでは，学習が形成された後に起きる可変性のことを問題にしている）．餌を得るためには箱の蓋を開けなければならないような場合，サルは蓋が手に触れるともち上がるという期待をもち，この時に自分の手がどこにあるかを知っている．したがって，問題は，蓋の端に向けた手の動きを神経メカニズムの点からどう説明するかである．

　ここで問題にしているのは，できるだけ単純化した学習反応における運動の可変性の例である．反応の筋運動パターンは，手が蓋に向かう時，手の最初の位置は明らかに試行ごとに違う．ハル(1934)は，彼の習慣族階層 habit-family hierarchy(訳註7-1)の概念を用いると，この問題が解決できると主張しているが，私にはそのように思えない．というのは，ハルが，初期の筋運動パターンは可変的だが，運動系列の最終的な筋運動パターンは不変であると仮定しているからである．

筋収縮の最終パターンさえも，箱とサルの位置関係によって変化する．そしてサルは，自分がいる檻から箱までの距離が変化しても，あるいは箱の向きが変わっても，それとは関係なく箱を開ける．

　しかし，ハルの考え方に従うと，幼時期における初期の学習の般化したものが反応の基礎となり，それにその後の自分の運動についての期待が加わってくると仮定できるだろう(そう考えざるをえない)．これらのさまざまな反応に共通すると思われる唯一のことは，手が最後に箱の蓋に触れるという知覚である．健常な霊長類では，この知覚は明らかに視覚を含む．手の運動はおもに，接触点を注視する眼球運動のあとに起こる，と私は考えている．幼時期における学習の一部として必要なのは，どこからでも手足を直接視線の方向へと動かす能力を形成することである．まえに述べた私の神経活動の理論図式は，知覚における眼球運動についての図式なので，このように考えれば，この行動は説明できる．

　まえに述べた理論図式はまた，眼球運動を制御する皮質過程が，実際の運動にとっては閾下でありながら，ほかの皮質過程にはどのようにして促通作用をおよぼすかも示していた．手の操作を含む最初の学習は，健常な霊長類では眼球運動をともなうのがふつうだが，後には(少なくともヒトの場合には)たんに見ていると"思っている"ところに，手を動かすことができるようになる．この場合，運動過程は眼球運動にとっては閾下だが，ほかの皮質過程にとっては依然として統合

的機能をもっていると考えられる．私の説明は視覚過程に限っているが，まえに述べた図式で，眼球運動に適用した議論が手の運動にも同じように容易に適用できるということを，つけ加えておこう．このことは，先天盲患者の変化に富む手の触運動行動が，説明されないとか，視覚的行動と原理的に異なるとかいったことを意味するわけではない．さらに，先天盲患者の空間知覚が極度に障害されていることを示す証拠がたくさんある(Senden, 1932)．これらの証拠は，健常な被験者の手の操作においては，視覚が重要な役割をはたしているということを裏づけている．

上で述べた特殊な例では，空腹のサルは，手や足，あるいは棒，どれを用いても，同じように箱の蓋をもち上げることができる．この行動を説明するのに必要なのは，足や棒の先が現在の位置から見えること，足や棒の先が蓋に触れる最終位置が前もってわかること，さらにいま見えている位置から別の位置に足や棒を動かすのをすでに学習していることである．

より複雑な操作パターンも，いくつかのこうしたステップが必要とされる——手(または足)の現在の位置をたえず意識し，運動のそれぞれの位置で次にそれをもっていくべき空間中の位置を予期する，といったように——ということにすぎない．行動はつねに，この2つの制御下にある．成熟途上の，あるいは成熟した動物の筋運動パターンがこれほど可変的なのは，たんに彼らが(おそらく初期の段階で手を視線の方向

にもっていくことを学習している時のように)特定の運動をすることを学習しているからではなくて,環境内の知覚された事象間の関係(連合)を学習しているからである.このように考えると,成体の学習は,おもに知覚学習だということになる.ただ,まえの章で論じた学習の発達的変化に従えば,純粋に感覚-運動的とみなされることの多い幼時期の運動学習も,依然として重要である.

　この節では,心理学において随所に顔を出す基本的問題に,私なりの答えを示そうとした.その答えが完璧なものだという印象を与えたとしたら,それは誤解である.その答えは,一言で言えば,成熟期の運動学習はまず第一に知覚学習だということである.それはまた,幼時期の本来の運動学習が,成熟期の反応等価性の基本要素だということでもある.すなわち,自動販売機の操作を学習する大人は,25セント硬貨が販売機の投入口から中に落ちた直後にタバコの箱が出てくるということを学習する.あるいは,決まったレバーを押せば車のエンジンがかかるということを学習する.この場合,一連の筋収縮をおこなうことを学習しているのではない.レバーを押すこととエンジンがかかることとの間の知覚的関係を学習してしまえば,大人がレバーに手や足(あるいは杖)をかけて押すためには,初期の幼時期の学習で十分である.しかし,これはもちろん一般論だ.

　私は,以上のような考え方が運動学習の研究にとって確かな基礎になると考えている.しかし,さらに研究が必要だと

いうこと——合理的アプローチ以上のものは提供していないということ，しかもそれが最終的に適切かどうかはまだ不明であること——は，強調しておかなければならない．上述の議論では，練習とともに技能が変化することにはなにも触れなかった．こうした変化はどのような性質をもっているのだろうか？　技能の変化は，活動頻度の増加による細胞集成体の変化という考え方で説明できるものなのだろうか？　被験者が新しい筋運動パターンを用いなければならない場合には，その動作は，幼時期のようにまたぎこちなくなるのだろうか？　状況についての被験者の**知覚**は，練習につれて変化するのだろうか？　それとも被験者の筋運動のタイミングが変わるのだろうか？　あるいは両方がともに変化するのだろうか？　とりわけ，**被験者は依然として同一の手がかりに反応しているのだろうか？**

　練習による運動遂行の変容については，研究すべきことがまだたくさん残っている．ここでの議論では触れなかったが，重要なものに，精密なタイミングが必要な一連の運動からなる運動技能の発達の問題や，スペリー(1947)が例証したような，サルには可能だがラットには不可能な学習の問題などがある．

洞察と仮説

　学習の問題のやや異なった側面，そしてその系統発生との関係を考えていくと，学習における知能や洞察の問題と，そ

れに関連して動物における"仮説"の問題とに直面せざるをえない．心理学の論文においては，これらの概念がきっかけとなって数多くの論争がなされ，かなりの混乱も生じている．

統制された実験にもとづく動物の知能の分析は，遅々とした歩みを続けてきた．そのおもな理由は，（行動の**作用因**として"心"や自覚的意識という概念を自由に用いた）初期の主観的心理学から神経活動の客観的理論へと移行する上で，事実をかなり単純化せざるをえなかったからである．

もし動物が，学習や問題解決において"知能 intelligence"（Hobhouse, 1915），"概念作用 ideation"（Yerkes, 1916），あるいは"洞察 insight"（Köhler, 1925）を示しているとすれば，この事実を，アニミズムという見えないものなど持ち出さずに，厳密な一元論的理論であつかうことができるのだろうか？いままでは，そうする方法を見つけるのは難しかった．心理学者が実際に必要としたのは，言うまでもなく，上行性と下行性のメカニズムをもっぱら生理学的にあつかうにあたって，それを補足するための思考の生理的メカニズムだった．洞察や概念作用について理解可能な生理的メカニズムをなにも示唆することができなかったため，2つの対立する立場が生じた．一方のグループ——おもに，私が学習理論家と呼んできた研究者たち——は，事実が見えた通りだということの否定から始めて，洞察が単純な学習に還元できるはずだと主張した．

別のグループ——おもにゲシュタルト心理学者たち——は，学習の適切な理論がすぐに見つかるかどうかはわからないが，

とにかくその必要性を強調し，動物が概念や洞察や知能をもっているのだということを示す証拠を求めて研究を続けた．

このような試みの結果として，心理学的知識は大きく前進した．ここでは，洞察のような概念は，その価値が限定されているということ，また理論をさらに進展させるためにはもっと厳密な概念が必要だということを論じることにしよう．しかし，これらの概念が，動物行動の分析をよりよいものにし，系統発生の異なったレベルでは行動が質的に違うという考えを導いたという点は，評価されるべきである．

動物の知能を分析するという困難な仕事に大きな貢献をした研究者には，いまあげたホブハウス(Hobhouse)，ヤーキズ，ケーラーのほかに，ラシュリー(1929a, 1938b)とクレチェフスキー(1932)がいる．同様に，ティンクルポー(Tinklepaugh, 1928)，トールマン(1932)，コールズとニッセン(Cowles & Nissen, 1937)も，動物における期待(一種の概念作用)を例証し，行動の理論においてこの概念の価値を確立した．

学習には，最初はでたらめになされた反応が少しずつ強化されるといったこと以上のものが含まれているということは，今日では広く認められている．"洗練された"学習説は，ゲシュタルト説と同程度にこの事実を認めている(Spence, 1938, 1940)．学習は非連続的であることが多い．たとえば，誤答の曲線がなんの前触れもなく急激に改善したり，誤りの種類が日によってまったく変わったりすることがある．心理

学において，現在もなお続いている見解の大きな相違は，これらの効果を生むような，なんらかの要因が存在しているかどうかにではなく，その特質——その要因がどのようにはたらき，また学習そのものとどのように関係しているか——にある．

この点をもう少し明確にしてみよう．"学習"説は，動物心理学においてはまず初めに擬人主義を退けようとして，次のように主張した．すなわち，動物が新しい課題に直面する場合，われわれは，知能や理解に言及することを避けて，たとえば問題箱のドアを開けようとするネコの試みを，最初は行きあたりばったりの一連の動きとして記述することができる．最終的にこれらの動きのどれかによって，偶然にドアが開くだろう．そして，この動きをする傾向が，報酬を与えられることによって強められる（"効果の法則 law of effect"）（訳註 7-2）．

この傾向は，試行ごとにますます強くなっていく．最終的に，ネコはすぐにドアを開けるようになるが，それは知能や理解のような別個の過程のゆえではなく，特定の連合が形成されたからである．これが"素朴な"試行錯誤学習説である．現在ではこの説は，主としてホブハウス，ヤーキズ，ケーラー，ラシュリー，クレチェフスキーの研究，アダムズ（Adams, 1929）による重要な分析，さらにソーンダイク（1931）の後年の研究によって，もはや支持されてはいない．しかし，この素朴な学習説にはそれなりの価値があった．そ

れは，ほかの理論の曖昧さに対して必要な矯正となっていた．その後この学習説は，理論の発展の過程で，それ自身がかなり曖昧なものになってしまったものの，依然として，理論は定義可能な概念を用いて基本的な仮定を明確に述べるべきだとする，正当な主張の考え方を代表している．

初期の"素朴な"学習説に対するゲシュタルト心理学者の攻撃は，次のように進められた．まずある動物の知能のはたらきを例証するため，それぞれの動物種に適切な難易度をもった課題はどのようなものかを探る研究がおこなわれた．課題の難易度は，その動物がすぐに解決できてその解決方法が分析できないほど容易であってはいけないし，かと言って，長く試行を重ねた結果やっと機械的学習によって課題を解決するというほど難しいものであってもいけない．

このような境界的な難易度をもった問題では，解決が突然なされることがある．まず最初に，一方向の実りのない努力をしてみる時期，あるいは解決に向けて一連の試みをしてみる時期がある．その後，努力の方向が突然まったく変化して，問題の明確な解決法が得られる．したがって，これこそ**洞察**が起こったことを示す第一の基準である．このような行動は，学習が少しずつ増加したものとして記述することはできない．解決の瞬間に動物になにかが起こったということは明らかである(**なに**が起こったかはまた別の問題だが)．

本質的により重要な第二の基準は，動物種間の比較を含んでいる．人間の観察者から見れば，餌に近づこうとするサル

の努力は,時には愚かにしか見えないかもしれない.現代心理学の大きな成果のひとつは,こうした愚かさがつねに程度の問題だということを示し,知的行動がどのような多様な現われ方をするのかを問題にし始めたことにある.知能を記述するということは,それから受ける印象以上にはるかに困難な仕事である.これは,見かけがあてにならないという例である.たとえば,チンパンジーの箱積みの行動は,非常に不器用である.チンパンジーは静力学の知識をもっていないから,試行錯誤を続けて,自分の体重をもちこたえるまで箱を積み重ねていかざるをえない(Köhler, 1925).しかしそれでも,ほかの動物と比較すると,この能力はかなり知的である.イヌも知的レベルが決して低いほうではないが,それでも,のぼりたいと思う場所へ箱を動かせるという可能性にすら,気づくことができない.箱を順に積み重ねるということはできないにしても,箱の移動は身体的にはまったく不可能というわけではないので,それができないのは,知的に不可能だということを示している.

しかしイヌは,障害物を迂回したり,最短距離の経路で目標に到達したりする能力では,ラットやニワトリよりもはるかにすぐれている(このようなことができるということは,心理学的には,その印象以上に利口で洞察に富むものと言える).

ほとんどの人間はなにも考えず,知能によらずに習慣で事をおこなうと言われることがある.しかし,社会生活を営ん

でいる人ならどんな鈍い人であっても、チンパンジーより——とは言え、チンパンジーの知能もかなり複雑だが——はるか上のレベルで、たえず事をおこなっている．したがって以上の事実に照らせば、われわれが知能と呼ぶものがつねにはたらくことなしに、日常の機械的習慣だけで事がおこなえるとは考えられない．このことは失語症の例を見ると、もっとはっきりする．後でも述べるように、失語症は決してたんなる発話能力の喪失ではなく、患者は、発話能力以外のある種の知的能力をも喪失している．こうした知的能力をチンパンジーはもつことはないだろうが、健常者ならだれもがもち、たえず用いている（たとえ、座って頬杖をついて、"考えている"ところなんだと言ったりしなくとも）．もし動物における洞察の研究がなかったなら、ありふれた日常的行動が、その単純さゆえに一見基本的に見えるが、実はそうではなくて、その行動にはいかに多くのことが含まれているかということはわからなかったはずだ．

健常者のもっとも単純な行動でさえ、思いも寄らないほどの知能が含まれている．クレチェフスキー(1932)も、ラットで同様のことを明らかにした．表面的には単純に見える学習が、刺激-反応の結合の単純な獲得以上のものであって、"仮説"も含んでいることを示したのである．

クレチェフスキーの発見は、簡単に言うと、次のようなことである．空腹のラットに、2つのドア（たとえば、右側か左側のドア、あるいは白か黒のドア）の一方を選択する課題

が繰り返し与えられる．白いドアは左側にくることもあれば，右側にくることもある．2つのドアの一方を通過すると，餌がおいてある（もう一方のドアは開かないようになっている）．このような問題では，ラットはでたらめには選択しない．ほとんどの場合，最初は左右の一方の側のドアを続けて選択し，次にもう一方の側のドアを同様に続けて選択する．さらに次には，左右を交互に選択したり，あるいは左右に関係なく，白いドアをつねに選んだりして，最終的には，解決へのこうした組織的な試みの中のひとつが，一貫して報酬を受けることになる．この点で，ラットは一連の仮説をもっていたと言うことができる．明らかに，その学習は，最初でたらめになされた反応が少しずつ強化されたものではない．この行動は，霊長類の標準からすれば愚かとしか言いようがないが，ある種の知能を含んでおり，高等動物の行動を解明する手がかりになる．

洞察の概念の問題点

心理学が洞察や仮説（仮説も明らかに洞察の一種だ）の概念から得た意義についてはこの程度にして，次にそのような概念がどの点で不十分かをとりあげよう．この問題を考えていくと，洞察説とつねに対立してきた"学習"説に補足的価値を認めざるをえなくなる．

厳密な科学的用語として，洞察や仮説の意味は，そもそも最初から混乱していた．それらの用語には，明らかに擬人的

で,不適切な意味が含まれている.用語が適切に定義されていたなら,それほど問題にはならなかったかもしれない.しかし,適切な定義はなされていなかった.

"仮説"はこれまで,行動の一形式として,つまりランダムな反応から組織的に逸脱している1組の反応として定義されてきた.プレンティス(Prentice, 1946)が指摘しているように,この定義ではうまくいかない.なぜなら,原因と結果とを混同しているからだ.そこで明らかになるのは,仮説とは,行動から**推論される**仮定として立てられるなにかであり,その意味で仮説的だということである.

心理学はかつては,行動を説明するために特殊な過程を自由に仮定しすぎたことがあった.今日では,もう一方の極端に走ることによって,その罪の償いをしようとしているのだが,科学としてはそれも罪深い.こうした科学的方法に対する現在の思い違いは,どんな仮説的実体もいかがわしいものにしてしまう.心理学者は今日では,事実を述べる以上のことをするのは危険なことであって,"操作的に"証明することのできないものについては,口にすべきでないと思っているように見える.このため,ほかの分野の例で言えば,情動が(実際はそうではないのに)身体的反応として定義されたり,神経症が1組の神経症的徴候として定義されたりしている.同時に,このような定義が現われてくる背景を考えると明らかになるのは,心理学者が,ラットが仮説をもっていると推論される場合と同様,行動それ自体ではなく,行動から推論

されるなにかを念頭においているということである．このような事実と推論の混同は，絶対避けなくてはならない（まずはこれが重要であり，次に，操作主義も論理実証主義も，実際には推論や仮定をするなと言っているのではなく，推論をする際のルールを求めているにすぎないということを理解する必要がある）．

　同様に，洞察も，行動の突然の変化として，あるいは問題解決の過程でもつ意識経験として定義されることがあった．この定義のいずれも，行動における因果的要因というその本質をとらえていない．

　この点が明瞭になれば，ラットが一連の系統立った選択をおこなう時にだけ，仮説をもつと言う必要はないことも明らかになる．仮説は，もしかすると1試行の間だけ，あるいは1試行中の一部だけしか続かないかもしない．しかし，たとえ直接検出できなくても，仮説は存在しているかもしれない．同様に，チンパンジーが最初檻の外に手を差し出すがバナナに届かず，突然横を向いて棒を探し，その棒でバナナを掻き寄せるという場合にだけ，洞察を限定する必要もない．こうした行動の場合，明らかに，チンパンジーの内部でなにかが変化し，それが解決につながっている．しかし，誤りの後に問題を解決することが洞察だと言うなら，動物が誤りをまったく犯さずに解決法をすぐに見抜くような場合もまた，洞察である．解決法がすぐにわかる場合は，解決に時間がかかる場合に比べ，同程度以上の洞察がはたらいているに違いない．

この意味では，"洞察"は，ホブハウスが用いた"知能"という用語とまったく同義である．したがって，洞察という語は，2つのことを指しているように思われる．ひとつは行動の持続的要因で，もうひとつは可変的要因である．"洞察"も"知能"も，用語としてはおそらく不十分である．次の章で述べるように，どちらも同じことがらの異なった側面であるということ以外には，"動機づけ"のある種の用法と区別することは難しいかもしれない．しかし，それらの用語を用いようとするなら，"知能"は持続的適性能力，つまり特定の問題の解決に導いたり導かなかったりする問題解決における因果的要因の存在を指し，"洞察"は特定の事例におけるそのはたらきを指す，と考えるのがよいだろう．

　行動におけるこの因果的要因とはどのようなものか，そしてそれがどのようにはたらくのかに関しては，さまざまな見解がある．洞察や仮説，あるいは広い意味で言えば知能は，連合のメカニズムとは異なるなにかなのだろうか？　ここでは，洞察の存在を最初は否定していたが，現在は洞察が学習理論から説明できることを示そうとしている理論家たち——たとえばハンター(Hunter, 1934)やスペンス(1940)——がとっている見解について考察してみよう．

　洞察がどういうものであれ，いま言えるのは，それが成熟した哺乳類の学習にたえず影響をおよぼしているということである．このことは，理論的概念として洞察の価値を強調する研究者によって主張されてきた．もしこの点を認めるなら，

この概念の理論的価値は増すどころか，逆に減ってしまう．

すぐにわかるのは，より精密な概念が必要だということである．洞察という概念の本来の価値は，知的学習と機械的学習とを区別するという点にあった．しかしいまや，あらゆる行動が知能を含んでおり，その区別は，洞察(または知能)がどれくらい含まれているかという程度の問題になっている．さらに，あらゆる学習に洞察が関係しているとすれば，もはや洞察を別個の過程として，学習とは明確に異なった過程であるかのように言うことはできない．

洞察という概念は，第一次近似としては価値があったが，それ以上のものではなかった．洞察は，機械的学習とはまったく別のものではないのと同様に，注意や期待(これらも第一次近似だが)とも明確に異なっているわけではない．学習における突然の改善という非連続性を説明するために洞察の存在を仮定すれば，学習において同様に起こる退行や混乱の現象を説明するために，いずれほかの仮定(たとえば，一時的忘却，フラストレーション，興味の喪失など)も加えなければならなくなるだろう．

新しい関係が突然知覚されるという意味での洞察が，成体の学習における2つの概念周期の同時的な活動からどのようにして生じるかについては，すでに述べた(6章 pp.285-288)．このことに関してさらに詳しく述べる必要はないだろう．新しい関係は，位相連鎖の変化であって，それぞれの位相連鎖は，それぞれに異なった運動性促通をもち，その結果，この

変化が行動の非連続性にはっきり現われる．こうした実際の証拠から，洞察の存在が推測されるのである．

失敗の後で突然解決に達するという特殊な場合は別として，洞察は，基本的には位相連鎖そのもの，すなわち行動における自発的な中枢性の要因である．洞察は，行動をでたらめではなく，指向的なものにする．これは，障害物に行きつく**前**に，行動をそれに適応させるという意味で予期的であり，またバナナに手の届かないチンパンジーが，少し前に見た棒を思い出し，それをとりに行って，バナナをそれで掻き寄せるという点で，再帰的である．

このように，洞察の系統発生的差異は，高等動物でも下等動物でも，その脳の中に生じる位相連鎖の複雑さの違いである．霊長類では最初期の学習に洞察が欠けていることは，まず位相連鎖が機構化される必要があるという点から理解可能である．

霊長類の洞察的学習はゆっくりと発達していくが，その遅さも，あらゆる動物種の中で究極レベルの行動をもっとも洞察的なものにするメカニズムを考えれば，理解可能である．霊長類の連合皮質は，絶対的な量においても A/S 比においても，大きい(6 章 pp. 273-274)．このことは，感覚による制御の形成にはより時間がかかり，それゆえ位相連鎖や洞察が形成されるのにも，より時間がかかるということを意味している．同時に，連合皮質が大きいほど，別個の閉鎖系としてはたらく細胞集成体の数も多くなる．このことは，高等な動

物ほど,成熟期において特定の状況をより多くのやり方でとらえることができるということも意味している.また,脳の中での感覚性投射の領域が小さいほど,位相連鎖は感覚による完全な制御を免れる頻度も多くなり,その時間も長くなる.その結果,高等動物の洞察的行動では,直接的環境への反応がますます少なくなり,全体として見通せない状況での連続した刺激作用の統合のはたらきがますます強くなる.

最後に,以上のことはすべて,いかに洞察が経験に依存していて,学習の単純で直接的な結果——すなわち特定の習慣のはたらき——ではないのかを説明している(Birch, 1945).前述のように,新しい関係の知覚は,通常は時間がかからず,即時的だ.新しい状況におかれた動物は,その状況の部分を見知ったものとして,そして意味のあるように関連づけて(6章 pp. 284-287 で述べたメカニズムによって)知覚する.したがってその行動は,新しい全体的状況に対する体制化された一連の反応という点で,洞察的である.経験によってすでに機構化されている要素どうしを**新たに**一時的に組み合せるという機構化は,明らかにすでにおこなわれた学習に依存するが,そこで学習がなされるのではない.遺伝は,位相連鎖の発達の量に限界を設け,発達の原理を決定するが,経験もまた同様に必要なのである.

本能と学習の関係

本能の問題は,知能や洞察の問題とも,また学習の問題と

も関係する．知能が学習とはまったく異なったものではないという点についてはいま見てきたが，次に，本能もまた両者から切り離して考えることはできないという点について見てみよう．

ここでは"本能的 instinctive"という用語は，生得的要因が**優位な役割**をはたす反射以外の行動を指すものとして用いている．経験的に言えば，本能行動とは，運動パターンは多様だが，個々の動物の生活歴を知らなくとも，その動物種に関する知識から予測可能な最終結果をもたらす行動をいう．このような種類の行動の存在は認めざるをえないが，それに新しい名称を与えることによって，前進し続けるわけにはいかない．しかし，"本能"はあまり有効な用語ではない．それは，"知能"，"洞察"，"動因"という用語と同様，行動の特殊な作用因を示している．基本的には，本能という用語を用いると，10章で述べる素質と経験の二分法をめぐる論争に巻き込まれてしまうことになる．行動における素質的要因と経験的要因とは，概念的に区別しなければならないが，哺乳類の行動には，学習の影響を受けないものはないし，同じく，なんらかの学習を容易にしたり必然的なものにするような素質の影響を受けないものもおそらくないだろう．本能行動が，(1)ほかの行動とは明確に異なったものであり，(2)ほかの行動に含まれている過程とは根本的に異なったなんらかの特殊な過程を含んでいる，と考える必要はない．究極的には，われわれが目指すのは，同じ神経学的基本原理がどのようにす

べての行動を決定するかを見つけることでなければならない．

これを試みるための手段はある．まず，反射と本能とを分けるラシュリー(1938a)の有用な区別について考えてみよう．反射は，生得的に決定された行動であり，その行動は，特定の感覚受容器群への刺激作用によって支配され，筋収縮の予測可能な組み合せという形式をとる，と定義できるだろう．これに対して，本能行動は，もちろん反射的な要素を含んではいるが，いくつもの反射が複雑に合わさった以上のものである．本能行動は必ずしも特定の刺激作用によって支配されているわけではなく，"不足に対する反応 reaction to deficit" (Lashley, 1938a) や "真空活動 vacuum activity"(Lorenz [Tinbergen, 1942 における引用])のように，知覚刺激がなくても引き起こされることがある．本能行動は，あらかじめ決まった筋収縮の系列から構成されるものではないが，恒常的で予測可能な最終結果をもたらす．ある種のクモは独特の形の巣を張るが，それに必要な動きは巣をかける対象までの距離によって変化する．また同様に，鳥が巣作り(巣の形は鳥の種類から予想できるが)でおこなう動きの種類や往復の回数は，用いられる材料の種類や巣を支える木の股や岩棚の形や大きさなどに依存する．

以上のことはすべて，この行動が，反射とは呼べないものの，依然として，感覚からある程度直接の影響を受け続けているということを意味している．巣作りのそれぞれの段階においては，筋の活動は状況に応じて変化し，結果として一定

の知覚的効果を生み出す．偶然に巣の一部が壊れてしまった時にはつねに，感覚のこうした間接的調整が目に見えるかたちで現われる．したがって，筋の活動は，あらかじめ決まった系列として続いていくのではなく，失われた部分を修復するという仕方で，より初期の段階に戻る．行動はこうした出来事にたえず反応しているのだから，全体が上行性のシステムの影響下にあることは間違いない．

まえに述べたように，A/S比，すなわち感覚皮質に対する連合皮質の割合は，感覚が行動を直接制御する程度とその制御が形成される速さの両方に影響をおよぼす．大脳皮質が欠けているか重要でないような下等動物において，この関係の意味するところを明確にするために，ここでは上行性細胞に対する介在性細胞の割合について述べておこう（**皮質のA/S比は，この一般的関係の特殊な例である**）．上行性のシステムの規模が大きく，介在性のシステムが無視できるほど小さければ，行動が感覚の即時的で直接的な制御を受けているということ，そして特定の感覚の布置が行動に単一の効果をおよぼす傾向があるということになる．一方，介在性のシステムが大きくなるほど，感覚による制御の形成に時間がかかるようになる．しかし，感覚の制御が経験だけによって形成されている場合は，それに引き続いて生じる行動には学習の要素が含まれることになり，その結果行動の多様性が増すことになる．したがって，系統発生のレベルが上がるにつれて，介在性組織に対する上行性組織の割合が小さくなり，それに

つれて本能行動が現われる範囲は，確実に減少していくだろう．

　もちろん，これは，どんな動物種の本能行動も，なぜそれぞれ独特の形式をとるのかを説明するものではない．しかし，本能がもっとも顕著に現われるのが，絶対量の点でも，上行性組織に対する相対量の点でも，介在性組織が小さい下等動物であるという事実は，これで説明がつく．種特有の本能を説明するのに先立って，まずは問題となる行動そのものと，その行動を規定する詳細な神経構造とについて，もっと詳しく知る必要がある．当然予想されるのは，将来このような知識が得られ，そして説明がついた時にはそれがそれまで考えられていたよりもはるかに単純なものかもしれないということである．

　この予想がたんなる空想ではないこと，言いかえれば行動についての私の理論にとって，きわめて困難な問題をたんに回避するものではないということを示すために，"空間仮説"，すなわち位置習性に関する前述の議論を，もう一度例に引こう．もちろん，心理学者は，位置習性を本能だとは言わない．おそらくその理由は，位置習性が学習の過程でのみ現われるものであり，学習と本能とは相容れないものと仮定されているからである．しかしこの習性は，ラットにおいては，本能的と言ってよいほど必ず現われる．それゆえ，その行動を分析する方法(Hebb, 1938*a*, 1938*b*; Hebb & Williams, 1941)が考え出されるまでは，ラットが方位を感じとる神秘的な能力を

もっているように思われていた．しかしその行動は，ラットの環境内に恒常的に存在する刺激作用に対する反応にすぎない，ということが明らかになった(5章 pp. 216-225)．

結局，これと同じようなレベルの説明が，そのほかの動物種の予測される行動，つまり本能行動についても可能だろう．確かに，本能を規定している過程にひそむ神秘さは，一般に誇張されすぎている．分析が最終的にうまくいけば，その過程が，最初に見えたのとはまったく違ったものだということが判明する(Schneirla, 1948)．妊娠したラットの巣作りは，たんに体温調節が障害された結果なのかもしれない(Kinder, 1927)．ミツバチが視覚的に複雑な花の形を好むのは，複雑な形はハチの眼におけるフリッカー(ちらつき)頻度を高くし(Wolf & Zerrahn-Wolf, 1937)，それによって最大の刺激価をもつ，といったことによるのかもしれない．好みは，ほかのパターンと明瞭に異なったものとして，特定のパターンを知覚するように生得的に決められているものなのではない．生得的要因は依然として存在するが，最初に考えられていたものよりもはるかに単純である．これまでに得られている証拠は，本能行動になにか特殊で複雑な過程が含まれているという仮定を必要としない．別の例をあげると，孵化したばかりのアカウミガメが海に直接向かうという目的的に見える行動は，走光性によっている(Daniel & Smith, 1947)．

すでに述べたように，下位の系統発生レベルにおいてさえ，"本能"は基本的になんらかの学習を含んでいるかもしれな

い.この場合,学習の種類はごく少数に限られ,またそれは,数秒ほどの短時間で起こるのかもしれない(6章 pp.253-259).これらのことは,現段階では推測の域を出ないが,少なくとも次のことだけは明らかである.すなわち,学習された行動の制御と本能行動の制御とは,まったく別の過程であるという直観的には自明な仮定が正しいという証拠はどこにもない,という点である(Beach, 1937, 1939).もちろん,哺乳類の行動では,生得的な反応と学習された反応を明確に群分けすることはできない.行動の特性を決定する上で,素質(遺伝的要因)が優勢な場合もあるし,経験(学習的要因)が優勢な場合もある.しかし,その両者の中間には,優勢の程度がさまざまなものがあるはずである.

同様に,本能は知能や洞察とは別の過程ではない.知能も洞察も,動物種によって生得的な制約が異なる.系統発生的に下等な動物は,介在性活動に対して上行性活動の支配が圧倒的であるために,特定の状況を特定のやり方で見るに違いないが,高等な動物の場合には,連合野の活動がより変化に富み,感覚による制御も不完全であるため,状況をさまざまのやり方で見ることができ,それに応じてある時には刺激作用のある特性に,またある時には別の特性に反応することができる.しかし反応のメカニズムは,どちらの場合も,複雑さ以外に異なったところはない.

このことは,以下の点についてもっと明確にしておく必要がある.これまでに論じてきたように,**期待**は,哺乳類の行

動における運動の多様性を基本的に説明する．しかも同時に，本能行動が，遠い未来の生物学的結果についての期待を含まないのは明らかである（そうした期待を含むと考えるのは最悪の目的論だろう）．

　本能と知能とは，メカニズムの複雑さに違いがあると述べたが，その違いのひとつは，期待と呼ばれる予期的中枢活動の程度と，期待のおよぶ時間的範囲とにある．もっとも低いレベルの本能行動では，介在神経の活動がたえず感覚の完全な支配下にあるので，いかなる期待もありえない．中間のレベルでは，本能行動の系列における単一の行為について，即時的結果の期待がありえる（たとえば，鳥は巣のある部分に小枝を置くまえに，それがそこに置かれるという予期的概念をもつかもしれない．またラットの母親が巣から這い出てしまった子どもたちを連れ戻すことができるのは，巣の中にいる彼らを知覚したいという期待をもつからなのかもしれない）．しかし，この程度の期待でさえも学習を含んでいる．この場合に期待とは，現在の状況と，**過去においてその状況**（あるいは似たような状況）に続いて起こった状況との間の連合であるに違いない．本能行動における期待の時間的範囲はさまざまで，ゼロ時間からヒトの交接後の妊娠や9か月後の出産にいたるまでの（さらにはその後の20年間の育児の大変さにいたるまでの）大きな時間的範囲がある．期待がどの程度の範囲まで生じるかは，将来についての生得的な知識ではなく，学習の影響を示しているに違いない．

訳　註

訳註 0-1　H.M.(1926-2008)は，1953年，27歳の時に，てんかん治療の目的で両側の側頭葉内側部を除去する手術を受け，てんかんは治ったが，重篤な前行性健忘と逆行性健忘になった．知能は平均以上を保っており，検査にも協力的であったため，多くの研究者によって，彼の記憶を含めてさまざまの側面からの研究がおこなわれた．

訳註 0-2　オープン・フィールド open field とは，実験室内に設置された動物の行動観察用の実験装置．周囲を壁で囲まれ，天井や仕切りがなく内部が開けた空間になっている．動物の活動性や探索行動などを調べるのに用いられる．

訳註 0-3　先天盲患者の開眼手術後における視覚回復についておこなわれた最近の詳細な分析によって，視覚機能の発達過程が明らかにされている．手術前に多少とも明暗を見分けることができた患者の場合，回復の程度に限界はあるが，長期にわたる学習によって，三角形，円，正方形などの図形の識別が可能になり，さらに立方体や球，円錐や円柱などの立体のほか，事物や顔の識別もできるようになる．したがって，患者の視覚機能の障害を，ここで指摘されているように「発達期間中，正常な刺激作用の欠如によって生得的な結合が損傷した」ことのみに帰すことはできない．鳥居修晃・望月登志子(2000)『先天盲開眼者の視覚世界』東京大学出版会を参照のこと．

訳註序-1　infancy の訳．infancy は，1歳未満の乳児期を指すことも，3歳未満の幼児期を指すこともあり，また動物の年少時期を指すのにも用いられる．本書では，おもに"幼時期"という訳語をあてた．

訳註 1-1　決定傾向 determining tendency は，ヴュルツブルク学派のアッシュ(Asch)によって提出された用語．課題解決の過程で一定の方向に思考の流れを決定する一種の構えのことを指す．

訳註 1-2　振動の原理 oscillation principle は，ハルが用いた概念．彼は，一定の条件のもとで生じる予測不可能な反応における変動(振幅)を一種の確率誤差としてあつかった．注意，構えなどもその中に含まれる．

訳註 1-3　ヴルフは，ゲシュタルト心理学者のコフカの指導のもと，被験者に種々の図形を提示し，一定の時間が経過したのちに，それらの反復再生をおこなわせた．その結果，標準化(見慣れた形への変化)，強調化(特徴をより強調するような変化)，自発的変化(痕跡自体の固有の変化)の3種類の変容があるとし，記憶痕跡がゲシュタルト法則によってより安定した体制化の方向に変化すると考えた(Koffka, K. 1935. *Principles of Gestalt psychology*; Wulf, F. 1922. Über die Veränderung von Vorstellungen. *Psychologische Forschung*, *1*, 339-389)．

訳註 1-4　ヘップとフールド(1945)は，従来の研究における再生法や反復テストなどの方法論的欠陥を避け，また量的処理が可能な図形(例：切れ目のある円)を使用して，異なる被験者にそれぞれ5分後と24時間後に図形再認テスト(例：さまざまな円図形の中から切れ目の大きさが提示図形と同じものを選択させる)をおこなった．その結果，成人でも子どもでも，図形選択に時間経過による一定方向への変化が見られず，したがって記憶痕跡の自発的活動によって記憶が変化すると予想したゲシュタルトの仮説は支持されない，とした．

訳註 1-5　ハルは，1930年代から仮説演繹法による行動理論の構築を試み，『行動の原理 *Principles of behavior*』(1943)，『行動の本質 *Essentials of behavior*』(1951)，『行動の体系 *A behavior system*』

(1952)などにおいて,学習を基礎にした数理行動理論を提案した.ただし般化については,刺激般化として般化勾配などの数理的分析を試みてはいるが,ここで意味しているような"知覚般化"を正面からとりあげることはなかった.

訳註 2-1　光度勾配 gradient of luminosity.この場合には,むしろ輝度勾配 gradient of luminance の語を用いたほうが適切.

訳註 2-2　organization は,脳神経構造について用いている場合は"機構(機構化)"と訳したが,知覚については慣例に従って"体制(体制化)"と訳してある.

訳註 2-3　リーパー(1935)が用いた"若妻と義母"の多義図形(図の中央)では,老女とも若い女性とも見えるが,同時に両方が見えることはほとんどない.実験では,被験者群 1 には多義図形だけを提示し,被験者群 2 には義母(左)を提示後,多義図形を提示し,被験者群 3 には若妻(右)を提示後,多義図形を提示した.その結果,多義図形を,被験者群 1 の 35% の被験者が老女として,残りの65% は若い女性として見たが,被験者群 2 では 97% の被験者が老女として,被験者群 3 では 100% の被験者が若い女性として見た.

　　　　義母　　　多義図形　　　若妻

訳註 2-4　ゴットシャルト(1926)は,図形知覚におよぼす経験の影響を実験的に検討した.たとえば図 A の右側のそれぞれの複合図形の中に左側の部分図形が含まれているかどうかを見つけ出す課題では,複合図形の提示に先立って部分図形を 3 回提示した場合でも,520 回提示した場合でも,複合図形の中に部分図形を見

つけ出すことが困難で，両条件とも 90% 以上は部分図形に気づかず，先行経験の影響は認められなかった．ただし，たとえば図 B の(a)(b)を交互に提示し続けた後に，(a)の順番の時に(c)を，(b)の順番の時に(d)を提示すると，(c)の中に(a)，(d)の中に(b)が知覚され，先行経験の影響が認められた．Gottschaldt, K. 1926. Über den Einfluss der Erfahrung auf die Wahrnehmung von Figuren. I. *Psychologische Forschung*, 8, 261-317 による．

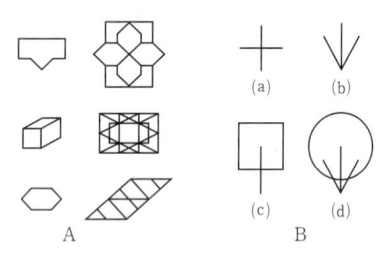

訳註 2-5　カーマイケル，ホーガンとウォルター(1932)の実験では，図の中央に示すような多義的な図形の提示に先立って，それがなにに似ているかグループ別に異なる言語教示(命名)を与えておき，一連の図形(12 種類)の提示後，それらの図形を描かせて再生させた．その結果，被験者はそれぞれの言語教示に類似した再生をおこなった．

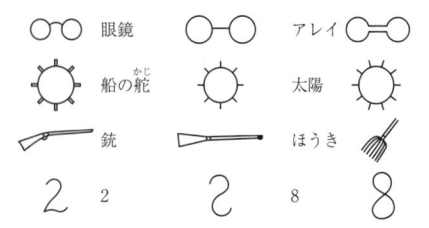

訳註　349

訳註 2-6　ザングウィル(1937)の実験では，インク・ブロット検査の多義図形の提示に先立って(あるいはその提示の後に)，特定の対象(動物もしくは山)のように見えるインク・ブロット図形を提示したり，言語教示を与えたりすると，多義図形の認知が影響を受けることが示された．

訳註 2-7　ソーンダイクの図形は下図の通り．

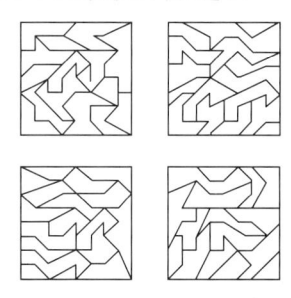

訳註 2-8　ラシュリーは，ラットに図形弁別をさせるために，図のような跳躍台(ジャンピング・スタンド)を用いた．

ラシュリーがラットの図形弁別学習に用いた実験装置．ラットの正面に2つの図形があり，ラットが正図形に跳びつくと，図形カードが倒れ食物台に達するが，負図形に跳びつくと，図形カードはロックされていて，ラットは下の安全網に落ちる．

訳註 3-1　リヴァイン(1945*a*, 1945*b*)のハトの形態弁別の実験では，

刺激として，三角形と円，正立三角形と倒立三角形，十字形と正方形などが用いられた．

訳註 3-2　このミシュキンとフォーゲイズ(1952)の実験では，5文字の英語の単語と3〜5文字のヘブライ語の単語を使用し，単語を完全に認知した反応を正反応としている(Mishkin, M. & Forgays, D.G. 1952. Word recognition as a function of retinal locus. *J. Exp. Psychol.*, 43, 43-48)．

訳註 4-1　神経刺激走性 neurobiotaxis とは，刺激を受ける方向に移動する生物の傾向のこと．カッパーズの提唱した用語．

訳註 4-2　"人工シナプス artificial synapse" の語は，アーランガー(1939)の原論文中には見られず，ヘブの造語と思われる．この場合，人工シナプスとは，神経線維の特定箇所に正の電気的負荷を与えて，インパルス信号をブロックして通過困難な空間を形成することをいう．ただし，条件によってはインパルス信号を通過させることも可能である．この一文では，神経伝達において，インパルスの発生と変容が，シナプスレベルだけではなく，神経線維レベルでも実験的に確認されたという事実を指している．なお本文に「1ミリ以上」とあるが，ブロックする部分の長さが，2,3ミリ程度までは効果が見られる．

訳註 4-3　ストリキニンとは，マメ科の植物から抽出されるアルカロイド系の物質．ストリキニーネとも呼ぶ．脳に直接投与すると，その部位が興奮する．少量では興奮剤であるが，多量に投与すると猛毒となる．神経元検査法 neuronography は，このストリキニンを使用して脳の神経線維の連絡を調べる検査法．

訳註 4-4　脊髄の外側は，白質と呼ばれる神経線維からなっており，この部位を通していろいろな情報が伝達される．内側には灰白質と呼ばれる部位があり，神経細胞体からなっている．灰白質は，腹側の**前角**，外側の**側角**，および背側の**後角**に分けられる．前角

にある神経細胞からは，下行性(運動性)神経線維が出る．逆に，末梢からの上行性(感覚性)情報は後角に入る．

訳註 5-1　ヤーキズは，ラットに図形や明るさの弁別をさせるために図のような装置を用いた．

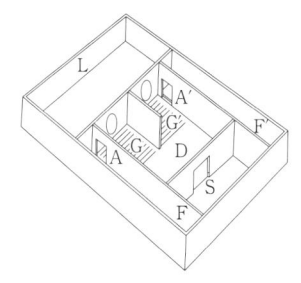

ヤーキズが弁別学習に用いた実験装置．G, G′：電気格子，D：選択点，F, F′：餌箱，A, A′：ドア，S：出発点，L：刺激の照明．正面の刺激提示窓には，正と負の刺激が提示される．窓の前の床には電気格子があり，動物が負刺激を選んだ場合には電気ショックが与えられるが，正刺激を選んだ場合には，ドアを通って餌箱に到達できるようになっている．

訳註 6-1　クーン(Kuhn)の科学のパラダイム転換の考え方が登場するのは 1960 年代で，この本の刊行よりも後である．1980 年に出版されたヘッブの『心について *Essay on mind*』(紀伊國屋書店，1987)では，この考え方が採り入れられている．

訳註 6-2　鉄筆迷路とは，目隠しをして，金属板上に彫られた溝の迷路を鉄筆でたどる課題．

訳註 7-1　習慣族階層 habit-family hierarchy とは，課題解決場面などで反応系列が違っても同一の結果に終わる複数の習慣をいう．ハルは，これらの習慣が，その強さの点で階層をなしていると考えた．

訳註 7-2　ソーンダイク(1898)は，イヌやネコなどの動物を用いて学習過程の実験をおこない，その結果から効果の法則 law of effect を提唱した(『動物の知能 *Animal intelligence*』)．すなわち，動物では，試行錯誤の行動をおこなって偶然得られた成功によって満足が得られると，それに先行する反応が強められ，逆に失敗に

よって不満足が生じると，その反応傾向は弱められる．ソーンダイクは，学習がこのような過程を経てしだいに成立するとした．

索　引

事項索引

アルファベット

A/S 比　　272-274, 302, 336, 340
EEG(脳電図)→　脳波
IQ(知能指数)　　65, 266
S-R 心理学→　刺激-反応心理学

あ　行

明るさの弁別　　133-134
アナロジーの役割　　263-264, 285
アニミズム　　60, 69-70, 73, 162, 325
位相周期　　277, 279-280, 282, 299, 301, 305
位相連鎖　　20, 61, 122, 230, 244, 275, 278, 287-289, 291, 293-295, 304, 307, 309, 311-312, 314, 316-318, 335-337
　　知覚における——　　230-233
　　迷路学習と——　　288-295
位置置性　　219-220, 341
意図　　297, 314, 315
ヴュルツブルク学派　　74, 346
運動性促通　　61, 209, 237, 316, 335
運動等価性　　304-305, 318
オープン・フィールド　　16, 345

か　行

開眼手術　　97, 115, 141, 194, 198, 231, 251, 256, 345
外制止　　245
学習
　　——と洞察　　334
　　——の転移　　130, 248, 250
学習説(理論)　　103, 132, 249, 318, 325-328, 334
　　—— vs. ゲシュタルト説　　132-134, 160-163, 328-331
過同期　　79, 269
構え　　17, 69, 71, 73, 75, 82, 235, 245-246, 303-304
　　運動の——　　237
　　知覚的——　　236, 317
感覚-運動結合説　　58, 62, 81, 132, 245
感覚性促通　　210, 309
感覚等能性　　128-129, 135, 137
干渉パターン説　　19, 143, 150, 197
記憶痕跡　　84-86, 88-91, 166, 346
機構崩壊　　62, 270, 310, 313
期待　　59-60, 235, 288, 298, 326, 335, 343
空間仮説　　219, 313, 341

偶発学習　250, 318
ゲシュタルト説(理論)　89, 93, 102-103, 105, 127, 131-132, 134, 160-162, 197, 228, 325
—— vs. 学習説　132-134, 160-163, 328-331
結合説 → 感覚-運動結合説
決定傾向　74, 164, 346
言語野　64-65
効果の法則　327, 351
行動主義　102, 132

さ　行

細胞集成体　20, 22, 26, 61, 179, 187-188, 193, 209, 217, 236, 244, 267, 277, 279-281, 301, 309, 315
識別性　107-116, 123-124, 179, 194
刺激等価性　129
刺激-反応(S-R)心理学　59, 62, 130
思考　56, 59, 61, 263, 286, 325
悉無律的学習　257
シナプス
—— 結合　24, 81-82, 137, 174, 181-182, 190, 273
—— 小頭部　168-175, 188-189, 192, 227, 232, 281
—— 抵抗　81, 165, 180
—— 伝達　76, 80
—— の変化　13, 180, 239, 269
—— 抑制　23
習慣　130, 251, 258-259
—— 族階層　320, 351

条件づけ　13, 15
条件反射　13
上行性神経相互作用　89, 157, 162, 197
情動　10-11, 307-309, 317-318
—— 障害　11
—— 的混乱　62, 307-313
初期学習　247-267
自律性中枢過程　72, 82, 161
真空活動　339
神経元検査法　183, 350
神経刺激走性　169, 350
人工シナプス　172, 350
心理物理的同型説　149-151
図形残効　153, 160
図形弁別　112-113, 349
図-地
—— 体制化　98, 100-101, 105-106, 116
—— 分凝　95, 97, 110, 235
ストリキニン　181, 190, 226, 350
生理学化(心理学の)　53-55
選択的伝達　81, 184
選択的反応性　298, 305
先天盲　94, 97, 111, 115, 141, 147, 194, 198, 231, 251, 322, 345
相互促通　193, 209, 217, 277, 281, 311
促通　15, 287-288, 304, 306-307, 315
運動性——　61, 209, 237, 316, 335
感覚性——　210, 309

索　引

相互——　193, 209, 217, 277, 281, 311
中枢性——　61, 210, 237, 288, 310, 315

た 行

態度　82, 297-298, 300-303, 315
多義図形　96, 347, 349
知覚的統合　125, 179-180, 187
知覚的補充現象　148, 238
知覚般化　84-85, 87-91, 108-109, 112, 126, 164, 212, 240, 347
知能　325-326, 334, 338, 343
注意　61, 69, 71, 73, 82, 105, 164, 210, 235-236, 240, 314-317, 335
中枢性促通　61, 210, 237, 288, 310, 315
転移→　学習の転移
洞察　257, 260, 287, 295, 325-326, 328, 330-331, 333-338, 343
——と学習　324-331
——の概念の問題点　331
等能説　92, 127, 145

な 行

内在的機構化　62, 268, 305

脳波　77-79, 269

は 行

配電盤説　58, 62, 131, 245
場理論　58, 84, 92, 94, 197
反響回路　19, 24, 165-167, 186-187
半盲　122, 148, 150
皮質性網膜　153, 158-159
ビネー式知能テスト　65
分凝→　図-地分凝
ヘッブ-ウィリアムズ迷路　10, 289, 292-293
偏頭痛性暗点　149
本能　337-344

ま 行

迷路学習　261, 288-295

や 行

ヤーキズの弁別箱　215, 351

ら 行

ラシュリーの跳躍台　114-115, 215, 349
連合野　271-273, 302

わ 行

"若妻と義母"　100, 347

人名索引

あ行

アダムズ, D.K.　5, 327
アッシュ, S.　346
アーランガー, J.　172, 350
アルヴァニタキ, A.　172
ウィーヴァー, T.A.　201, 208
ウィリアムズ, K.　221, 289, 292, 341
ウェイド, M.　109
ウォーカー, A.E.　201, 208
ウォルター, A.A.　106, 251, 348
ウッドロー, H.　250
ウッドワース, R.S.　43, 123, 141, 251, 264, 283, 289
ヴルフ, F.　86, 346
エイドリアン, E.D.　76-79, 272
エクターズ, L.　121, 123
エックルズ, J.C.　23

か行

カッパーズ, C.U.A.　169, 350
カーマイケル, L.　106, 251, 348
カルバートソン, J.T.　48
ギブソン, J.J.　71-73, 76, 99, 154, 251
ギャロル, H.W.　175, 226
キンダー, E.F.　265, 342

クライトマン, N.　72
クラーク, G.　121, 123, 175, 208
クルックス, L.E.　99
クレイン, R.　26
クレチェフスキー, I.　219, 251, 326-327, 330
ケナード, M.A.　121, 123
ケーラー, W.　8, 53, 81, 83-84, 89, 101-105, 126-127, 130, 153-154, 156-159, 197, 260, 325-327, 329
ゲラーマン, L.W.　112-113, 119
ゴットシャルト, K.　101, 347
コフカ, K.　81, 83, 103, 149, 346
コールズ, J.T.　326

さ行

サーストン, L.L.　8, 47
ザングウィル, O.L.　106, 251, 349
ジェイムズ, W.　7, 250
シェリントン, C.S.　13, 197
ジャクソン, T.A.　43, 260
ジャスパー, H.H.　76-77
スキナー, B.F.　53
スピアマン, C.　47
スペリー, R.W.　170, 324
スペンス, K.W.　131, 326, 334

スミス, K.U.　112, 226, 342
スン, H.S.　6
ゼンデン, M. von　24, 94, 97, 110, 112, 115-117, 121, 123, 147, 194, 198-200, 252, 260
ソーンダイク, E.L.　107-108, 111, 327, 349, 351-352

た 行

ダーウィン, C.　5
ダネット, S.B.　25
タルボット, S.A.　62, 135, 152, 160, 200
ティチェナー, E.B.　131
ティンクルポー, O.L.　326
デプレッシー, M.D.　25
ド・バレンヌ, D.J.G.　55
トールマン, E.C.　161, 305, 318, 326

な 行

ニッセン, H.W.　18, 224, 265, 326
ニート, C.C.　112

は 行

ハウスホルダー, A.S.　48
パヴロフ, I.P.　8, 13, 43, 49, 126, 131, 246
バーチ, H.G.　260, 337
バートリー, S.H.　79
ハナワルト, N.G.　86-87
バブキン, B.　8
ハル, C.L.　75, 89-90, 126, 131, 157, 161, 318, 320-321, 346

ハーロー, H.F.　256
ハンター, W.S.　334
ハント, J.McV.　247, 266
ハンフリー, G.　61, 287
ビショップ, G.H.　48, 79, 83
ビーチ, F.A.　18, 72-73, 343
ピッツ, W.　48
ヒルガード, E.R.　43, 72-73, 76, 165-166
ブイテンディク, F.J.J.　78
フェントレス, J.C.　26
フォーゲイズ, D.　146, 350
フォーブス, A.　189
フックス, W.　148-149
ブラウン, R.E.　5
プラット, C.C.　53
フールド, E.N.　86, 346
プレンティス, W.C.H.　332
フロイト, S.　6-7, 43, 49-50
ブログデン, W.J.　181
ブロードマン, K.　175, 177
ペクスタイン, L.A.　258
ヘッブ, D.O.　5-26, 64-66, 86-87, 97, 134, 199, 221, 254, 260, 274, 286, 289, 292, 308, 341, 346
ヘリック, C.J.　8, 15, 52
ベルガー, H.　55, 76
ペンフィールド, W.　9-10
ホーガン, H.P.　106, 251, 348
ボーニン, G. von　175, 226
ホブハウス, L.T.　326-327
ポリャーク, S.L.　150-151
ボーリング, E.G.　89, 100,

106, 187, 194

ま行

マイナー, J.B.　256
マカロック, W.S.　48, 175, 226
マーキス, D.G.　43, 72-73, 76, 166
マギュー, J.A.　248-249, 279, 283
マクロード, R.　11
マコーバー, S.　265
マーシャル, W.H.　62, 135, 152, 160, 200-201
マシューズ, B.H.C.　78-79
ミシュキン, M.　146, 350
ミル, J.　47
ミルナー, B.　10
ミルナー, P.M.　21, 26
モーガン, C.T.　43-44, 59, 72, 76, 292

や行

ヤーキズ, R.M.　215, 325-327, 351

ら行

ラシェフスキー, N.　48

ラシュリー, K.S.　8, 10-11, 15, 18-19, 81, 83-84, 86-88, 92, 97, 100, 103, 109, 112-115, 121, 123, 126-128, 130, 143, 148-150, 161, 175, 199-200, 203-204, 208, 215, 221, 231, 258, 261, 318, 326-327, 339, 349
ランダール, H.D.　48
リヴァイン, J.　139, 349
リーセン, A.H.　94, 117, 194, 224, 245, 253, 256, 260
リーパー, R.W.　100, 251, 347
ルビン, E.　95-96
ローレンツ, K.　266, 339
ロレンテ・デ・ノー, R.　16-17, 19-20, 55, 80-81, 165, 171, 173-174, 186, 189

わ行

ワイス, P.　77, 170, 272
ワトソン, J.B.　130-131
ワラッハ, H.　103, 153-154, 156-159

行動の機構——脳メカニズムから心理学へ(上)〔全2冊〕
D.O.ヘッブ著

2011年4月15日　第1刷発行

訳者　鹿取廣人　金城辰夫　鈴木光太郎
　　　鳥居修晃　渡邊正孝

発行者　山口昭男

発行所　株式会社　岩波書店
〒101-8002 東京都千代田区一ツ橋2-5-5

案内 03-5210-4000　販売部 03-5210-4111
文庫編集部 03-5210-4051
http://www.iwanami.co.jp/

印刷 製本・法令印刷　カバー・精興社

ISBN 978-4-00-339471-7　Printed in Japan

読書子に寄す
―― 岩波文庫発刊に際して ――

岩波茂雄

真理は万人によって求められることを自ら欲し、芸術は万人によって愛されることを自ら望む。かつては民を愚昧ならしめるために学芸が最も狭き堂宇に閉鎖されたことがあった。今や知識と美とを特権階級の独占より奪い返すことはつねに進取的なる民衆の切実なる要求である。岩波文庫はこの要求に応じそれに励まされて生まれた。それは生命ある不朽の書を少数者の書斎と研究室とより解放して街頭にくまなく立たしめ民衆に伍せしめるであろう。近時大量生産予約出版の流行を見る。その広告宣伝の狂態はしばらくおくも、後代にのこすと誇称する全集がその編集に万全の用意をなしたるか。千古の典籍の翻訳企図に敬虔の態度を欠かざりしか。さらに分売を許さず読者を繋縛して数十冊を強うるがごとき、はたしてその揚言する学芸解放のゆえんなりや。吾人は天下の名士の声に和してこれを推挙するに躊躇するものである。この際断乎として吾人は自己の責務のいよいよ重大なるを思い、従来の方針の徹底を期するため、すでに十数年以前より志して来た計画を慎重審議この際断然実行することにした。吾人は範をかのレクラム文庫にとり、古今東西にわたって文芸・哲学・社会科学・自然科学等種類のいかんを問わず、いやしくも万人の必読すべき真に古典的価値ある書をきわめて簡易なる形式において逐次刊行し、あらゆる人間に須要なる生活向上の資料、生活批判の原理を提供せんと欲する。この文庫は予約出版の方法を排したるがゆえに、読者は自己の欲する時に自己の欲する書物を各個に自由に選択することができる。携帯に便にして価格の低きを最主とするがゆえに、外観を顧みざるも内容に至っては厳選最も力を尽くし、従来の岩波出版物の特色をますます発揮せしめようとする。この計画たるや世間の一時の投機的なるものと異なり、永遠の事業として吾人は徴力を傾倒し、あらゆる犠牲を忍んで今後永久に継続発展せしめ、もって文庫の使命を遺憾なく果たさしめることを期する。芸術を愛し知識を求むる士の自ら進んでこの挙に参加し、希望と忠言とを寄せられることは吾人の熱望するところである。その性質上経済的には最も困難多きこの事業にあえて当たらんとする吾人の志を諒として、その達成のため世の読書子とのうるわしき共同を期待する。

昭和二年七月

《法律・政治》

人権宣言集　高木八尺・末延三次・宮沢俊義編

新版 世界憲法集　高橋和之編

君主論　マキアヴェッリ／河島英昭訳

リヴァイアサン 全四冊　ホッブズ／水田洋訳

法の精神 全三冊　モンテスキュー／野田良之・稲本洋之助・上原行雄・田中治男・三辺博之・横田地弘訳

ローマ人盛衰原因論　モンテスキュー／田中治男・栗田伸子訳

ペルシア人の手紙　モンテスキュー／田口卓臣訳

アメリカのデモクラシー 全四冊　トクヴィル／松本礼二訳

人間知性論 全四冊　ジョン・ロック／大槻春彦訳

社会契約論　ルソー／前川貞次郎・桑原武夫訳

犯罪と刑罰　ベッカリーア／風早八十二・五十嵐二葉訳

リンカーン演説集　高木八尺・斎藤光訳

権利のための闘争　イェーリング／村上淳一訳

法における常識　P.G.ヴィノグラドフ／末延三次・伊藤正己訳

ザ・フェデラリスト　A.ハミルトン、J.ジェイ、J.マディソン／斎藤眞・中野勝郎訳

アメリカの黒人演説集
——キング・マルコムX・モリスン他　荒このみ編訳

《経済・社会》

国富論 全四冊　アダム・スミス／水田洋監訳・杉山忠平訳

道徳感情論 全二冊　アダム・スミス／水田洋訳

法学講義　アダム・スミス／水田洋訳

コモン・センス 他三篇　トーマス・ペイン／小松春雄訳

マルサス 経済学原理 全二冊　小林時三郎訳

戦争論 全三冊　クラウゼヴィッツ／篠田英雄訳

自由論　J.S.ミル／塩尻公明・木村健康訳

ミル自伝　朱牟田夏雄訳

ロンバード街
——ロンドンの金融市場　バジョット／宇野弘蔵訳

経済学の方法に関する研究　シーニア／高橋誠一郎・濱田恵三訳

経済学・哲学草稿　マルクス／城塚登・田中吉六訳

ユダヤ人問題によせて・ヘーゲル法哲学批判序説　マルクス／城塚登訳

新版 ドイツ・イデオロギー　マルクス、エンゲルス／廣松渉編訳・小林昌人補訳

共産党宣言　マルクス、エンゲルス／大内兵衛・向坂逸郎訳

賃労働と資本　マルクス／長谷部文雄訳

賃銀・価格および利潤　マルクス／長谷部文雄訳

マルクス 経済学批判　武田隆夫・遠藤湘吉・大内力・加藤俊彦訳

資本論 全九冊　マルクス／エンゲルス編／向坂逸郎訳

ロシア革命史 全五冊　トロツキー／藤井一行訳

わが生涯 全二冊　トロツキー／森田成也訳

空想より科学へ　エンゲルス／大内兵衛訳

フォイエルバッハ論　エンゲルス／松村一人訳

改訳 婦人論　ベーベル／草間平作訳

帝国主義　レーニン／宇高基輔訳

ローザ・ルクセンブルクの手紙　ローザ・ルクセンブルク／秋元寿恵夫訳

ローザ・ルクセンブルク 経済学入門　岡崎次郎・時永淑訳

暴力論 全二冊　ソレル／今村仁司・塚原史訳

レーニン哲学ノート 全二冊　松村一人訳

獄中からの手紙　ローザ・ルクセンブルク／秋元寿恵夫訳

雇用、利子および貨幣の一般理論 全二冊　ケインズ／間宮陽介訳

経済発展の理論 全二冊　シュムペーター／塩野谷祐一・中山伊知郎・東畑精一訳

理論経済学の本質と主要内容 全二冊　シュムペーター／木村健康・安井琢磨訳

2010.5. 現在在庫　E-1

近代経済学の解明 全一冊	杉本栄一
ユートピアだより 全一冊	ウィリアム・モリス 松村達雄訳
世界をゆるがした十日間 全二冊	ジョン・リード 原光雄訳 他一篇
アメリカ先住民のすまい	L・H・モーガン 上代古代社会研究会・古代社会研究会監修
有閑階級の理論	ヴェブレン 小原敬士訳
プロテスタンティズムの倫理と資本主義の精神	マックス・ヴェーバー 大塚久雄訳
社会科学と社会政策にかかわる認識の「客観性」	マックス・ヴェーバー 富永祐治・立野保男訳 折原浩補訳
職業としての学問	マックス・ヴェーバー 尾高邦雄訳
職業としての政治	マックス・ヴェーバー 脇圭平訳
社会学の根本概念	マックス・ヴェーバー 清水幾太郎訳
古代ユダヤ教 全三冊	マックス・ヴェーバー 内田芳明訳
金 枝 篇 全五冊	フレイザー 永橋卓介訳
サイキス・タスク	フレイザー 永橋卓介訳
世 論 全二冊	リップマン 掛川トミ子訳
産業者の教理問答 ―信仰と社会制度他二篇	サン=シモン 森博訳

《自然科学》

改訳 科学と方法	ポアンカレ 吉田洋一訳
ダーウィニズム論集	八杉龍一編訳
アインシュタイン相対性理論	アインシュタイン 内山龍雄訳・解説
メンデル雑種植物の研究	メンデル 岩槻邦男・須原準平訳
動物哲学	ラマルク 小泉丹・山田吉彦訳
微生物の狩人 全二冊	ポール・ド・クライフ 秋元寿恵夫訳
大脳半球の働きについて ―条件反射学	パヴロフ 川村浩訳
新版 アルプス紀行	ジョン・チンダル 矢島祐利・坂田徳男訳
自然認識の限界について・宇宙の七つの謎	デュ・ボア=レーモン 坂田徳男訳
完訳 ファーブル昆虫記 全二冊	ファーブル 林達夫訳
自然発生説の検討	パストゥール 山口清三郎訳
近代医学の建設者 大陸移動説 全二冊	寿岳文章訳
ホワイト セルボーン博物誌	ギルバート・ホワイト 西谷定男訳
種 の 起 原 全二冊	ダーウィン 八杉龍一訳
大陸と海洋の起源	ヴェゲナー 紫藤文子・都城秋穂訳
星界の報告 他一篇	ガリレオ・ガリレイ 山田慶兒・谷泰訳
コペルニクス 天体の回転について	コペルニクス 矢島祐利訳
光 学	ニュートン 島尾永康訳
近世数学史談	高木貞治
因果性と相補性 ―ニールス・ボーア論文集1	ニールス・ボーア 山本義隆編訳
ユクスキュル／クリサート 生物から見た世界	ユクスキュル／クリサート 日高敏隆・羽田節子訳
ゲーデル 不完全性定理	ゲーデル 八杉満利子訳
日 本 の 酒	坂口謹一郎
生命とは何か ―物理的にみた生細胞	シュレーディンガー 岡小天・鎮目恭夫訳

2010. 5. 現在在庫 E-2

《音楽・美術》

新編ベートーヴェンの手紙 全三冊　小松雄一郎訳
ベートーヴェンの生涯　ロマン・ロラン／片山敏彦訳
音楽と音楽家　シューマン／吉田秀和訳
モーツァルトの手紙―その生涯のロマン 全二冊　柴田治三郎編訳
レオナルド・ダ・ヴィンチの手記 全二冊　杉浦明平訳
ゴッホの手紙 全三冊　硲伊之助訳
河鍋暁斎戯画集　山口静一・及川茂編
『パンチ』素描集―一九世紀のロンドン　松村昌家編
近代日本漫画百選　清水勲編
うるしの話　松田権六
伽藍が白かったとき　ル・コルビュジエ／生田勉訳
河鍋暁斎　ジョサイア・コンドル／山口静一訳
デューラー　ネーデルラント旅日記　前川誠郎訳
デューラー　自伝と書簡　前川誠郎訳
蛇儀礼　ヴァールブルク／三島憲一訳
セザンヌ　ガスケ／与謝野文子訳

日本の近代美術　土方定一
建築の七灯　ラスキン／高橋榮一訳

《哲学・教育・宗教》

ソクラテスの弁明・クリトン　プラトン／久保勉訳
ゴルギアス　プラトン／加来彰俊訳
饗宴　プラトン／久保勉訳
テアイテトス　プラトン／田中美知太郎訳
パイドロス　プラトン／藤沢令夫訳
メノン　プラトン／藤沢令夫訳
国家 全二冊　プラトン／藤沢令夫訳
プロタゴラス―ソフィストたち　プラトン／藤沢令夫訳
法律 全二冊　プラトン／森進一・池田美恵・加来彰俊訳
パイドン―魂の不死について　プラトン／岩田靖夫訳
アナバシス―敵中横断六〇〇〇キロ　クセノポン／松平千秋訳
アリストテレス　ニコマコス倫理学 全二冊　高田三郎訳
アリストテレス　形而上学 全二冊　出隆訳
アリストテレス　弁論術　戸塚七郎訳

アリストテレース　詩学／ホラーティウス　詩論　松本仁助・岡道男訳
動物誌 全二冊　アリストテレス／島崎三郎訳
植物誌　テオプラストス／小川洋子訳（？）
人生の短さについて 他二篇　セネカ／茂手木元蔵訳
怒りについて 他二篇　セネカ／兼利琢也訳
テオプラストス　人さまざま　森進一訳
マルクス・アウレリウス　自省録　神谷美恵子訳
老年について　キケロー／中務哲郎訳
友情について　キケロー／中務哲郎訳
弁論家について 全二冊　キケロー／大西英文訳
キケロー書簡集　キケロー／山沢孝至編訳
キケロー弁論集　小川正廣他訳
方法序説　デカルト／谷川多佳子訳
哲学原理　デカルト／桂寿一訳
情念論　デカルト／谷川多佳子訳
パスカル　科学論文集　松浪信三郎訳
スピノザ　エチカ（倫理学） 全二冊　畠中尚志訳
ニュー・アトランティス　ベーコン／川西進訳

2010.5.現在在庫　F-1

ハイラスとフィロナスの三つの対話	バークリ／戸田剛文訳
市民の国について 全二冊	ヒューム／小松茂夫訳
形而上学叙説 －有と本質とに就いて－	聖トマス／高桑純夫訳
君主の統治について －キプロス王に捧げる－	トマス・アクィナス／柴田平三郎訳
エミール 全三冊	ルソー／今野一雄訳
孤独な散歩者の夢想	ルソー／今野一雄訳
人間不平等起原論	ルソー／本田喜代治・平岡昇訳
社会契約論	ルソー／桑原武夫・前川貞次郎訳
絵画について	ディドロ／佐々木健一訳
道徳形而上学原論 他四篇	カント／篠田英雄訳
啓蒙とは何か 他四篇	カント／篠田英雄訳
純粋理性批判 全三冊	カント／篠田英雄訳
実践理性批判	カント／篠田英雄訳
判断力批判 全二冊	カント／篠田英雄訳
人間不等起原論	宮田光雄訳
永遠平和のために	カント／宇都宮芳明訳
プロレゴメナ	カント／篠田英雄訳
歴史哲学講義 全二冊	ヘーゲル／長谷川宏訳
自殺について 他四篇	ショウペンハウエル／斎藤信治訳
読書について 他二篇	ショウペンハウエル／斎藤忍随訳
知性について 他四篇	ショウペンハウエル／斎藤信治訳
将来の哲学の根本命題 他二篇	フォイエルバッハ／松村一人訳
不安の概念	キェルケゴール／斎藤信治訳
死に至る病	キェルケゴール／斎藤信治訳
西洋哲学史	シュヴェーグラー／谷川徹三・松村一人訳
眠られぬ夜のために 全二冊	ヒルティ／草間平作・大和邦太郎訳
幸福論 全三冊	ヒルティ／草間平作・大和邦太郎訳
悲劇の誕生	ニーチェ／秋山英夫訳
ツァラトゥストラはこう言った 全二冊	ニーチェ／氷上英廣訳
道徳の系譜	ニーチェ／木場深定訳
善悪の彼岸	ニーチェ／木場深定訳
この人を見よ	ニーチェ／手塚富雄訳
プラグマティズム	W・ジェイムズ／桝田啓三郎訳
宗教的経験の諸相 全二冊	W・ジェイムズ／桝田啓三郎訳
心理学 全二冊	W・ジェイムズ／今田寛訳
純粋経験の哲学	W・ジェイムズ／伊藤邦武編訳
デカルト的省察	フッサール／浜渦辰二訳
芸術哲学	ジンメル／斎藤栄治訳
笑い	ベルクソン／林達夫訳
思想と動くもの	ベルクソン／河野与一訳
時間と自由	ベルクソン／中村文郎訳
人間認識起源論	コンディヤック／古茂田宏訳
教育論	ラッセル／安藤貞雄訳
幸福論	ラッセル／安藤貞雄訳
存在と時間 全三冊	ハイデガー／桑木務訳
哲学の改造	ジョン・デューイ／清水幾太郎・清水禮子訳
学校と社会	デューイ／宮原誠一訳
民主主義と教育 全二冊	デューイ／松野安男訳
我と汝・対話	マルティン・ブーバー／植田重雄訳
音楽家訪問	W・ジェイムズ／杉本秀太郎訳
幸福論 －ペルトヴェシのプロパガンダ－	アラン／神谷幹夫訳
定義集	アラン／神谷幹夫訳

2010.5. 現在在庫 F-2

言語

- 言語 —その本質・発達・起源— 全二冊　イェスペルセン　三宅鴻訳
- 文法の原理　全三冊　イェスペルセン　安藤貞雄訳
- 日本の弓術　オイゲン・ヘリゲル　柴田治三郎訳
- ギリシア哲学者列伝　全三冊　ディオゲネス・ラエルティオス　加来彰俊訳
- 愛をめぐる対話 他二篇　プルタルコス　柳沼重剛訳
- 夢の世界　ハヴロック・エリス　藤島昌平訳
- 衣服哲学　カーライル　石田憲次訳
- シンボル形式の哲学　全四冊　カッシーラー　生松敬三・木田元訳
- 比較言語学入門　カール・ブルクマン　高津春繁訳
- 太陽の都 他二篇　カンパネッラ　近藤恒一訳
- ギリシア宗教発展の五段階　ギルバァト・マレー　藤田健治訳
- 日本語小文典　ロドリゲス　全二冊　池上岑夫訳
- ソクラテス以前以後　F.M.コーンフォード　山田道夫訳
- 日本語の系統　服部四郎
- 言語 —ことばの研究序説—　エドワード・サピア　安藤貞美訳
- 連続性の哲学　パース　伊藤邦武編訳
- 論理哲学論考　ウィトゲンシュタイン　野矢茂樹訳

- 旧約聖書 出エジプト記　関根正雄訳
- 旧約聖書 創世記　関根正雄訳
- 旧約聖書 ヨブ記　関根正雄訳
- 新約聖書 福音書　塚本虎二訳
- キリストにならいて　トマス・ア・ケンピス　呉茂一・永野藤夫訳
- 聖アウグスティヌス 告白　服部英次郎訳
- 聖アウグスティヌス 神の国　全五冊　服部英次郎・藤本雄三訳
- 聖アウグスティヌス 省察と箴言　ハルナック編　服部英次郎編訳
- 新訳 キリスト者の自由・聖書への序言　マルティン・ルター　石原謙訳
- イエス伝　ルナン　津田穣訳

- 自由と社会的抑圧　シモーヌ・ヴェイユ　冨原眞弓訳
- 根をもつこと　全二冊　シモーヌ・ヴェイユ　冨原眞弓訳
- 全体性と無限　レヴィナス　熊野純彦訳
- 啓蒙の弁証法 —哲学的断想—　T.W.アドルノ／M.ホルクハイマー　徳永恂訳
- 共同存在の現象学　レーヴィット　熊野純彦編訳
- フランス革命期の公教育論　コンドルセ他　阪上孝編訳
- 隠者の夕暮・シュタンツだより　ペスタロッチー　長田新訳

- 聖なるもの　オットー　久松英二訳
- コーラン　全三冊　井筒俊彦訳
- 懺悔録　全三冊　アウグスティヌス　服部英次郎訳→大塚光信校注
- 聖フランシスコ・デ・サレジオ説教集　アルーベ神父・田島照久訳
- シレジウス瞑想詩集　全二冊　植田重雄・加藤智見訳
- 神を観ることについて 他二篇　クザーヌス　八巻和彦訳

2010.5. 現在在庫　F-3

《東洋文学》

王維詩集	小川環樹・都留春雄訳
杜　　詩 全八冊	鈴木虎雄・黒川洋一訳註
杜甫詩選	黒川洋一編
李白詩選	黒川洋一編
李賀詩選	松浦友久編訳
李長吉歌詩集 全三冊	鈴木虎雄注解
陶淵明全集 全二冊	松枝茂夫・和田武司訳注
蘇東坡詩選	小川環樹・山本和義選訳
李詩概説	吉川幸次郎
玉台新詠集 全三冊	前野直彬注解
唐詩選 全三冊	前野直彬注解
唐詩概説	小川環樹
宋詩概説	吉川幸次郎
元明詩概説	吉川幸次郎
完訳 三国志 全八冊	小川環樹・金田純一郎訳
金瓶梅 全十冊	小野忍訳
完訳 水滸伝 全十冊	吉川幸次郎・清水茂訳

紅楼夢 全十二冊	松枝茂夫訳
西遊記 全十冊	中野美代子訳
菜根譚	今井宇三郎訳注
阿Q正伝・狂人日記 他十二篇	竹内好訳
魯迅評論集	竹内好編訳
駱駝祥子 らくだのシアンツ	立間祥介訳
笑府 中国笑話集	松枝茂夫編訳
棠陰比事	駒田信二訳
中国名詩選 全三冊	松枝茂夫編
遊仙窟	今村与志雄訳
聊斎志異 全二冊	立間祥介編訳
通俗古今奇観 付・月下清談	淡路主人訳
陸游詩選	一海知義編
李商隠詩選	川合康三選訳
マハーバーラタ王物語	上村勝彦訳
バガヴァッド・ギーター	上村勝彦訳
朝鮮童謡選	金素雲訳編

朝鮮詩集	金素雲訳編
朝鮮短篇小説選 全二冊	大村益夫・長璋吉・三枝壽勝編訳
アイヌ神謡集	知里幸恵編訳
アイヌ民譚集 付・えぞおばけ列伝	知里真志保編訳
サキの格言集	今枝由郎訳

《ギリシア・ラテン文学》

ホメロス イリアス 全二冊	松平千秋訳
ホメロス オデュッセイア 全二冊	松平千秋訳
ホメロス神話 付「ホメーロス風讃歌」より	逸身喜一郎・片山英男訳
四つのギリシャ神話	中務哲郎訳
イソップ寓話集	中務哲郎訳
アイスキュロス アガメムノーン	久保正彰訳
ソポクレス アンティゴネー	中務哲郎訳
ソポクレス オイディプス王	藤沢令夫訳
ヘシオドス 神統記	廣川洋一訳
アリストパネース 女の平和	高津春繁訳
アポロドーロス ギリシア神話	高津春繁訳
遊女の対話 他三篇	ルーキアーノス 高津春繁訳

ギリシア・ローマ

- ギリシア・ローマ抒情詩選―花冠 呉 茂一訳
- アエネーイス 全二冊 ウェルギリウス 泉井久之助訳
- 愛の往復書簡 アベラールとエロイーズ 横山安由美訳
- 変身物語 全二冊 オウィディウス 中村善也訳
- 恋愛指南―アルス・アマトリア オウィディウス 沓掛良彦訳
- ギリシア奇談集 アイリアノス 中務哲郎訳
- ギリシア・ローマ神話 付 インド・北欧神話 ブルフィンチ 野上弥生子訳
- ギリシア恋愛小曲集 柳沼重剛編
- 《南北ヨーロッパ他文学》
- 神曲 全三冊 ダンテ 山川丙三郎訳
- 死の勝利 ダヌンツィオ 野上素一訳
- カヴァレリーア・ルスティカーナ 他十一篇 ヴェルガ 河島英昭訳
- イタリア民話集 全二冊 カルヴィーノ 河島英昭訳
- むずかしい愛 カルヴィーノ 和田忠彦訳
- パロマー カルヴィーノ 和田忠彦訳
- 愛神の戯れ―牧歌劇「アミンタ」 タッソー 鷲平京子訳

- タッソエルサレム解放 全二冊 鷲平京子訳
- ルネサンス書簡集 A・ジュリアーニ編 近藤恒一編訳
- ペトラルカ ルネサンス書簡集 近藤恒一編訳
- ペトラルカ=ボッカッチョ往復書簡 近藤恒一訳
- 無知について ペトラルカ 近藤恒一訳
- わが秘密 ペトラルカ 近藤恒一訳
- 故郷 パヴェーゼ 河島英昭訳
- 美しい夏 パヴェーゼ 河島英昭訳
- 山猫 トマージ・ディ・ランペドゥーサ 小林惺訳
- ラサリーリョ・デ・トルメスの生涯 会田由訳
- ドン・キホーテ 全六冊 セルバンテス 牛島信明訳
- セルバンテス短篇集 牛島信明編訳
- 三角帽子 他一篇 アラルコン 会田由訳
- 葦と泥 付 バレンシア物語 ブラスコ・イバニェス 高橋正武訳
- 恐ろしき媒 ホセ・エチェガライ 永田寛定訳
- 作り上げた利害 ハシント・ベナベンテ 永田寛定訳
- エル・シードの歌 長南実訳
- オルメードの騎士 ロペ・デ・ベガ 長南実訳

- 完訳アンデルセン童話集 全七冊 大畑末吉訳
- 絵のない絵本 アンデルセン 大畑末吉訳
- フィンランド叙事詩 カレワラ 全二冊 リョンロット編 小泉保訳
- イプセン ヘッダ・ガーブレル 原千代海訳
- 人形の家 イプセン 原千代海訳
- ポルトガリヤの皇帝さん ラーゲルレーヴ イシガオサム訳
- アルプスの山の娘 ハイジ ヨハンナ・スピリ 野上弥生子訳
- クオ・ワディス シェンキェーヴィチ 木村彰一訳
- 兵士シュヴェイクの冒険 全四冊 ハシェク 栗栖継訳
- ロボット R・U・R チャペック 千野栄一訳
- 山椒魚戦争 カレル・チャペック 栗栖継訳
- 完訳 千一夜物語 オルトハンガリー民話集 全十三冊 佐々木彰・田中一郎他訳
- 中世騎士物語 ブルフィンチ 野上弥生子訳
- ルバイヤート オマル・ハイヤーム 小川亮作訳
- コルタサ 悪魔の涎・追い求める男 他八篇 木村榮一訳
- 伝奇集 J・L・ボルヘス 鼓直訳

2010.5. 現在在庫 I-2

《ロシア文学》

創造者	J・L・ボルヘス 鼓直訳
続審問	J・L・ボルヘス 中村健二訳
グアテマラ伝説集 フエンテス短篇集 アウラ・純な魂 他四篇	木村榮一訳
アフリカ農場物語 全二冊	M・A・アストゥリアス 牛島信明訳 オリーヴ・シュライナー 大井真理子／築忠七訳
デカブリストの妻 他二篇	ネクラーソフ 谷耕平訳
ロシヤは誰に住みよいか	ネクラーソフ 谷耕平訳
プーシキン詩集	プーシキン 金子幸彦訳
大尉の娘	プーシキン 神西清訳
ベールキン物語 スペードの女王	プーシキン 神西清訳
オネーギン 全二冊	プーシキン 池田健太郎訳
エヴゲーニイ・バナナー 文学的回想 全三冊	井上満訳
狂人日記 他二篇	ゴーゴリ 横田瑞穂訳
外套・鼻	ゴーゴリ 平井肇訳
死せる魂 全三冊	ゴーゴリ 平井肇・横田瑞穂訳
オブローモフ 全三冊	ゴンチャロフ 米川正夫訳
現代の英雄	レールモントフ 中村融訳
ムツィリ・悪魔	レールモントフ 一条正美訳
二重人格	ドストエフスキイ 小沼文彦訳
罪と罰 全三冊	ドストエフスキイ 江川卓訳
白痴 全三冊	ドストエフスキイ 米川正夫訳
カラマーゾフの兄弟 全三冊	ドストエフスキイ 米川正夫訳
家族の記録	アクサーコフ 黒田辰男訳
釣魚雑筆	アクサーコフ 貝沼一郎訳
アンナ・カレーニナ 全三冊	トルストイ 中村融訳
少年時代	トルストイ 米川正夫訳
戦争と平和 全六冊	トルストイ 藤沼貴訳
民話集 人はなんで生きるか 他四篇	トルストイ 中村白葉訳
民話集 イワンのばか 他八篇	トルストイ 中村白葉訳
イワン・イリッチの死	トルストイ 米川正夫訳
人生論	トルストイ 中村融訳
紅い花 他四篇	ガルシン 神西清訳
かもめ	チェーホフ 浦雅春訳
可愛い女・犬を連れた奥さん 他一篇	チェーホフ 神西清訳
桜の園	チェーホフ 小野理子訳
六号病棟・退屈な話	チェーホフ 松下裕訳
サハリン島 全二冊	チェーホフ 中村融訳
カシタンカ・ねむい 他七篇	チェーホフ 神西清訳
子どもたち・曠野 他七篇	チェーホフ 松下裕訳
ともしび・谷間 他七篇	チェーホフ 松下裕訳
悪い仲間・マカールの夢 他三篇	コロレンコ 中村融訳
どん底	ゴーリキイ 中村白葉訳
芸術におけるわが生涯 全三冊	スタニスラフスキー 蔵原惟人・江江訳
イワン・デニーソヴィチの一日	ソルジェニーツィン 木村浩訳
ソルジェニーツィン短篇集	ソルジェニーツィン 染谷茂訳
ゴロヴリョフ家の人々 全二冊	シチェドリン 松下裕訳
何をなすべきか 全三冊	チェルヌイシェフスキー 湯浅芳子訳
完訳クルイロフ寓話集	内海周平訳

2010.5.現在在庫 I-3